HEIDEGGER ET LA CRITIQUE DE LA NOTION DE VALEUR

PHAENOMENOLOGICA

COLLECTION FONDÉE PAR H. L. VAN BREDA ET PUBLIÉE SOUS LE PATRONAGE DES CENTRES D'ARCHIVES-HUSSERL

74

HENRI MONGIS

Heidegger et la critique de la notion de valeur

HENRI MONGIS

HEIDEGGER ET LA CRITIQUE DE LA NOTION DE VALEUR

LA DESTRUCTION DE LA FONDATION METAPHYSIQUE

avec
Lettre-préface de
Martin Heidegger

MARTINUS NIJHOFF / LA HAYE / 1976

«Mais plus un penseur est chronologiquement
proche de nous et presque contemporain, plus
le chemin est long vers ce qu'il a pensé; d'autant moins aussi avons-nous le droit d'éviter
ce long chemin»

(Qu'appelle-t-on Penser?)

ISBN 90 247 1904 6

PRINTED IN THE NETHERLANDS

TABLE DES MATIERES

BRIEF – VORWORT

Freiburg, den 7.VI.72

Lieber Herr Mongis,

Mit diesem Brief möchte ich Ihnen vor allem danken für Ihre ausgezeichnete Untersuchung 'H. und die Kritik des Wertbegriffes'. Drei Tatsachen scheinen mir besonders bedeutsam:

1. Sie haben die grundsätzliche Bedeutung und Notwendigkeit einer kritischen Erörterung des Wertbegriffes im Hinblick auf die ganze Geschichte der abendländischen Philosophie klar erkannt.

2. Sie haben meine in den verschiedenen Schriften seit S.u.Z. verstreuten Versuche einer Kritik des Wertbegriffes auf eine einheitliche Darstellung gesammelt, die sich an den Darlegungen in den Nietzsche-Vorlesungen orientiert.

3. Sie haben das Wertproblem in einen entscheidenden Zusammenhang mit der Seinsfrage gebracht.

Die auf diese Weise klar orientierte Behandlung des Wertproblems erlangt in Ihrem Text eine ungewöhnlich durchsichtige und scharfsinnige Darstellung.

Deshalb ist es mein besonderer Wunsch, Ihre Arbeit möchte als eine grundsätzliche Erörterung des Wertproblems in geeigneter Form bald veröffentlicht werden. Um die durchschlagende Wirkung nicht nur im Kreise der Philosophie, sondern *in allen* Bezirken des heutigen geschichtlich-gesellschaftlichen Lebens zu sichern, wäre es, wie mir scheint, günstig, wenn Sie die einleitende kurze Skizze der Rolle des Wertgedankens und des vielfältigen Gebrauches des Wertbegriffes in der modernen Zeit etwas erweitern und konkreter fassen könnten.

LETTRE – PREFACE

Freiburg, le 7 juin 1972

Cher Monsieur Mongis,

Dans cette lettre, je voudrais avant tout vous remercier pour votre remarquable recherche «H. et la critique de la notion de valeur». Trois faits me semblent particulièrement significatifs:

1. Vous avez clairement reconnu la signification fondamentale et la nécessité d'une élucidation critique de la notion de valeur en regard de la totalité de l'Histoire de la philosophie occidentale.

2. Dans une présentation synthétique, orientée vers les exposés de mes conférences sur Nietzsche, vous avez rassemblé mes essais d'une critique de la notion de valeur qui sont éparpillés dans divers écrits depuis *Sein und Zeit*.

3. Vous avez amené le problème de la valeur dans une relation décisive avec la question de l'être.

Clairement orienté de cette manière, le traitement du problème de la valeur fait l'objet, dans votre texte, d'une présentation exceptionnellement subtile et pénétrante.

C'est pourquoi je souhaite que votre travail, au titre d'une élucidation fondamentale du problème de la valeur, soit publié prochainement sous une forme appropriée. Pour assurer une percée efficace, non seulement dans le cercle philosophique, mais aussi *dans tous* les secteurs de la vie contemporaine, historico-sociale, il serait opportun, me semble-t-il, de saisir plus concrètement et d'élargir quelque peu la courte esquisse introductive relative au rôle de la pensée en termes de valeurs et aux divers usages de cette notion dans les temps modernes.

L'élucidation rigoureuse du problème de la valeur en liaison la

Die strenge Erörterung des Wertproblems im engsten Zusammenhang mit der Seinsfrage führt notwendig bei allen drei Etappen der Geschichte seines Ursprungs und seiner Entwicklung (Platon, Kant, Nietzsche) zu wichtigen und schwierigen Fragen, in deren Zentrum die Phänomene der 'ontologischen Differenz' und der 'Wahrheit' im Sinne der ἀλήθεια stehen. Darum müßte die sehr gründlich durchdachte Anmerkung S. an geeigneter Stelle innerhalb des Haupttextes erörtert werden. Sie stellen dort eine wichtige kritische Frage nach dem Verhältnis der beiden Bezüge, die in der 'Leitfrage' der Metaphysik und in der 'Grundfrage' ins Thema kommen: der Bezug von 'Seiendem und Sein' unterschieden vom Bezug: Sein und Wahrheit des Seins. Sie fragen, wenn ich Ihre Darstellung richtig verstehe, ob der Bezug in der 'Grundfrage' nicht einfach eine Abbildung des Bezugs aus der 'Leitfrage' auf die entscheidende Frage meines Denkens – diejenige nach dem 'Sinn von Sein' – darstelle? Ob es sich nicht in beiden Bezügen um das Phänomen der 'Ermöglichung' handele? Ich antworte: Gewiß, um das *selbe* Phänomen, aber nicht um das gleiche.

Dieses Thema wird nun dadurch kompliziert, daß Sie auf ein Gedicht 'Hölderlins' bezug nehmen und auf dessen Gebrauch des Wortes 'offen' hinweisen. Dieses Thema verlangt eine besondere Behandlung. Ich beschränke mich auf eine kurze Bemerkung: Das Gedicht 'Blödigkeit' ist die dritte Fassung des Gedichtes 'Dichtermuth'. In der ersten Fassung kommt v. 16 das Wort 'offen' noch nicht vor; dort heißt es: 'jedem trauend'; erst in der zweiten Fassung steht 'jedem offen'; dies bedeutet: offenherzig, vertrauend, nicht zurückhaltend.

Diese Bedeutung hat das 'Offene' klar im ersten Vers der Elegie 'Der Gang aufs Land': 'Komm! ins Offene, Freund!', d.h. komm in den Bereich, wo wir einander vertrauend zusammen sein können.

Dichterisch ist nicht eigens das 'Offene' im Sinne der Lichtung gedacht, die allerdings erst 'ontologisch' jenes Verhältnis des Zutrauens und Vertrauens ermöglicht. Meine Hölderlin-Interpretation geht in die Richtung: Hölderlins dichterisches Wort denkend zu deuten, was nicht heißt, Hölderlin habe auch dieses Phänomen schon philosophisch gedacht.

Ich möchte daher raten, die Fragen nach dem Verhältnis von

plus étroite avec la question de l'être conduit nécessairement, par les trois étapes de l'Histoire de son origine et de son développement, à des questions importantes et difficiles au centre desquelles se trouvent les phénomènes de la «différence ontologique» et de la «vérité» au sens de l'ἀλήθεια. C'est pourquoi la très profonde remarque, mûrement méditée, de la page …[1] devrait être développée au sein du texte principal à un endroit approprié. Vous soulevez là une importante question critique au sujet de la relation entre les deux rapports qui sont thématisés dans la «question directrice» de la Métaphysique et dans la «question fondamentale»: soit le rapport entre «l'étant et l'être» d'une part, distingué du rapport entre «l'être et la vérité de l'être» d'autre part. Si j'ai bien compris votre exposé, vous demandez si le rapport propre à la «question fondamentale» ne constitue pas simplement un décalque du rapport de la «question directrice» sur la question décisive de ma pensée – celle du sens de l'être? S'il ne s'agit pas dans les deux rapports du phénomène de la «possibilisation»? Je vous réponds: c'est certain, il s'agit du *même* phénomène, mais non pas de l'identique.

Cette thématique se complique alors du fait que vous la mettez en rapport avec un poème de Hölderlin qui use, ainsi que vous le signalez, du mot «ouvert». Ce point requiert un traitement particulier. Je m'en tiendrais à une courte remarque: le poème «Timidité» est la troisième version du poème «Courage du Poète». Dans la première version, au vers 16, le mot «ouvert» n'apparaît pas encore; à cet endroit se trouve: «confiant en tous»; c'est seulement dans la seconde version qu'il y a «ouvert à tous». Cela veut dire: franc, confiant, non réservé.

L'«ouvert» revêt manifestement cette signification au premier vers de l'élégie «La promenade à la campagne»: «Viens! dans l'Ouvert, ami!», c'est-à-dire, viens dans le domaine où nous pourrons être confiants l'un en l'autre.

Poétiquement, l'«Ouvert» n'est pas proprement pensé au sens de la clairière, même si celle-ci rend «ontologiquement» possible d'abord cette relation de créance et de confiance. Mon interprétation de Hölderlin va dans la direction suivante: il faut interpréter par la pensée la parole poétique de Hölderlin, ce qui ne

---

[1] Cf. le dernier chapitre de la présente édition p. 188).

Dichten und Denken für eine gesonderte Erörterung aufzusparen. Das Wertproblem ist für sich schon schwierig genug.

Ihre Arbeit leistet dafür einen ausgezeichneten Beitrag.

Über die Auslegung von Platons ἰδέα τοῦ ἀγαθοῦ müßten wir einmal ein besonderes Gespräch veranstalten, vielleicht zusammen mit Herrn Munier. In meinem Aufsatz 'Platons Lehre von der Wahrheit' ist die Frage nach der ἰδέα ohne Rücksicht auf die Dialektik erörtert, d.h. ohne hinreichende Darstellung der von da bestimmten Seinsfrage. Ein sehr schwieriger Sachverhalt macht sich dabei geltend, der in der Folge die ganze Geschichte der Metaphysik bestimmt: daß sich die Bestimmung des ὄν schon früh mit der des ἕν verschlingt, daß sogar die Frage nach der 'Einheit' diejenige nach der Seiendheit überholt und das Phänomen der ἀλήθεια endgültig für die Metaphysik verdeckt. Darüber habe ich schon in meinen Marburger Vorlesungen, wenngleich noch unzureichend, gehandelt. Es zeigt sich auch hier, daß die Seinsfrage nur als Gespräch mit der ganzen Überlieferung des Seinsgeschickes erörtert werden kann. Seltsam, daß der heutige Positivismus und die Wissenschaftstheorie von diesem Positum nichts wissen, sogar nichts wissen wollen.

Doch in diese Perspektive gehört auch das Wertproblem, zu dessen Behandlung Sie einen so schönen Beitrag leisten.

Ich grüße Sie herzlich mit guten Wünschen für Ihre weitere Arbeit.

(...)

Ihr Martin Heidegger

veut pas dire que Hölderlin ait déjà philosophiquement pensé aussi ce phénomène.

Aussi vous conseillerais-je de réserver la question de la relation entre poésie et pensée pour une élucidation à part. Le problème de la valeur est déjà par lui-même suffisamment difficile.

A son sujet, votre travail fournit une contribution remarquable.

Pour ce qui est de l'interprétation de l'ἰδέα τοῦ ἀγαθοῦ de Platon en particulier, nous devrions un jour en discuter ensemble, en compagnie de Monsieur Munier peut-être. Dans mon essai «La doctrine de Platon sur la vérité», la question de l'ἰδέα est élucidée sans égard à la dialectique, c'est-à-dire sans un exposé suffisant de la question de l'être à partir de là déterminée. Un état de fait compliqué se fait ici sentir, qui détermine par la suite toute l'Histoire de la Métaphysique: à savoir que la détermination de l'ὄν s'entrelace dès le début avec celle de l'ἕν, que même la question de l'«Unité» l'emporte sur celle de l'étance au point de dérober définitivement aux yeux de la Métaphysique le phénomène de l'ἀλήθεια. J'ai déjà traité de ce point dans mes conférences de Marbourg, bien que de façon encore insuffisante. Ici aussi, il est manifeste que la question de l'être ne peut être élucidée que sous la forme d'un dialogue avec toute la tradition destinale de l'être. Chose curieuse que de nos jours le positivisme et la théorie de la science ne sachent rien de ce *Positum* et n'en veuillent même rien savoir.

Dans cette perspective, pourtant, se situe aussi le problème de la valeur, au traitement duquel vous apportez un beau concours.

Je vous salue cordialement et forme de bons voeux pour la poursuite de votre travail.

(...)

Vôtre
Martin Heidegger

INTRODUCTION

Le présent travail s'est proposé, avant tout, de relever l'importance d'un cheminement critique ordonné à l'élucidation du sens et de l'origine de la pensée contemporaine en termes de valeurs. Il procède de la conviction que c'est sur la seule base de cette critique que se peut obtenir une compréhension *décisive* des phénomènes les plus fondamentaux de notre époque.

Sur le *Denkweg* de Heidegger, il est souvent et comme fatalement question de la valeur, mais il en est toujours question en des lieux et selon des perspectives chaque fois différents. Quel est le foyer d'origine, le centre de visée d'où s'échappe la multiplicité de ces perspectives critiques, quel est le *champ visuel* surtout au sein duquel joue et se rassemble cette multiplicité, c'est ce qui n'apparaît pas immédiatement à la vue. Si l'on recense et si on lit un à un les textes dans lesquels Heidegger traite de la notion de valeur – qu'il s'agisse de développements étendus ou de courtes remarques – on éprouve tout d'abord la difficulté de s'orienter. A quoi tient cette difficulté? Indiscutablement, aux formes compliquées, sinueuses, entrecroisées, discontinues aussi que dessinent les chemins et, parfois, les sentiers de l'entreprise critique de Heidegger. Il saute immédiatement aux yeux que nous n'avons pas affaire à une critique linéaire dont on pourrait aisément reconstituer le parcours au fil chronologique des écrits heideggeriens. Si dans *Sein und Zeit*, en effet, on trouve quelques remarques au sujet de l'ontologie moderne de la valeur, elles s'avèrent toutes trop éparses, trop elliptiques, et elles relèvent, à chaque fois de visées herméneutiques trop différentes pour que l'on puisse s'en servir à titre de points de départ valables. Cette observation ne vaut pas seulement pour cette oeuvre inaugurale qu'est *Sein und Zeit*: elle s'applique aussi bien et surtout pour la quasi-tota-

lité des textes critiques qui s'échelonnent à sa suite d'une manière
on ne peut plus déroutante. De toute évidence, l'ordre de succession de ces textes n'a pas correspondu, dans l'esprit de Heidegger,
à un projet critique vraiment délibéré. La meilleure preuve en
est que l'ensemble de la critique heideggerienne – excepté certains
cours sur Nietzsche – se trouve dispersé, pour ne pas dire éparpillé
au sein de vastes développements portant sur des thèmes plus
généraux. Par exemple, c'est seulement dans une note complé-
mentaire faisant suite à la conférence de 1938 sur «L'époque des
conceptions du monde»,[1] conférence consacrée à l'élucidation de
la science moderne dans son rapport à la métaphysique de la
Subjectivité, que Heidegger explique la manière dont la notion
de valeur est liée à l'interprétation de l'étant comme objet. *Le
Principe de raison* parle lui aussi de la valeur, une première fois
pour la distinguer de la notion grecque d'ἀξίωμα, une seconde fois
pour en dénoncer le primat dans les conceptions contemporaines
de l'histoire.[2] Ici, c'est une méditation sur la puissance de détermination de la saisie occidentale de l'être comme fondement
(Grund) qui donne l'occasion à Heidegger d'exhiber brièvement
sa position critique. Consacrée à une lecture herméneutique du
mythe de la caverne, «La doctrine de Platon sur la vérité» signale
quant à elle, sans s'y attarder, la préfiguration de la notion de
valeur dans la figure de l'ἀγαθόν.[3] Les dernières pages de l'*Introduction à la Métaphysique* mettent également l'accent sur l'ascendance platonicienne de cette notion, mais l'analyse, soucieuse de
rendre évidente la scission traditionnelle entre l'être et le devoir,
prend ici une tournure toute différente.[4] Ailleurs, dans le premier
cours de *Qu'appelle-t-on penser?*, Heidegger ne laisse pas échapper
l'occasion que lui donne un moment sa réflexion sur l'essence
voilée de la pensée de prendre ses distances envers le pessimisme
des jugements de valeurs que multiplie le grand public sur le
compte des réalités contemporaines.[5] Et c'est encore dans la
foulée de méditations très centrées que «Pourquoi des poètes?»[6] et

[1] In *Chemins qui ne mènent nulle part*; p. 90, n. 6.
[2] P. 67; p. 208. Cf. aussi p. 257.
[3] In *Questions II*; p. 148 et ss.
[4] P. 199 et ss.
[5] P. 39.
[6] In *Chemins*; p. 237.

«Le dépassement de la Métaphysique»[7] donnent des aperçus éclairants sur la signification et la fonction fondamentales d'une pensée des valeurs au coeur du monde technique. Bref, à considérer les textes de cette espèce, nous nous trouvons en présence d'une critique aussi riche que disséminée dont l'unité fait avant tout question. Il va sans dire que nous ne pouvions saisir cette unité en étudiant les textes les uns à la suite des autres selon leur thème ou leur ordre chronologique, puis en les coordonnant dans une synthèse méthodologiquement arbitraire.

Compte tenu de cette situation particulière qu'occupe la critique de la notion de valeur dans l'oeuvre heideggerienne, nous nous sommes efforcés d'abord de *repérer* et de *délimiter* le champ visuel à l'intérieur duquel jouent toutes ces perspectives critiques et dans le cercle duquel elles doivent être élucidées, tant dans leur particularité que dans leur complémentarité. Au repérage de ce champ visuel, suivi de sa délimitation, le premier chapitre a été consacré.

Il peut être considéré comme un chapitre essentiellement introductif. Le texte heideggerien reste encore trop impénétrable pour nous, trop difficile, trop spacieux et, surtout, trop enraciné dans les profondeurs de la langue allemande pour qu'une herméneutique puisse se permettre d'en explorer immédiatement certains lieux à partir d'une intelligence non-explicitée de la problématique fondamentale de la vérité de l'être. Aussi avons-nous estimé devoir repérer d'abord les principaux centres de gravité de la problématique heideggerienne, repérage qui ne constitue nullement une interprétation approfondie de la pensée de l'être en ce premier moment, mais qui suffit à la position des questions directrices à la lumière desquelles peut être entrepris l'examen de la critique heideggerienne de la notion de valeur.

Le champ du questionnement heideggerien étant ainsi repéré et délimité, nous avons pu ensuite nous mettre à l'étude du cheminement critique proprement dit en prenant pour fil conducteur quelques pages centrales du *Nihilisme européen*. Cette conférence a été prononcée en 1940 à l'Université de Freibourg. C'est seulement dans son cadre que Heidegger a opéré une véritable *destruction* de la notion de valeur. Nous devions donc nécessairement lui

---

[7] In *Essais & Conférences*; p. 94, 105.

accorder la préséance en centrant notre visée herméneutique sur ses moments les plus décisifs. Par ce moyen, il s'est avéré possible d'élucider lors de l'examen des phases successives de la destruction, et aux endroits appropriés, les multiples perspectives critiques évoquées plus haut. Nous n'avons fait explicitement appel aux autres conférences sur Nietzsche que dans la mesure où elles nous permettaient d'approfondir ou de compléter certains points de la destruction heideggerienne.

Ce en quoi consiste cette destruction et en quel sens elle ressortit à la problématique de la vérité de l'être, nous avons laissé au premier chapitre le soin de l'exposer. Mais qu'il suffise de dire ici que Heidegger a soumis la notion de valeur à un questionnement critique au titre d'une notion *métaphysique* fondamentale : en elle l'être est venu historialement[8] à la parole sans déclarer pourtant la vérité de son essence propre. La destruction consiste en une *déconstruction* des structures et des fondements cachés de cette pensée métaphysique de l'être comme valeur qui s'est édifiée dans l'extrême oubli de la *vérité de l'être*. Pareille destruction, Heidegger l'appelle aussi *eine Erörterung* : elle opère une localisation, une détermination du lieu (Ort) d'origine de l'essence de la valeur. D'après cela, on comprendra quel motif principal a prescrit à notre étude son économie : nous avons voulu suivre dans ses grands axes ce parcours régressif vers l'origine de la métaphysique de la valeur. En partant d'une indication très précise de Heidegger au sujet des principales phases de la formation historiale de l'essence de la valeur, nous avons orienté et structuré notre étude en regard du plan général de la déconstruction heideggerienne. Il s'en est suivi un long détour laborieux à travers la terre d'origine de la notion de valeur. Mais ce détour était inévitable, car il constituait le traitement de la problématique critique elle-même.

Après avoir élucidé de manière approfondie l'origine de la notion de valeur dans la métaphysique de Platon, puis son processus de formation historiale dans la métaphysique de la Subjectivité, nous avons pu ainsi mesurer, au quatrième chapitre, à quel point

---

[8] De l'adjectif allemand *geschichtlich*. Nous adoptons ici et pour la suite ce néologisme choisi par les traducteurs français de Heidegger pour le distinguer de «l'historique» et de «l'histoire» au sens vulgaire du terme. Nous traduirons tout simplement *Geschichte* par «Histoire» (avec une majuscule), sachant que ce mot désigne l'ensemble des destinations de l'être (Seinsgeschichte).

Nietzsche a hérité de la tradition pour bâtir cette doctrine de la valeur qui règne sur les Temps Modernes.

Au cours du dernier chapitre, l'approfondissement de notre thématique nous ordonnait d'entrer véritablement, cette fois, dans l'épaisseur de l'élucidation heideggerienne de la vérité de l'être pour autant que celle-ci tend au dépassement de la tradition métaphysique. Il s'est agi alors de dégager l'originalité et la portée des plus récentes approches de Heidegger en regard de la compréhension traditionnelle de l'être sur laquelle repose la métaphysique de la valeur.

Tout au long de ce travail, nous nous sommes efforcés de rester constamment *auprès* du texte original de Heidegger, estimant que de sa traduction appropriée dépendait, au niveau le plus fondamental, la *possibilité* même d'une approche herméneutique de la pensée de l'être. Comme nous le suggérions plus haut, la manière dont pense Heidegger fait corps avec la manière dont parle la langue allemande. Il n'y a pas de pensée qui se soit montrée plus soucieuse de s'entretenir *avec* sa langue, plus résolue à puiser sans cesse dans les sources du dire maternel pour en prendre soin et oeuvrer à leur jaillissement. Mais, bien qu'il se soit avéré d'une fécondité toujours surprenante, pareil enracinement rebute et continuera de rebuter encore longtemps le lecteur étranger. Quand il ne passe pas, purement et simplement, pour un obstacle insurmontable à la compréhension, il sert d'argument à ceux qui prétendent que dans l'asservissement à des formes linguistiques spécifiques la pensée trouve comme une limite intérieure. Qu'à des objections de ce genre il soit facile de répondre – ne serait-ce qu'en mettant en évidence la conception de la langue qu'elles impliquent – nous n'en disconviendrons pas ici. Toutefois, on ne peut méconnaître le légitime embarras des lecteurs étrangers en présence des textes de Heidegger. C'est pourquoi nous avons fait en sorte de ne pas quitter des yeux la langue maternelle de la pensée de la vérité de l'être et d'opter pour les transcriptions sémantiques les plus transparentes. «Comment pouvons-nous écouter sans traduire et traduire sans interpréter?» demandait Heidegger en méditant sur Parménide. Pas plus que pour celle de Parménide, cela n'est possible pour la parole de Heidegger. Nous avons donc fourni toutes les indications philologiques nécessaires, placé entre parenthèses les mots, les locu-

tions capitales, les racines, les radicaux, etc. Nous avons dû mo-
difier le plus souvent les traductions françaises des textes que
nous citions. Ce n'était pas attenter à leur indiscutable mérite,
c'était seulement pour donner à notre herméneutique toute la
rigueur et l'unité nécessaires.

CHAPITRE I

REPERAGE ET DELIMITATION DU CHAMP DU QUESTIONNEMENT CRITIQUE DE HEIDEGGER

I.

Oublieuse de l'être et de sa propre vérité, la pensée occidentale pense, dès son début, constamment l'étant en tant que tel. Depuis, elle n'a pensé l'être qu'en pareille vérité, de sorte qu'elle n'a porté ce nom à la parole que fort maladroitement et en une multivalence non démêlée, parce que non éprouvée. Cette pensée oublieuse de l'être même, tel est l'événement simple et fondamental, et pour cela énigmatique et inéprouvé de l'Histoire occidentale qui, entre-temps, est sur le point de s'élargir en Histoire mondiale. Finalement, l'être est tombé, dans la Métaphysique, au rang d'une valeur. Cela témoigne de ce que l'être en tant qu'être n'est pas reçu (zugelassen).[1]

Sur la lancée de ces quelques lignes, employons-nous à repérer le champ de la critique heideggerienne.

Remarquons, tout d'abord, que Heidegger place la question de la valeur sur l'orbite d'une question tenue pour fondamentale, celle de l'être et de sa vérité. Plus précisément, que le champ du questionnement critique *coïncide* avec celui de la question de l'être comme tel. D'où cette coïncidence – si elle ne résulte évidemment pas d'un décentrement arbitraire de la problématique – tire-t-elle sa légitimité? Pour l'essentiel de ceci: selon Heidegger, chaque fois qu'il s'agit d'évaluations, de dévaluations, de transvaluations (Umwertungen), etc., bref de valeurs en général, chaque fois qu'il s'agit de leur détermination et du comportement à observer à leur égard, *il y en va de l'être et de sa compréhension*. Nous devons immédiatement considérer ce phénomène: la notion de valeur constitue une nomination de l'être; elle implique une compréhension du *sens* de l'être dans la mesure où apprécier (schätzen) la valeur d'un étant, en faire l'objet d'un jugement de valeur, revient fondamentalement à comprendre son être, l'être

[1] Le mot de Nietzsche «Dieu est mort», in *Chemins*; p. 212-3.

de cet étant, *comme* valeur. Pour autant que l'appréciation détermine l'être de l'étant, il faut dire de l'être qu'il vient au jour dans
la valeur. En ayant affaire aux valeurs, l'homme a chaque fois
affaire à l'être. Instituer des valeurs, évaluer d'après des systèmes
ou des échelles prédéterminés d'appréciations, telle est l'«opéra-
tion» à la faveur de laquelle l'étant se voit *donner* son être, se voit
éclairci dans la lumière de son être, cet être qui fait de cet étant
un *étant.* Toutes les fois donc où l'on décide de la valeur d'un
étant – quand bien même le jugerait-on sans valeur – l'on décide,
du même coup, de l'être de l'étant et, ainsi, de ce que Heidegger
appelle *la vérité de l'étant.* En évaluant l'étant, qu'il s'agisse d'un
jardin public, d'une oeuvre d'art, d'une qualité morale, d'un fait
historique ou encore de Dieu lui-même, pour autant que Dieu,
dans les Temps Modernes, mérite d'être appelé, en un sens éminent, la *Valeur,*[2] bref de tout ce qui est ou peut être au sein de la
totalité de l'étant, l'homme porte à la parole l'être et cette parole
accueille l'être au sens de la vérité de l'étant.

A partir de cette simple observation peut être indiqué, dans
une vue d'ensemble, l'essentiel du projet critique de Heidegger:
il s'agit de montrer que la pensée de l'être comme valeur, du fait
qu'elle s'épuise en une détermination de la vérité de l'étant, porte
la marque de l'oubli de la vérité de l'être. Il s'agit de montrer
qu'en appréhendant de la sorte l'être de l'étant, une telle pensée
ne considère pas thématiquement l'être *en tant que tel.* A vrai dire,
c'est seulement en regard d'un état de fait (Sachverhalt) beaucoup plus général que le projet critique relatif à la notion de
valeur annonce sa légitimité et son sens. Car selon Heidegger,
l'oubli de la vérité de l'être ne saurait être crédité au seul compte
de la pensée en termes de valeurs. Il caractérise bien plutôt toute
l'Histoire de cette parole qui, obnubilée par la vérité de l'étant,
a complètement passé sous silence la vérité de l'être en tant que
tel. Cette parole qui parle de l'étant, mais qui ne laisse pas proprement la parole à l'être, cette parole qui parle et ne parle pas de
l'être, c'est celle de la pensée *métaphysique* de l'Occident. D'un
pôle à l'autre, depuis la saisie matinale du sens de l'être par les
Grecs jusqu'à l'interprétation moderne de l'être comme valeur,
la Métaphysique occidentale oeuvre au dévoilement de l'être de
l'étant sans avoir souci de la vérité propre de l'être. Aussi faut-il

[2] Felice Battaglia: *La valeur dans l'histoire*; p. 9–206.

dire d'emblée que c'est sur le motif de son appartenance à l'Histoire des compréhensions métaphysiques de l'être que Heidegger va s'intéresser à la notion de valeur et en faire l'objet d'un questionnement critique. De par cette appartenance, dont la forme et comme la fatalité historiales devront être dégagées, la notion de valeur, en tant que notion métaphysique reste solidaire de l'oubli occidental de l'être. A ce titre, et compte tenu de sa situation historiale, c'est-à-dire de sa puissance de détermination dans les Temps Modernes, elle constitue pour Heidegger un point de résistance considérable, l'écueil même qui fait obstacle à une remémoration pensante de la vérité de l'être. Il appert donc que ce qui sera en cause dans la méditation critique de Heidegger ne peut se laisser approcher qu'à la lumière de sa conception de l'essence de l'oubli. En quoi consiste-t-il, d'où procède-t-il, cet oubli métaphysique de la vérité de l'être ? Comment la pensée métaphysique, en enquêtant sur la vérité de l'étant, sur l'être de l'étant, a-t-elle pu ne pas prendre expressément en considération la vérité de l'être en tant qu'être ? S'il s'agit d'élucider l'essence métaphysique de la valeur, quels sont donc, aux yeux de Heidegger, les traits essentiels de la pensée métaphysique ? De toute évidence, ces points doivent être examinés dès maintenant. Bien que nous ne puissions ambitionner de les traiter en profondeur dans ce chapitre, il nous faut fournir quelques courts éclaircissements à leur sujet. A cette seule condition, après l'avoir *repéré*, nous pourrons procéder à la délimitation du champ du questionnement critique de Heidegger.

2. L'essence de la Métaphysique repose dans une question directrice qu'elle pose, celle de la vérité de l'étant, et dans une question fondamentale qu'elle ne pose pas, celle de la vérité de l'être. Seule la connexion interne, la *différence* entre ces deux questions forme l'élément où se déploie l'essence de la Métaphysique et à partir duquel seulement celle-ci doit être élucidée. En tant qu'elle se borne à soulever la question directrice et à la *traiter*, c'est-à-dire à oeuvrer à sa résolution selon des guises variées – lesquelles définissent, chaque fois, les positions métaphysiques fondamentales – la Métaphysique, tout au long de son Histoire, se montre incapable de découvrir son essence. C'est seulement à une vue rétrospective et post-métaphysique que cette incapacité apparaît

dans son rapport à l'essence de la Métaphysique elle-même. Inconnue et inéprouvée comme telle, cette incapacité ne pouvait ni limiter, ni embarasser la capacité de questionnement de la pensée métaphysique; elle la rendait possible, au contraire, elle et la forme immuable de son exclusivité en lui permettant de s'investir toute entière dans la question directrice et dans son traitement. Aussi bien, mettre à jour l'essence de la Métaphysique, cette tâche incombe maintenant à une pensée qui se hausse au niveau de la question fondamentale, qui examine son rapport essentiel avec la question directrice, cette dernière n'étant plus alors traitée, mais *développée* dans toute la richesse de ses articulations internes. Pareil développement ne consiste pas à reprendre à nouveaux frais la question de la vérité de l'étant, mais à l'interroger, à la questionner elle-même sur ce qui la porte et l'alimente à son insu. A la faveur d'un tel développement, la pensée métaphysique doit céder la place à une pensée plus fondamentale, dont l'essence et la visée *fondamentales* ne peuvent plus, dès lors, se laisser appréhender en termes métaphysiques. Dans le mouvement d'approfondissement qui va de la question directrice à la question fondamentale, la pensée s'élance nécessairement hors des limites de ce champ d'investigation, de cette aire visuelle que n'excède jamais et ne peut jamais excéder la Métaphysique occidentale en raison de son mode de questionnement propre. Par là, le pas en avant que risque une telle pensée s'avère aussi, et indissolublement, un pas en arrière. C'est un pas qui rétrocède, qui, partant de ce que la Métaphysique a pensé s'en *retourne* au lieu impensé de son origine. L'origine de la Métaphysique ne se confond pas avec un quelconque point de départ historique, chronologiquement localisable; elle est ce d'où la pensée métaphysique reçoit secrètement son essence. Si la pensée de l'être comme tel doit nécessairement prendre ses distances vis-à-vis de la Métaphysique, ce n'est pas pour la perdre de vue, au bénéfice d'une vue plus lointaine, mais pour se porter à proximité de son essence. De la hauteur ou de la longueur du *saut* (Sprung) effectué sous l'impulsion de la question fondamentale, dépend la pénétration, plus ou moins en profondeur, de la pensée dans *l'origine* (Ursprung) de la Métaphysique. Cela dit, il importe de bien voir en quel sens Heidegger conçoit le rapport historial entre l'origine impensée de la Métaphysique occidentale et la pensée de la vérité de l'être. Pour cette dernière, il ne saurait être question de fouiller dans les archives de l'*histoire ancienne* de la Métaphysique, de manière à dresser l'inventaire systématique des doctrines, des théories philosophiques ou des *Weltanschauungen* irrémédiablement passées. Que lui importe de savoir ce qui «s'est passé», si dans la lumière de ce savoir ne se révèle pas peu à peu toute la splendeur d'une source inépuisable, en attente de nouveaux jaillissements? Mais ce qui «a été», Heidegger l'entend au sens littéral de son équivalent allemand «*das Ge-wesene*»: c'est-à-dire ce qui se déploie (west) sur le mode rassemblé (ge), ce qui ne laisse de se déployer et, à ce titre, d'advenir, de venir à notre rencontre. Si l'impensé, soit ce qui n'a pas été pensé *se* donne comme ce qui n'a pas *encore* été pensé, alors *das Denken an das Kommende kann nur das Denken an das Gewesene sein*, la pensée de ce qui ad-vient ne peut être qu'une pensée qui se souvient du déploiement rassemblé, et le ressouvenir ce qui ouvre sur l'origine à venir. En recueillant et en se recueillant auprès du déploiement rassemblé, la pensée commémorante (Ge-dächtnis) s'avance nécessairement aussi, ou, plutôt, laisse advenir à elle ce qui «sera». «Si la pensée, en s'adressant à ce qui a été, laisse à celui-ci son 'être-été', son déploiement rassemblé, et n'altère pas sa vertu en s'empressant de la mettre au compte du simple présent, alors nous découvrons que le déploiement rassemblé, dans le retour qu'il effectue au sein de la pensée fidèle, s'étend par-delà notre présent, de façon à venir à nous comme un avenir. Brusquement, la pensée fidèle se voit en demeure de penser ce déploiement rassemblé comme quelques chose qui ne s'est pas encore déployé.»[3] S'agissant de déterminer *l'essence* (das Wesen) de la Métaphysique, à savoir ce qui lui a été historialement dispensé en mode rassemblé (ge-währt) et, partant, ce qui lui a été refusé, la pensée fidèle, qui fait le pas en arrière, éprouve du même coup la manière dont l'être s'est déployé au cours de l'Histoire de la Métaphysique. Il se trouve alors que l'expérience du déploiement ou de l'essence historiale de l'être n'est pas autre chose que l'expérience de l'être en tant qu'être, c'est-à-dire de sa vérité impensée, toujours en attente d'être pensée, cette vérité en laquelle reposait secrètement l'essence de la Métaphysique même.

---

[3] *Approche de Hölderlin*; p. 127.

Dans cette perspective seulement peut se faire jour ce point central de la méditation historiale de Heidegger: la question fondamentale de la vérité de l'être n'est pas adventice ou extrinsèque à la question de l'essence de la Métaphysique. Les deux questions n'en font qu'une, à partir du moment où l'essence de la Métaphysique, qui n'a rien de métaphysique, se laisse appréhender et interroger *comme* la vérité de l'être même, aussi troublante, aussi énigmatique que puisse apparaître pareille unité. Car il s'agit bien de penser l'oubli métaphysique de l'être en tant qu'être, et de l'ancrer dans la vérité de l'être au sens de l'ἀλήθεια grecque, au sens de l'unité indissoluble d'un *dévoilement* qui dispense (gewährt) à la Métaphysique son essence (Wesen = Währen) et d'un *voilement* (λήθη) qui lui refuse la vision de cette essence. Que l'énigme de cette «unité» soit logée au coeur de notre thématique, nous pouvons déjà le pressentir à l'idée, précédemment émise, que la question critique de la valeur coïncide avec la question de l'être, mais de l'être tel qu'il se dispense, à la fin de la Métaphysique occidentale, sous les seuls traits dégradants et obscurcissants de la valeur.

3. Cela dit, prenons soin d'observer en quel sens la question fondamentale révèle, dans une vue rétrospective, le domaine d'origine de la pensée métaphysique, soit cette terre d'ancrage qu'elle était hors d'état d'apercevoir. Pour ce faire, il faut se remémorer l'énoncé de la question directrice de la Métaphysique, qui équivaut, du même coup, à sa formule d'existence: τί τὸ ὄν.[4] Qu'est-ce que l'étant comme tel? Qu'est-ce que l'étant en tant qu'il *est*? Soulever cette question, et la traiter de manière appropriée, telle est *l'affaire* (Sache) de la pensée occidentale depuis Platon. En questionnant ainsi, il n'est pas douteux que la Métaphysique vise bien l'être, soit l'être de l'étant comme tel; comme tel et en totalité, pour autant que la question directrice n'entend pas se restreindre à tel ou tel secteur ontique, mais prend en vue la totalité de ce qui est. Cette interrogation toutefois, ainsi que la réponse qu'elle appelle, ne s'avèrent rétrospectivement possibles qu'à la lumière d'une compréhension préalable du sens de l'être, compréhension dont l'horizon n'est pas aperçu et problématisé comme tel. S'interrogeant en effet sur l'être de l'étant dans sa

---

[4] Aristote: *Métaphysique*; Z, I.

totalité, questionnant *après* l'étant, la pensée méta-physique pointe immédiatement *par-delà* (μετά) lui en direction de son *fondement* (ἀρχή). Dès qu'elle prend en vue l'étant comme tel, elle adopte à son égard une certaine attitude théorétique qui consiste à le *voir* sous le rapport de son fondement. Ainsi l'être est-il de prime abord *compris* comme fondement de l'étant et recherché comme tel, sans que cette compréhension implicite, qui porte et conduit jusqu'à son traitement la question directrice, soit elle-même questionnée. Lorsqu'il fait obligation à la πρώτη φιλοσοφία de déterminer l'ensemble des premiers principes et des premières causes de l'étant en totalité, Aristote tient immédiatement pour évident le sens de l'être (οὐσία) comme fondement et en fait l'instrument de son questionnement et de son enquête. «En quel sens est pensé ici l'être, pour que des choses telles que 'principe' et 'cause' soient appropriées à frapper d'une empreinte et à prendre à leur compte l'être-étant de l'étant?»,[5] Aristote ne s'en inquiète pas, trop requis qu'il est par la nécessité de traiter la question directrice pour entreprendre de la développer dans sa structure propre. A quelque position métaphysique fondamentale qu'elle parvienne, et nonobstant la forme *polémique* de son déploiement, la pensée occidentale oeuvre unanimement à rendre manifeste le fondement de l'étant, c'est-à-dire ce à partir de quoi et ce par quoi l'étant en totalité peut *être*, être ce qu'il est (quiddité) et de la manière dont il est (quoddité). Approfondissant ainsi l'étant vers et jusqu'à ce qui, en dernière instance, le fonde, la Métaphysique statue ou *prend position* au sujet du mode sur lequel l'étant en totalité repose. De par une telle visée fondative ou *archique*, la pensée méta-physique porte son investigation par-delà l'étant vers l'être, mais l'être, comme οὐσία de l'ὄν, comme *étance* (Seiendheit) de l'étant,[6] reste toujours et immanquablement pensé *à partir de* l'étant et *en vue de* sa fondation. S'efforçant de rendre compte ou raison (λόγος) de l'étant, tant dans ses caractères généraux, communs, universels (fondation ontologique) que

---

[5] «Qu'est-ce que la Philosophie?», in *Questions II*; p. 24-5.

[6] La traduction classique de οὐσία par «substance» constitue, selon Heidegger, une dénaturation de son sens originaire. Dans l'esprit des Grecs, οὐσία désignait la présence constante fondative de l'étant présent. Ordinairement, on traduit «Seiendheit» par «étantité», «étance» ou dernièrement – ce qui n'est guère heureux – par «propriété d'être». «Etance» nous paraît bien préférable, car il restitue la richesse de signification du grec οὐσία. Il provient, en effet, de l'ancien-français «estance» qui signifie à la fois la demeure, la propriété et la station (racine i-e: sta-).

dans la perspective de l'étant suprême, qui fonde en raison (be-gründet) la totalité de l'étant (fondation théologique), la Méta-physique ne prend garde à l'être que sur le motif de son essence fondative. Elle est incapable de penser l'être *sans* l'étant, c'est-à-dire sans avoir souci de son rapport (Be-zug) fondatif à l'étant sur le double mode onto-théo-logique. Elle transcende la totalité de l'étant en direction de ses principes les plus généraux et, poussant encore plus loin son enquête, ne se tient pour satisfaite qu'en remontant au fondement ultime, suprême, théo-logique de l'étant. Le mouvement de cette transcendance, de cet exhaussement se déploie, certes, en direction de l'être; mais qu'à l'être, encore une fois, il soit d'emblée prêté une essence fondative, au titre d'une détermination normative évidente, témoigne assez de ce que l'anabase métaphysique est finalement ordonnée à la seule con-sidération de l'étant, est destinée à justifier l'étant, à le laisser reposer en une position constante pour le mettre à la disposition du regard métaphysique de l'homme. Si donc un tel regard ne se détache provisoirement de l'étant et *pivote*, selon le mot de Pla-ton, du côté de l'être que pour mieux revenir et rester attaché à l'étant, on peut bien estimer, avec Heidegger, que l'ontologie, au sens large du terme, reste percluse dans le cercle des détermina-tions métaphysiques, que la Métaphysique reste «immuablement une *physique*».[7] Le μετά, le passer-outre, le mouvement de dé-passement qu'accomplit la pensée fondative ne franchit pas ce rayon de visée qui enceint le domaine de l'étant en totalité. Ainsi, quelle que soit la manière dont elle prend position au sujet de l'étance, dont elle projette historialement *ce qui est* sur (auf) l'horizon de sa présence constante fondative, la Métaphysique occidentale se meut, en raison de sa visée archique, par fidélité aveuglante à sa problématique initiale, dans l'oubli de la vérité de l'être.

4. Cet oubli de la vérité de l'être, Heidegger n'a de cesse d'en parler comme de l'oubli de la *différence ontologique*. La différence ontologique désigne la différence (Unterscheidung) entre l'être et l'étant. Ontologique s'appelle cette différence, non pas au titre d'un prédicat qui serait inhérent à son essence, mais au sens où cette différence est constitutive de l'ontologie en général, consti-

---

[7] *Introduction à la Métaphysique*; p. 30.

tue la dimension cachée en laquelle peut se produire le rassemblement (λόγος) de l'ὄν sur son fondement. De cette différence doivent donc pouvoir être dérivées, d'une part, la possibilité de la visée fondative de la Métaphysique et de sa structure dimorphe, c'est-à-dire de sa constitution onto-théo-logique, et, d'autre part, la possibilité de l'oubli comme oubli de cette différence fondamentale. Par elle-même, la locution de «différence ontologique» désigne autant le principe que la nécessité historiale d'une mise à jour du fondement de l'ontologie en rapport avec la vérité de l'être. Préparer le domaine d'une nouvelle *décision* (Ent-scheidung) métaphysique, ceci n'est donc pas l'office de la pensée de la différence, pas plus que l'ontologie fondamentale de *Sein und Zeit* n'entendait donner vie à une sorte d'ontologie supplémentaire dans le lignage des doctrines métaphysiques de l'Occident. Selon Heidegger, il faut prêter attention au phénomène suivant: au cours de l'Histoire de la Métaphysique occidentale, la différence entre l'être et l'étant *s'efface* complètement sous la figure résiduelle d'une différence entre l'étance et l'étant, d'une *distinction* entre la présence constante fondative et l'étant présent fondé. Dire que la pensée interroge l'étant quant à son être sans jamais s'interroger sur ce à la lumière de quoi une telle interrogation s'avère possible, c'est dire que la pensée différencie ou distingue sans cesse l'être *de* l'étant et l'étant *de* l'être, l'être à partir de l'étant et l'étant à partir de l'être, sans jamais pouvoir distinguer cette différenciation comme telle. «Dans la mesure où la Métaphysique pense l'étant comme tel dans sa totalité, elle se représente l'étant dans la perspective de ce qu'il y a de différent *dans* la différence sans avoir égard à la différence en tant que telle.»[8] En fait, en raison du primat indiscuté de sa visée archique, de sa double optique *logique*, la pensée métaphysique ne différencie rien. Elle discourt, dans un style uniforme, *sur* une structure onto-théo-logique de l'être qui ne se rapporte jamais qu'à de l'étant, qu'il soit fondatif ou fondé. Elle n'aperçoit pas cette di-fférence (Di-fferenz; Aus-trag) au sens latin du terme, en laquelle l'être et l'étant sont *portés* l'un à l'écart de l'autre et, pourtant, indissolublement, *rapportés* l'un à l'autre, cette différenciation unissante, cette unification dia-phorique par la vertu de laquelle l'un peut apparaître comme fondement et l'autre

---

[8] «Identité et Différence», in *Questions I*; p. 305.

comme ce qui est fondé. A vrai dire, conformément à la constitution onto-théo-logique de la Métaphysique, il appert que ce qui
fonde, soit l'être comme étance, doive, lui aussi, être fondé en
raison (begründet) par un étant suprême, en sorte que, comme le
souligne Heidegger,[9] l'être et l'étant *gravitent* l'un autour de l'autre. Cette gravitation a lieu au sein d'un *espace* de différenciation qui *concilie*[10] *le différend* entre l'être et l'étant, qui les met
tous deux en rapport en les portant à l'écart l'un de l'autre. Dans
En chemin vers la parole, dans le cadre d'un commentaire d'un
poème de G. Trakl, Heidegger parle de cette différenciation conciliante en termes de *di-mension* (Unter-schied). La préposition
Unter désigne ici l'entre-deux (zwischen), ce qui est au milieu
(inter) des deux «parties» écartées, ce qui se déploie en unissant ce
qui est scindé, c'est-à-dire différencié. Toutefois, il faut bien comprendre que la di-fférence ontologique, conçue comme di-mension, ne concilie pas l'être et l'étant après coup (nach-träglich),
au moyen d'une sorte de trait d'union qui serait «rapporté», ne les
réconcilie pas à la façon d'une mise en rapport aposteriorique de
deux parties qui auraient été préalablement scindées. Car

l'Unter-Schied n'est ni un acte de distinction, ni une relation. Tout au
plus est-elle une dimension (Dimension) pour le monde et la chose. Mais,
en ce cas, «dimension» ne désigne pas davantage un district subsistant par
soi en lequel telle ou telle chose élirait domicile. *L'Unter-Schied* est *la*
dimension, pour autant qu'en les mesurant, elle porte le monde et la chose
dans leur être propre. Seule sa mensuration ouvre la mise à l'écart et la
mise en rapport (das Aus- und Zueinander) du monde et de la chose. Pareille ouverture est la manière dont la di-mension dia-métralement mesure
(durchmißt). Etant le milieu, la di-mension donne au monde et aux choses
la mesure de leur essence (Wesen).[11]

Dans cette dimension occultée, effacée de la différence ontologique, la Métaphysique peut approfondir l'étant jusqu'à son
étance, puis fonder en retour cette étance en posant au-dessus
d'elle un étant suprême. Ces deux gestes, qu'elle accomplit de
concert, composent toute l'attitude, toute la manière de se tenir
dans la différence de la pensée occidentale. De ce que l'étant est
appelé, en toute *logique*, à surplomber à son tour l'étance de façon
à la soutenir et à la retenir dans l'être, ne ressort-il pas à l'évi-

[9] *Ibid.*; p. 304.
[10] Austrägt. Le verbe allemand connote à la fois l'idée d'une mise en rapport, d'un
apport, d'une distribution, et l'idée d'un règlement, d'une conciliation.
[11] *Unterwegs zur Sprache*; S. 25 f.

dence combien l'être reste métaphysiquement pensé et pensable à partir de l'étant et, finalement, comme *de* l'étant lui-même, et ce en dépit des hésitations, bien compréhensibles, bien symptomatiques, qu'a marquées la tradition à en faire l'aveu? Ainsi la fondation en cercle du discours onto-théo-logique constituc-t-elle la marque de l'effacement de la différence ontologique au profit de déterminations finalement identiques du point de vue de leur objet, c'est-à-dire de sa teneur invariablement *ontique*. «L'effacement de la trace matinale de la différence est tel que la présence apparaît comme un étant présent et trouve son origine dans un étant présent suprême.»[12] La différence s'efface donc au point de ne plus laisser aucune trace d'elle-même, laissant ainsi advenir la Métaphysique et le tracé de sa voie, ce tracé dont la forme onto-théo-logique est trace de l'effacement de la trace. La différence donne lieu à l'indifférence, ou plutôt à des décisions qui la maintiennent dans l'indifférence.[13] La dimension (Unter-schied) conciliante prête-t-elle à ces décisions (Ent-scheidungen) historiales leur portée décisive, rien n'est jamais décidé pourtant à son sujet. La différence entre l'être et l'étant rend-t-elle possible aussi bien le rapport de l'homme à l'être que son comportement à l'égard de l'étant en totalité, elle disparaît, à raison de cette fonction possibilisante, sous l'indifférence ontique de l'étance et de l'étant. Ce que la différence accorde, c'est un espace de visibilité où se déploie un jeu de relations ontiques, différenciées les unes des autres; ce qu'elle refuse, c'est la vue distincte de sa dimension conciliante, de l'essence auto-différenciante de l'être en tant qu'être.

5. Mais alors, si véritablement la différence se voile comme telle, ne faut-il pas penser que ce phénomène compose indissolublement, par l'effet d'une union mystérieuse, avec ce qui de cette différence se dévoile, pourtant, sous le visage presque impénétrable des décisions historiales? Pas plus que d'un acte de la pensée représentative ne pouvait résulter une différenciation unissante de l'être et de l'étant, l'oubli de la vérité de l'être ne serait

---

[12] «La parole d'Anaximandre», in *Chemins*; p. 297 (trad. revue).
[13] La pensée prend une Ent-scheidung en deux sens au moins: au sens, d'abord, où elle décide de l'être, où elle tranche son cas (Sache) en se prononçant ou en statuant sur lui; au sens, ensuite, où elle décide de l'être en lui donnant une *marque distinctive*, à chaque fois différente selon les époques de l'Histoire, marque par quoi elle le distingue de l'étant comme tel.

dû, alors, à une distraction coupable ou à une faiblesse optique, théorétique des penseurs, encore moins à un manque de profondeur de leur part – ce qui supposerait que la vérité de l'être soit toujours à rechercher du côté du fondamental et du fondatif (au sens métaphysique du mot) – mais à l'essence même de l'être qui, dans un énigmatique re-trait (Ent-zug), se serait sous-trait à leur vue. Qu'il en soit bien ainsi, Heidegger le donne à comprendre en s'efforçant de dégager la co-essentialité de l'oubli (λήθη) et de la vérité de l'être au sens de l'ά-λήθεια grecque. Si άλήθεια s'impose, aux yeux de Heidegger, comme le mot directeur par excellence, c'est parce qu'il désigne le phénomène d'un *dévoilement* (Unverborgenheit) à la faveur duquel l'être a rapport ou *trait* (Be-zug) à l'homme, lequel dévoilement ou non-voilement abrite (birgt) en son coeur un *voilement* ou un *retrait* comme son trait le plus fondamental. Et cela «non comme une simple adjonction, pas non plus comme l'ombre appartient à la lumière, mais comme le coeur de l'άλήθεια.»[14] Au cours de l'Histoire de ses *éclaircies* métaphysiques, l'être se voile (verbirgt), se met à l'abri du regard de la pensée fondative, comme si, accordant ce regard, il devait nécessairement disparaître en son éclat. En se donnant, et cela selon des guises historiales chaque fois différentes, l'être se refuse à la pensée et ce refus est le refus de son essence *propre*. En se donnant, l'être ne se donne pas *comme* celui qui donne. Certes, le don (Gabe) est reçu, accueilli, mais non pas comme le don du donateur, non pas le «il» (es) qui donne (gibt), qui fait qu'«il y a» (es gibt) de l'être pour la pensée. Ce «il donne», ce petit mot anodin, discret, plein de retenue et, pourtant, en perpétuelle circulation, voilà tout l'énigme d'un don qui refuse et d'un refus qui donne, l'énigme d'une conjonction fatale – à supposer encore qu'un pareil terme soit approprié – celle du dévoilement et du voilement, de l'ouverture et de la fermeture, du désaisissement de soi et du repli en soi. A chacune de ses épiphanies métaphysiques, l'être se retient en faveur de ce qu'il donne, ce qu'il donne passant alors pour l'être, pour tout l'être, pour rien d'autre que l'être. A cet égard, il est permis de dire, à la fois, que l'être s'abandonne et ne s'abandonne pas aux mains de la pensée métaphysique. L'être s'abandonne, parce qu'il se donne à la pensée sous les seules

---

[14] «La fin de la philosophie et la tâche de la pensée», in *Zur Sache des Denkens*; S. 78.

espèces de *ce* qu'il donne, parce qu'à Platon, par exemple, l'être se donne et ne se donne que comme ἰδέα. Mais il ne s'abandonne pas, en ce sens qu'il met à l'abri la vérité de son essence propre en se donnant au seul titre de la vérité de l'étant. Il y a une sorte de prodigalité, de générosité historiale de l'être, mais une générosité au *cœur* économe pour ainsi dire, une générosité qui s'épargne en ne s'offrant pas comme telle. L'être donne à la pensée sans déclarer qu'*il* donne, et sans doute la puissance comme la dignité mystérieuses de ce don doivent-elles être mesurées à l'aune de cette discrétion, ou, plutôt, de cette insondable pudeur. Parlant des époques de la destination de l'être (von Epochen des Seinsgeschickes), où l'être se destine (sich zuschickt) en s'éclaircissant comme étance, c'est-à-dire en aménageant (einräumen, comme sens initial du verbe schicken) l'espace de jeu temporel (den Zeit-Spiel-Raum) au sein duquel l'étant peut se déployer (wesen) et, donc, demeurer (währen) comme tel, Heidegger souligne l'acception grecque du mot ἐποχή: se tenir en arrêt, faire halte, et, ainsi, se retenir en faveur «de la perceptibilité de la donation, c'est-à-dire en faveur de l'être dans le regard porté sur la fondation de l'étant».[1] Il appartient à l'essence époquale de sa destination que l'être se retienne, qu'il se contienne en soi, tout en se tenant à la disposition et à la portée du regard et de son optique fondative. De cette manière, de par cette contenance, l'être ne tient pas sa vérité propre à la disposition (vor-handen = litt., à portée de la *main*) de la pensée métaphysique. Toutefois, il faut prendre garde à ceci: nous persisterions dans une attitude ou dans une *manie* métaphysique si nous voulions nous représenter l'essence voilée sur le mode d'une part d'ombre constante, en attente d'être éclaircie, ou bien d'un domaine subsistant dans le territoire de l'être qui aurait été mis au secret pendant l'Histoire des destinations métaphysiques. Car s'il s'avère, comme nous le verrons plus loin, que le temps constitue «l'horizon de toute compréhension et de toute explicitation de l'être»,[16] et, par suite, l'horizon des interprétations métaphysiques du sens de l'être, alors la saisie de l'essence (Wesen) en termes de présence constante ou de quiddité subsistante doit être à la fois problématisée et déconstruite en vue d'une appropriation plus originaire du *Wesen*, c'est-à-dire

---

[15] «Temps et être», in *L'endurance de la pensée*; p. 31.
[16] *L'être et le temps*; S. 17.

de la présence (An-wesen). Une pensée qui fait sienne la tâche inscrite dans la question fondamentale doit non seulement comprendre que le voilement de l'essence appartient en propre à l'essence de l'être, mais encore que cette essence voilée n'équivaut pas à la constance d'une absence qui formerait comme la face obscure ou le versant caché des présentations époquales de l'être. Pour prendre une image, disons que l'Histoire des éclaircies métaphysiques de l'être ne saurait être comparée au grossissement progressif du croissant d'une lune qui n'aurait pas encore mis au clair son dernier quartier. Puisqu'il est resté historialement impensé, le phénomène originaire de l'ἀλήθεια ne peut, de quelque façon que ce soit, se présenter ou se rendre présent à la pensée comme l'objet d'une représentation constante. En d'autres termes, tant que la pensée s'en tiendra aux déterminations métaphysiques de l'essence et de la vérité, il lui sera impossible d'opérer une régression vers *la temporalité* de l'être, cette temporalité par laquelle, tout en se dispensant comme la vérité de l'étant, l'être retient en soi sa vérité propre.

En vue de cette régression, Heidegger ne cesse d'interroger et de scruter attentivement la langue allemande. Elle lui permet d'approcher l'énigmatique simplicité de l'être en rapprochant un certain nombre de mots fondamentaux, tels *die Wahrheit* (la vérité), *die Wahrung* (la garde, la sauvegarde), *das Gewähren* (la dispensation: ce qui demeure en mode rassemblé), *die Währung* (le déploiement, la demeure), *die Gewähr* (la garantie), etc. Il va sans dire que nous ne pouvons examiner d'emblée ici l'ensemble des rapports entre ces termes dans la perspective du problème de la vérité de l'être. Mais bornons-nous aux indications suivantes: s'agissant de dégager l'unité essentielle de l'occultation de la vérité propre de l'être et de la dispensation historiale de la vérité de l'étant, Heidegger entend montrer que la façon dont l'être se déploie (west) en retenant voilée sa vérité est celle-là *même* dont il éclaircit l'étant, dont il accorde à l'étant la lumière de sa vérité. Il n'y a pas deux phénomènes distincts, mais un seul et même phénomène qui s'enracine dans la temporalité intrinsèque de l'être. Laissant le regard de la pensée métaphysique sauvegarder l'étant, le retenir en sa vérité, au sens du νοεῖν parménidien, l'être, du même coup, se met à l'abri d'un tel regard, et cette mise à l'abri, c'est bien la manière dont lui-même se garde, dont lui-même demeure en sa propre vérité (Wahr-heit). Faudrait-il donc penser que l'oubli de l'être est à ce point essentiel à l'être qu'il doive *nécessairement* s'abriter en son coeur? La λήθη coeur de l'ἀλήθεια? Sans doute, puisqu'il se trouve que l'être ne sauvegarde sa propre essence qu'en se déployant historialement au titre de la vérité de l'étant, vérité qui requiert, dès lors, par l'effet d'une co-appartenance (Zusammengehörigkeit) de l'être et de la pensée, la garde du regard métaphysique. D'où procède-t-elle, cette sauve-garde de l'étant, cette vérité de l'étant, s'il est vrai qu'elle doit être rapportée à l'être lui-même, et non pas à la puissance de représentation de la Subjectivité humaine? Nous le savons: à ce que Heidegger appelle une dispensation (Ge-währen) ou à une destination (Ge-schick) à chaque fois époquale de l'être, destina-tion qui donne à l'étant le pouvoir et la garantie (die Ge-währ) de demeurer (währen), c'est-à-dire d'être comme tel. Ceci parce que: «l'être se destine à l'homme en éclaircissant l'étant comme tel et en lui aménageant un espace de jeu temporel. L'être se déploie (west) comme une telle destination, comme un dévoilement qui, en même temps, demeure (währt) comme voilement.»[17]

6. Faisons retour à la notion de valeur: le moment n'est-il pas venu de procéder à une formulation concrète des questions fonda-mentales qui motivent le projet critique de Heidegger? N'en avons-nous pas déjà les moyens, étant donné la coïncidence, rele-vée au départ, du champ du questionnement critique avec celui de la problématique de la vérité de l'être? Facilitée de la sorte, encadrée par les points de repère que nous venons de marquer, cette formulation d'ensemble du questionnement critique de Hei-degger doit maintenant pouvoir aller à l'essentiel. L'essentiel, quel est-il? C'est *l'essence métaphysique* de la notion de valeur, notion dont le surgissement historial à la fin de la Métaphysique occidentale marque, aux yeux de Heidegger, le point culminant de l'oubli de la vérité de l'être. Dès lors, comment ne pas soulever rétrospectivement les principales questions suivantes: en quoi consiste l'essence fondative de la valeur? En quel sens la valeur fonde-t-elle, que fonde-t-elle et à partir de quoi fonde-t-elle? De quelle manière cet *ultimum verbum* du discours métaphysique prend-t-il en charge le nécessaire traitement de la question di-

---

[17] *Le principe de Raison*; p. 173 (trad. modifiée).

rectrice? Dans quelle structure onto-théo-logique déterminée la valeur trouve-t-elle place, obtient-elle droit de cité, au titre d'une éclaircie époquale de la vérité de l'étant? Quelle configuration spécifique revêt cette figure fondative, comparativement aux figures traditionnelles de l'étance qui la précèdent, et cela non historiquement, mais historialement, sur la ligne métaphysique du destin occidental de l'être? Mais aussi, et surtout, sachant la persistance, la continuité héréditaire de l'oubli de l'être: quelles relations historiales faut-il dégager entre la valeur et les décisions grecques, platoniciennes en l'occurence, prises au sujet de l'essence de l'homme, de l'essence de l'étant, de l'essence de la vérité et du mode de détermination par l'homme de cette vérité, ces quatre moments, inséparables, formant l'unité de toute position métaphysique fondamentale?[18] Du point de vue de la problématique de la différence ontologique: puisque le cas (Sache) de l'être y est terminalement décidé, quelle trace se donne encore à voir sur le terrain de la valeur de l'effacement, poussé jusqu'à sa trace matinale, de la différence entre l'être et l'étant? De quelle façon cette différence prête-t-elle à la Métaphysique finissante son caractère décisif, ne serait-ce que pour s'évanouir d'autant plus dans ce pâle résidu d'elle-même? En d'autres termes, et toujours dans la même optique interrogative: qu'en est-il de la vérité de l'être au lieu de sa dernière *halte* métaphysique? Qu'en est-il de l'essence propre de l'être au lieu historial de cet achèvement où toutes les possibilités d'essence (Wesensmöglichkeiten) de l'ontologie occidentale sont accomplies, c'est-à-dire «épuisées»?[19] Si véritablement la pensée sur le mode des valeurs, du fait de son règne absolu sur les Temps Modernes, oppose l'indifférence la plus tenace, la plus sourde à la différence ontologique, si elle obstrue le chemin d'une remémoration de l'impensé, alors y a-t-il lieu, et à partir de quel *lieu herméneutique*, d'interpréter le sens de cette opposition ou de cette obstruction à la lumière de l'essence historiale et *eschatologique*[20] de l'être? En somme, dans une formulation synthétique, toujours à ressaisir plus concrètement, formulation dont la richesse et la complexité internes se dégageront peu

---

[18] Cf. *Nietzsche II*; S. 137 – *Chemins*; note 8, p. 93.
[19] *Nietzsche II*; S. 201.
[20] «La parole d'Anaximandre», in *Chemins*; p. 267.

à peu: quelle est l'essence de la valeur? Qu'en est-il de l'être en tant que valeur?

Voilà déployé devant nous l'éventail des questions inaugurales d'où procède la méditation critique de Heidegger. Ces questions, nous devrons bien sûr les préciser et les *développer* au cours de notre étude. Mais grâce à elles, il est clair que le champ du questionnement critique a été *repéré*. Tant s'en faut, pourtant, que nous l'ayons *délimité*. Délimiter le champ, au sens particulier où nous l'entendons, cela consiste en effet à définir la forme générale de la procédure ou de la méthode utilisée par Heidegger pour mettre en oeuvre son projet critique. Aussi bien, à cette intention. contentons-nous de faire appel à deux brefs paragraphes du *Nihilisme européen*:

> Nietzsche destine l'essence de la valeur à être condition de la conservation et de l'accroissement de la volonté de puissance, de telle sorte, en vérité, que ces conditions soient posées par la volonté de puissance elle-même. La volonté de puissance est le caractère fondamental de l'étant en totalité, l'«être» de l'étant, et en ce sens large, certes, qui admet aussi le devenir en tant qu'être, pour autant que le devenir «n'est pas rien».
> La pensée métaphysique en termes de valeurs, c'est-à-dire l'interprétation de l'être comme condition de possibilité, est préparée, dans ses traits essentiels, à plusieurs niveaux: par le début de la Métaphysique chez Platon (οὐσία comme ἰδέα, ἰδέα comme ἀγαθόν), par le tournant (Umschlag) chez Descartes (ἰδέα comme perceptio), et par Kant (être comme condition de possibilité de l'objectivité de l'objet).[21]

Au premier paragraphe, Heidegger fait implicitement savoir que son examen critique ne portera que sur la métaphysique nietzschéenne de la volonté de puissance. Cette préséance accordée à Nietzsche peut légitimement surprendre. Nietzsche aurait-il donc été le premier et le seul penseur à manier la notion de valeur? Mais Kant et Lotze, par exemple, n'en faisaient-ils pas déjà un copieux usage au fil de leurs réflexions philosophiques? Et que dirc du peuple des «philosophies de la valeur», partout répandu sur la terre historiale des Temps Modernes? Dès son *Introduction à la Métaphysique*, Heidegger notait lui-même qu'«en 1928 il a paru une bibliographie générale du concept de valeur, 'première partie'. On y cite 661 publications sur le concept de valeur. Il est probable qu'on a maintenant atteint le millier.»[22] Certes, ces évidences ne sont pas niables. Cependant, il suffit de

---

[21] *Nietzsche II*, «Die Auslegung des Seins als ἰδέα und der Wertgedanke»; S. 232 f.
[22] P. 202.

comprendre qu'aux yeux de Heidegger seul importe le fait suivant: la dispensation historiale de l'être en tant que valeur, c'est-à-dire la venue au jour de la valeur au titre d'une *figure métaphysique fondamentale* se produit seulement dans la métaphysique nietzschéenne de la volonté de puissance. Il n'y a proprement que Nietzsche qui ait *décidé* de l'être en l'appelant du nom de valeur, en sorte que c'est sur la seule base de cette décision, même inconnue, même mutilée, même contestée qu'à pu se dresser l'édifice des philosophies modernes de la valeur, que c'est dans le seul sillage de cette interprétation historiale de l'étance qu'à pu se regrouper le lot disparate et désordonné des «systèmes», des «éthiques», des «anthropologies» et des «phénoménologies» de la valeur. C'est dire que de toutes ces doctrines protéiformes, allant çà et là, en «clopinant à la suite de Nietzsche»,[23] la critique heideggerienne n'entend ni dresser l'inventaire, ni prêter attention aux plus *fameuses*. Pas davantage ne se préoccupera-t-elle de repérer les points d'émergence *historique* de la notion de valeur. Savoir quels traitements et quelle importance lui ont accordés les théories économiques classiques, par exemple, cela reste bien en deçà de son essentielle visée. La critique heideggerienne n'a rien de commun avec une investigation de nature scientifico-historique. Elle n'opère pas sur le plan de l'historicité, soit ce cortège chronologique des *idées* et des *conceptions* dont on s'efforce ordinairement d'élucider les lois en regard du jeu de leurs influences réciproques. Il ne s'agit nullement pour elle de déployer la fresque généalogique des lieux d'élection privilégiés de la valeur, de manière à suivre son évolution jusque dans ses ramifications et embranchements multiples. Encore une fois, ne la requiert que ceci: au titre d'un concept métaphysique fondamental, d'une nomination décisive de l'être de l'étant, la valeur surgit et surgit seulement dans la doctrine nietzschéenne de la volonté de puissance. Qu'est-ce que la volonté de puissance? Selon Heidegger, ce mot désigne le caractère fondamental, l'étance fondative de la totalité de l'étant. De ce caractère fondamental la valeur se présente comme la condition de possibilité sous le rapport de sa «conservation et de son accroissement». En cela filtre déjà toute l'essentialité de leur appartenance mutuelle puisque la valeur n'éclaircit l'être de l'étant que dans son rapport à la volonté de puissance.

[23] *Nietzsche II*; S. 99.

Comment tirer au clair cette appartenance? De toute évidence, nous ne le saurons qu'en scrutant attentivement l'essence de la volonté de puissance que la valeur est destinée à possibiliser selon son mode propre.

Mais nous ne parviendrons, à vrai dire, à ce point du questionnement critique que si nous avons pris la peine préalable d'enquêter sur la provenance historiale de la notion de valeur; que si le lieu d'origine de cette notion métaphysique a été dévoilé au moyen d'une déconstruction critique de la tradition métaphysique, cette tradition dans le cercle de laquelle l'être a pris, pour Nietzsche, le visage de la valeur. Et tel est bien ce à quoi Heidegger invite dans le second paragraphe du passage cité plus haut. Quelle est l'essence de la valeur? La valeur, c'est l'être comme condition de possibilité. Quel est le lignage métaphysique de la notion de valeur? Ce lignage comporte trois figures historiales notables qui se nomment successivement, dans l'ordre de la filiation, l'ἀγαθόν platonicien, la perception cartésienne et la catégorie kantienne. Selon Heidegger, les deux questions comme les deux réponses sont liées. S'interroge-t-on sur l'essence de valeur dans la métaphysique nietzschéenne? Autant s'interroger sur l'ascendance historiale, sur le processus de *préparation* ou de *formation* historiale de ce concept. Se soucie-t-on d'examiner la teneur intrinsèque de la compréhension nietzschéenne du sens de l'être? Autant examiner le sol, et plus encore le sous-sol métaphysique dans lesquels cette compréhension s'enracine. La question de la valeur, c'est essentiellement la question de son origine, et la question de son origine, c'est précisément celle de la triple interprétation historiale de l'être, qui sculpte ce visage obscur de l'être, auquel Nietzsche donnera appellation et vie. Nous voyons donc ici se déplacer le centre de gravité de la méditation critique de Heidegger. Portant initialement sur la figure nietzschéenne de la valeur, telle qu'elle a vu le jour à l'époque moderne de la philosophie de la volonté de puissance, la méditation critique doit, d'entrée de jeu, se déporter ou se reporter toute entière sur la provenance historiale de cette figure, c'est-à-dire sur l'ensemble des structures métaphysiques qui la portent. Sans un tel déportement de la méditation, sans un tel détour dans la terre d'origine de la notion de valeur, il n'est pas possible d'expliciter, selon Heidegger, pourquoi Nietzsche en est venu, au terme de la Métaphysique occidentale, à assimiler le «es gibt» au «es gilt», le *sein* au *werten* et, au prix de cette assimilation, à précipiter totalement dans l'oubli la vérité de l'être. Engagés dans ce détour, nous serons donc peu à peu à même de déterminer le lieu de l'essence, le lieu impensé, fatalement recouvert par la tradition, où se déploie (west) en étant recueillie (ge) la valeur, telle qu'elle a été historialement dispensée (ge-währt). Si donc la localisation critique (Erörterung) de la notion de valeur prend nécessairement la forme d'une *destruction*, c'est-à-dire d'une déconstruction de la tradition, c'est en vue, comme l'affirmait *Sein und Zeit*, de «mettre à jour les expériences, dans lesquelles ont été acquises les premières déterminations de l'être, décisives pour la suite».[24] S'agissant de notre thématique, la destruction doit avoir pour effet de nous remettre en mémoire l'ensemble des interprétations traditionnelles du sens de l'être dans la mesure où elles ont constitué le *domaine de décision* au sein duquel a été façonnée la figure de la valeur. Et ce n'est bien sûr qu'au fil de cette déconstruction qu'apparaîtra progressivement, dans toute sa légitimité, la position critique heideggerienne suivant laquelle l'interprétation nietzschéenne de l'étance, loin de s'en affranchir, ne fait jamais qu'accomplir la Métaphysique occidentale en épuisant ses dernières possibilités. Et ce n'est que par un tel détour que l'on saura comment Nietzsche, en amenant au jour la figure fondative de la valeur, a bouclé à son insu le cercle des destinations métaphysiques de l'être. Alors l'économie de cette étude est maintenant tout à fait claire: elle va devoir suivre les principales lignes de force du cheminement critique de Heidegger jusque dans ce grand détour. Elle va devoir le suivre jusque dans ce grand détour, qui de Nietzsche conduit à Platon, puis qui de Platon reconduit à Nietzsche, par la médiation historiale de Descartes et de Kant.

---

[24] S. 22.

CHAPITRE II

L'ORIGINE DE LA NOTION DE VALEUR DANS LA METAPHYSIQUE DE PLATON

I.

D'après sa signification propre, ce titre (la Méta-physique) ne nomme rien d'autre que le savoir de l'être de l'étant, être qui est caractérisé par l'apriorité et qui a été saisi par Platon sous les espèces de l'ἰδέα. C'est donc avec l'interprétation platonicienne de l'être comme ἰδέα que *commence la Méta-physique*. Par la suite, elle marque de son empreinte l'essence de la philosophie occidentale – *dont l'histoire, depuis Platon jusqu'à Nietzsche, est l'histoire de la Métaphysique*. Et parce que la Métaphysique commence avec l'interprétation de l'être comme «Idée», et que cette interprétation demeure normative (massgebend), toute philosophie depuis Platon est de l'«Idéalisme» au sens propre du mot, au sens où l'être est recherché dans l'idée, dans l'idéel et dans l'idéal (in der Idee, im Ideenhaften und Idealen). Si nous la considérons à partir du fondateur de la Métaphysique, nous pouvons même dire que toute la philosophie occidentale est du Platonisme. En leur essence, Métaphysique, Idéalisme et Platonisme signifient le Même. Ils servent aussi de norme, là où des contre-mouvements et des renversements (Umkehrungen) se font valoir. Dans l'Histoire de l'Occident, Platon est devenu le prototype du philosophe. Quant à Nietzsche, il n'a pas seulement *caractérisé* sa philosophie au titre d'un renversement du Platonisme. Sa pensée *était* et *est* partout un unique dialogue (Zwiesprache) avec Platon, souvent très discordant (oft sehr zwiespältige).
... La philosophie de Nietzsche, c'est de la métaphysique, et toute la Métaphysique, c'est du Platonisme. Voilà pourquoi, à la fin de la Métaphysique, l'être doit être pensé en tant que valeur, c'est-à-dire entrer en ligne de compte (verrechnet) comme une pure condition conditionnée de l'étant. Dès le début de la Métaphysique, l'interprétation de l'être comme valeur se trouve préfigurée (vorgezeichnet). Car Platon saisissait l'être sous les espèces de l'ἰδέα. Mais la plus haute des Idées – c'est-à-dire, en *même temps*, l'essence de toutes – est l'ἀγαθόν. Pour la pensée grecque, l'ἀγαθόν est ce qui rend capable et ce qui rend possible l'étant, ce qui *rend apte* l'étant à être (was tauglich macht ... Seiendes zu sein). L'être a le caractère de la possibilisation (der Ermöglichung), il est condition de possibilité. Pour parler comme Nietzsche, l'être est une valeur. Platon aurait-il donc pensé pour la première fois en termes de valeurs? Cette opinion serait pour le moins hâtive. Car la conception platonicienne de l'ἀγαθόν est aussi essentiellement différente du concept nietzschéen de va-

leur que la compréhension grecque de l'homme l'est de l'interprétation moderne de l'essence de l'homme comme Sujet. Toutefois, l'histoire de la Métaphysique déploie son cours depuis l'interprétation platonicienne de l'être comme ἰδέα et comme ἀγαθόν jusqu'à l'interprétation de l'être comme volonté de puissance, laquelle pose les valeurs et pense tout en termes de valeurs. C'est pourquoi, aujourd'hui encore, nous pensons exclusivement selon des «idées» et selon des «valeurs». Et c'est pourquoi la nouvelle disposition (die neue Ordnung) de la Métaphysique est non seulement conçue, mais aussi accomplie et organisée sous la forme d'une transvaluation de toutes les valeurs (als Umwertung aller Werte).[1]

Platon, ou le coup d'envoi irrésistible donné à la pensée occidentale, au moyen d'une interprétation ouvertement métaphysique de l'être. Le coeur de cette interprétation, la source ponctuelle d'où elle naît et en l'unité de laquelle elle se rassemble toute entière, c'est un petit mot fondamental, un petit mot lourd de puissance nominative et «destinale». Ἰδέα, ainsi sonne le petit mot fondamental du poète Platon. Du poète Platon, c'est-à-dire de cette pensée poiétique ou *topologique*[2] qui porte l'être au lieu d'une parole accueillante, qui amène l'être dans un abri *approprié*. Ἰδέα, c'est le lieu de résidence et de déploiement (Wesen) que Platon assigne à l'être, c'est de l'être une demeure historiale. Singulière demeure, à vrai dire, que l'être aménage là (sich schickt, einräumt) pour lui-même en survenant dans la topologie platonicienne. L'être y habite, bien sûr, ce qui de lui pleinement se dévoile sous les traits de la vérité ou de l'éclaircie de l'étant. Et pourtant en vérité, l'être n'y habite pas, puisque n'y habite pas la vérité de son essence la plus propre. Lieu d'un aménagement ambigu, d'un aménagement qui ne saurait se concevoir sur le mode d'un mélange de présence et d'absence, la demeure éidétique ou idéelle de l'être revêt donc, littéralement parlant, un caractère à la fois topique et u-topique. Dans la maison de l'ἰδέα, dans la dispensation éclaircissante encore qu'obscurcissante de l'être, c'est tout le destin de la Métaphysique occidentale qui se décide, tout le destin d'une parole infidèle. Cette parole, ce *fatum*, s'il est vrai qu'essentiellement le destin parle et que la parole destine, ne laissera de parler de l'étant et de sa vérité, de l'être-étant de l'étant, mais ne parlera pas de ce qui lui permettra de parler. Cette parole *de* l'être ne parlera pas véritablement *de* l'être. Croira-t-elle tout de même en parler, en quelque mode que

---

[1] *Nietzsche II*, «Das Sein als Apriori»; S. 220–222.
[2] Cf. *Questions III*; p. 37.

ce soit, que ce soit dans la prise en vue (θεωρία) archique des «πρώτων ἀρχῶν καὶ αἰτιῶν» (Aristote), dans la mise à jour d'un «*fundamentum absolutum et inconcussum veritatis*» (Descartes), ou encore dans la détermination du «fait dernier» (Nietzsche), alors, en définitive, nonobstant les lettres de créance et les prétentions ontologiques affichées, cette parole ne portera que l'étance à la nomination.[3] S'imaginera-t-elle, du même coup, traiter de la différence ontologique? Elle ne visera jamais, en réalité, qu'un type déterminé de relation entre l'étance et l'étant, qu'une certaine modalité relationnelle qui constitue invariablement, au cours de l'Histoire de la philosophie, comme le dénominateur commun des interprétations de l'étance. Sonder, forer métaphysiquement l'étant, afin de parvenir à des soubassements fixes et disponibles, la parole de l'Occident s'y *adonnera* toujours, parce qu'elle a pris historialement source dans le dire infidèle de Platon. Platon, soit la puissance génitrice d'une paternité historiale, jamais lasse, jamais essoufflée, en perpétuelle activité au cours du déploiement de la Métaphysique, et dont l'ontologie violemment parricide de Nietzsche ne pourra venir à bout. Soit l'ampleur, la tenacité, héréditairement accrues, d'une souveraineté métaphysique, qui s'étendra jusqu'aux lieux mêmes, jusqu'aux lieux surtout, où elle sera le plus combattue. Mais soit l'énigme du «Même» aussi, qui, sans jamais se dénoncer comme tel, se prononcera pourtant dans les différentes formulations époquales de la vérité de l'étant, formulations dont les rapports mutuels d'affrontement ou d'exclusion, s'ils ne se laissent plus penser dans la forme de la négativité dialectique, n'en seront pas moins l'instrument de son accomplissement historial. Ainsi doit nous apparaître, au dire de Heidegger, le phénomène du «Platonisme»; le phénomène de cette *poiétique* oublieuse dont les structures métaphysiques essentielles ont été initialement mises en place par le poète Platon. Avec ce «prototype du philosophe», avec sa doctrine de l'ἰδέα commence véritablement la Métaphysique: c'est-à-dire se fait jour l'ensemble des décisions fondamentales au sujet de la vérité de l'étant et de l'essence de la vérité, en même temps que s'obscurcit la vérité de l'être en tant qu'être.

Si vaste, si large s'avère le domaine de décision originairement délimité, qu'il enfermera en son cercle l'ensemble des décisions

---

[3] Cf. *Le Principe de Raison*; p. 206.

époquales prises par les penseurs occidentaux, et ce en dépit de la singularité de leurs projets ou de leurs positions respectives. «Contre-mouvements», «renversements», révolutions etc. ne seront jamais que des déplacements et voltes à l'intérieur, confinés dans le cercle de l'éclaircie platonicienne. L'Histoire de l'Occident, dont les derniers fondements ont été jetés par Nietzsche, et qui se poursuivra sous la forme sécularisée de l'ère cybernétique, cette Histoire n'aura finalement consisté qu'à explorer de long en large et à aménager cette royale éclaircie métaphysique de l'être.

Dès lors, d'autant plus considérable se dressera la puissance du règne historial de la pensée platonicienne, d'autant plus Nietzsche s'efforcera-t-il d'inverser ses déterminations métaphysiques les plus apparentes, sans être à même, toutefois, d'inventorier les cadres fondamentaux de pensée en lesquelles ces déterminations ont pris place. Aussi bien, Heidegger nous invite-t-il à voir dans la prise de position *transvaluatrice* de Nietzsche contre Platon, dans cette fabuleuse rencontre polémique, dans ce dialogue très discordant (zwiespältige Zwiesprache) entre deux dispensations historiales extrêmes, le moyen avec lequel le «Même», en Occident, à décidé terminalement de lui en laissant indécise la question de son essence la plus propre. En les divisant (zwei), en les séparant, en les portant l'un à l'écart de l'autre (aus-tragend), le «Même» a mis Nietzsche et Platon en rapport, en harmonique rapport, en sorte que, au moyen de cette division (Zwie-spalt) unissante, il s'est accordé ou s'est rapporté à soi. Faute de cette compréhension essentielle du phénomène du «Platonisme», il est bien clair que le principe d'une préfiguration de la valeur se trouve vidé aussi bien de son sens que de sa portée *critiques*. Car comment devra-t-elle nous apparaître, cette préfiguration de la valeur dans l'ἀγαθόν de Platon, sinon comme le document indiscutable de son essence métaphysique, et sinon, donc, comme la manifestation métaphysique du «Même», s'accordant avec soi au coeur de sa propre discorde?

2. Quelle est la nature de l'ἰδέα τοῦ ἀγαθοῦ? Comment cette figure inaugurale et, pour tout dire, tutélaire de la Métaphysique rend-t-elle possible, en la préfigurant historialement, la notion nietzschéenne de valeur? Cela ne peut évidemment nous apparaître que dans la clarté de la doctrine platonicienne de l'ἰδέα,

cette topologie de l'être sur laquelle repose toute l'Histoire de la Métaphysique. A vrai dire, nous remarquons que Heidegger a mis expressément en rapport cette doctrine avec l'élucidation du sens de l'être comme *a priori*. D'emblée, nous sommes donc conviés à procéder à un examen approfondi de l'essence de l'ἰδέα, pour autant qu'elle élève l'être, pour la première fois, au principe de *l'apriorité*. Non seulement ce principe doit pouvoir caractériser l'essence du méta-physique d'une manière beaucoup plus fondamentale que ce que nous en avons dit auparavant, mais, de plus, permettre une approche décisive de la connexion historiale entre l'ἀγαθόν et la valeur. Par là même, aussi, devra se faire jour la cohésion, l'unité structurelle de toutes ces déterminations conceptuelles dont notre premier chapitre faisait état. De plus, ne manquons pas de dire, tout de suite, qu'il nous faudra garder à l'esprit cette brève indication donnée par Heidegger au terme d'un cours sur la différence ontologique, comme quoi «dans la pensée de l'a priori rien de marginal (Abseitiges) n'a été inventé, mais que quelque chose de *très proche* (ein Allzunahes) a été compris pour la première fois, même s'il n'a été saisi que dans des limites déterminées, qui sont les limites de la philosophie, c'est-à-dire de la Métaphysique.»[4] Pour notre part, nous nous contenterons dans ce chapitre de signaler seulement cette proximité, nous réservant d'examiner ultérieurement le rapport entre la métaphysique de l'apriorité et la pensée de la vérité de l'être comme *Ereignis*. Pour l'heure, il importe de comprendre en quoi la doctrine platonicienne a pour effet d'apriorisier l'être, pourquoi l'apriorisation de l'être forme le pendant, le contre-coup nécessaire de son «éidétisation». En d'autres termes, qu'est-ce que l'ἰδέα envisagée sous le rapport de son essence apriorique? Qu'est-ce que la promotion éidétique de l'être a à voir avec quelque chose comme l'apriorité?

Aussi longtemps qu'elle sera perçue, et annexée de force dans le champ d'écoute de la Subjectivité moderne, l'appellation fondamentale de Platon ne nous livrera pas sa signification propre. Sans doute bien des éléments donnent-ils à penser que la théorie subjectiviste de l'idée affleure déjà chez Platon: la doctrine de la

---

[4] *Nietzsche II*, «Das Verhältnis zum Seienden und der Bezug zum Sein – Die ontologische Differenz»; S. 213. Ce cours précède le chapitre dont nous avons extrait un large passage: «Das Sein als Apriori».

réminiscence, par exemple, n'amorce-t-elle pas visiblement un glissement de l'ἰδέα vers la *perceptio* ou la *cogitatio* moderne? Certes, mais ce serait se rendre coupable d'une audition rétrospective que d'attribuer à Platon la paternité d'un *tournant*, ou d'une conversion (Umschlag) opérée seulement à l'époque de la métaphysique de la Subjectivité à l'instigation de Descartes. Tout au plus est-il permis de dire – sachant sa puissance de détermination historiale – que la pensée de l'ἰδέα fournit l'armature, le cadre général au sein duquel trouveront place, et place spécifique, les interprétations idéalistes ultérieures. Aux yeux grecs de Platon, en effet, l'ἰδέα ou l'εἶδος d'un étant ne signifie pas la saisie perceptive que l'homme en a: c'est essentiellement le *visage* de cet étant, son évidence, son aspect si l'on veut, en lequel et par lequel il se présente constamment à la vue. C'est, dit Heidegger, son «Aussehen». Pour traduire ce terme de la façon la plus appropriée, qui puisse prêter le moins à malentendu, nous pouvons employer la locution française de *mise-en-vue*.

Cette mise-en-vue de l'étant ne peut être comprise, quant à son principe et quant à sa possibilité, que dans l'horizon de l'expérience grecque de la φύσις. «Initialement et pour la première fois, les Grecs ont saisi l'être comme φύσις – comme l'avancée, l'éclosion-à-partir-de-soi et ainsi, essentiellement, comme l'auto-position-dans-l'éclosion, le fait de s'ouvrir dans l'Ouvert (als das von-sich-aus-Aufgehen und so wesenhaft sich-in-den-Aufgang-Stellen, das ins-Offene-sich-Offenbaren).»[5] Pareille compréhension du sens de l'être résonne aussi dans le mot οὐσία qui signifie «la présence de l'étant constant dans le non-voilé»,[6] soit la présence qui éclôt et se déploie d'elle-même dans l'Ouvert. Envisagé à partir de cette compréhension, il appartient en propre à l'étant, selon les Grecs, de se mettre-en-vue à partir de soi et de devenir, de la sorte, présent. Ce n'est pas la re-présentation de l'homme conçu comme Sujet qui fait se présenter l'étant en vis-à-vis, qui le met en vue de façon à s'assurer et à disposer en toute certitude de sa présence. Pas davantage s'agit-il, à l'inverse, d'une évidence objective de l'étant, «matérielle» selon le mot de Descartes, car il va de soi que cette évidence n'est jamais que le corrélat de l'acte représentatif du Sujet. Non, la connexion étroite entre l'interpré-

---

[5] *Nietzsche II*, «Das Sein als Apriori»; S. 216.
[6] *Ibid.*; S. 217.

tation originairement grecque de l'être comme φύσις et l'ἰδέα se
manifeste en ceci: l'ἰδέα, au titre d'une mise-en-vue de l'étant,
s'origine dans la φύσις. La φύσις, c'est la présence en éclosion,
l'apparition à la faveur de laquelle l'étant advient *comme* étant,
c'est-à-dire vient à la présence dans le non-voilement. De par
cette apparition originaire, l'étant peut apparaître à la vue de
l'homme, peut s'offrir au regard, peut se mettre-en-vue. De par
cette *présentification fondamentale*, l'étant peut se présenter *à* la
vue de l'homme. A partir de son apparition comme φύσις, l'étant
fait son apparition comme ἰδέα. En d'autres termes, la notion
d'ἰδέα enveloppe, à la différence de la notion de φύσις, une référence à la vue noétique, et l'apparition qu'elle désigne est une
apparition *à*. «L'apparaître est ambigu. Apparaître veut dire
d'abord: en se rassemblant se porter à stance, c'est-à-dire se
constituer dans le rassemblement et donc: la station. Mais apparaître signifie ensuite: en tant que restant-déjà-là, offrir une façade, une surface; c'est une mise-en-vue, une offre pour le regard.»[7]

Or, voici ce à quoi il faut prêter la plus grande attention: par
rapport à cette appréhension originairement grecque de l'être
comme φύσις – dont l'ἰδέα n'est qu'une détermination consécutive,
et finalement annexe – tout l'office de la décision platonicienne va
consister à accorder à l'ἰδέα le primat sur la φύσις au point d'en
faire l'appellation exclusive et normative *de* l'être. Cette mise-en-
vue de l'étant, qui n'était, aux yeux des premiers Grecs, qu'un
phénomène conséquent, résultant de l'éclosion originaire de la
φύσις, cette mise-en-vue va être mise à l'honneur et déterminer
maintenant la présence de l'étant. Ce qui de l'étant se présente *à*
la vue de l'homme s'impose avec une telle force, dans une telle
immédiateté, qu'il prend le pas sur la présence *physique* de l'étant
et en vient à la fonder. Dès lors, nous dit Heidegger, «le visage que
fait la chose est maintenant décisif, non plus elle-même».[8] Non
plus elle-même, c'est-à-dire non plus son *apparition* au sens de ce
qui à partir de soi advient et se stabilise dans l'éclaircie de
l'ἀλήθεια. Il se produit une sorte de glissement, insensible, in-
soupçonnable, en tout cas inéluctable du point de vue de la λήθη
de l'ἀλήθεια, à la faveur duquel ce n'est plus de l'apparition de

---

[7] *Introduction à la Métaphysique*; p. 187.
[8] *Ibid.*; p. 187.

l'étant dans le non-voilement que provient sa mise-en-vue, mais c'est de la mise-en-vue de l'étant que doit provenir son apparition. Glissement inouï, au plus haut point déterminant, puisque toute l'Histoire de la Métaphysique occidentale sera l'itinéraire errant de cette pensée amnésique, de cette pensée qui oublie l'éclaircie, ou plutôt qui ne connaît «l'éclaircie de l'être que comme la vue tournée vers nous de ce qui est présent dans la mise-en-vue (ἰδέα), ou, d'un point de vue critique, comme ce que la Subjectivité atteint au terme de sa représentation catégoriale».[9]

De cette élévation platonicienne de l'ἰδέα au rang d'une caractérisation exclusive et normative de l'être résulte alors essentiellement ceci: sur le motif de sa promotion ontologique, de sa nouvelle fonction d'ouverture ou de fondation dans la présence, l'ἰδέα entre dans un rapport d'*apriorité* avec la φύσις. L'être n'est plus la φύσις. L'être prend le visage de ce qui, au-delà de la φύσις, impose et étend son règne sur elle au moyen d'une priorité ontologique absolue, d'une primordialité dans l'ordre du dévoilement ou de l'entrée en présence. Eu égard aux φύσει ὄντα, l'ἰδέα *vient en priorité* dans l'éclaircie; elle se dévoile d'abord à partir d'elle-même, elle se met préalablement en vue de manière à fonder le dévoilement ultérieur de l'étant. Mais, du coup, l'ἀλήθεια, elle aussi, se voit dépouillée de cette souveraineté, de cette divinité originaire que lui reconnaissait Parménide. Elle aussi laisse la priorité à l'ἰδέα, puisque de l'ἰδέα, dévoilée à partir de soi (von sich aus) dépend désormais la possibilité du dévoilement de la φύσις. S'annonce déjà alors le phénomène d'une mise sous tutelle, d'une subjugation métaphysique de l'ἀλήθεια, en lequel Heidegger verra la source secrète des conceptions occidentales de la vérité. Car s'il est vrai que la compréhension grecque de l'ἀ-λήθεια porte toujours et nécessairement l'interprétation platonicienne de l'être, il n'empêche que cette ἀλήθεια prend une toute autre *tournure* à partir du moment où la priorité du dévoilement, et d'un dévoilement fondant celui de l'étant, joue en faveur de l'ἰδέα.

Cette priorité de l'étance sur l'étant, marque royale de sa transcendance, Platon la désigne du nom grec de πρότερον. L'ἰδέα est πρότερον τῇ φύσει: elle est ce qui précède l'étant dans l'éclosion, sous le rapport ontologique du dévoilement. Elle se met-en-vue d'avance avant que ne soit visible l'étant dans sa propre clarté.

---

[9] «Lettre sur l'Humanisme», in *Questions III*; ps. 102–103 (trad. modifiée).

Pareille antériorité du dévoilement ne se détermine pas en fonction de l'ordre de succession des appréhensions noétiques de l'homme. Sous ce rapport au contraire, il faut dire que c'est l'étant qui se manifeste d'abord (πρότερον), et non pas l'être. En proie à la préoccupation en effet, l'homme ne se rapporte pas immédiatement à l'être comme à l'objet d'une saisie explicite: c'est à l'étant auquel il a de prime abord affaire, l'étant avec lequel il noue des relations multiples et qui, par la force de l'habitude, lui dissimule l'être. Par suite, la conversion philosophique de la vue, ordonnée à une compréhension thématique de l'être, se produit nécessairement *a posteriori*. Relativement au processus cognitif ordinaire, l'être n'est reconnaissable qu'en dernier lieu. Les choses identiques par exemple, identiques sous un rapport quelconque, tombent d'abord sous les yeux avant que ne soit explicitement dévoilé leur être-identique ou leur identité qui les rend ontologiquement possibles, en tant que telles. Et pourtant, bien que l'ἰδέα de l'identité ne nous apparaisse pas d'abord dans le cercle coutumier de notre vision, il reste qu'elle a dû se manifester à nous toujours déjà pour que nous puissions effectivement voir des choses identiques, en tant qu'identiques. Si considérable puisse paraître la familiarité des rapports multiples que nous entretenons avec l'étant, nous devons nous trouver, avant elle, *dans* la familiarité de l'être, sorte de connivence ou d'entente préalable sans laquelle aucune de nos visées ou projets ontiques ne serait possible. En termes grecs, il importe de distinguer rigoureusement ce qui est πρότερον τῇ φύσει – apriorique quant au dévoilement – de ce qui est πρότερον πρὸς ἡμᾶς – apriorique dans le cours du processus noétique de l'homme. Si on l'envisage par rapport à nous (πρὸς ἡμᾶς), à notre manière habituelle de nous rapporter à ce qui *est* (west), l'être *cède* la priorité du dévoilement à l'étant. La lumière de l'étant captive de prime abord l'attention et donne l'apparence de rayonner à partir d'elle-même, avant que l'homme ne se soucie de savoir, en une conscience tardive, d'où provient au fond son éclat. Dans cette perspective, l'être est ce qu'il y a de plus lointain, et sa proximité en soi plus initiale se dérobe au profit de ce qui tombe immédiatement sous la main ou le regard de l'homme. Mais maintenant, il faut aussi que l'être soit caractérisé sous le jour qui lui est *propre*, c'est-à-dire indépendamment du caractère apriorique de la compréhension thématique que nous pouvons, le cas échéant, en avoir. «L'être doit être déterminé d'après son essence la plus propre (seinem eigensten Wesen nach) à partir de lui-même (aus ihm selbst) et non pas d'après la façon dont *nous* le saisissons et l'appréhendons (wahrnehmen).»[10] Sous ce rapport intrinsèque, nous pouvons alors dire de l'être qu'il est bien πρότερον τῇ φύσει, et le distinguer de l'étant comme l'ὕστερον τῇ φύσει. L'être s'est déjà déployé (gewesen) dans l'éclaircie avant que ne soit éclairci l'étant lui-même, c'est-à-dire, indissolublement, avant que l'étant ne soit compris par l'homme, quoique de manière implicite, pré-thématique, en tant que tel et tel qu'il *est*.

τῇ φύσει, vu à partir de l'être même, c'est-à-dire maintenant à partir de la présence du constant dans le non-voilé, c'est par exemple l'être-identique (das Gleichsein), l'identité, le πρότερον, soit l'anté-cédent (vorherig) vis-à-vis des choses existantes identiques. L'être-identique se présente (west-an) déjà dans le non-voilé, l'identité «est», avant que notre appréhension (Wahrnehmung) ne saisisse *proprement* du regard des choses identiques comme identiques, les considère et même les médite. L'être-identique s'est déjà rendu visible (ist . . . zuvor schon in die Sicht getreten) dans la proximité (bei) de notre attitude envers les choses identiques. L'être-identique est en tant qu'être, c'est-à-dire en tant que présence dans le non-voilé, ce qui se tient (das Stehende) par essence dans la vue, de telle sorte qu'il apporte ainsi seulement avec soi la «vision» et l'«Ouvert», les tient ouverts et accorde (gewährt) la visibilité d'étants identiques.[11]

Ici, nous voyons que la détermination intrinsèque de l'essence apriorique de l'être ne se réfère plus à l'ordre de succession noétique, même si elle connote l'idée d'un certain rapport entre l'être et l'homme. Ce rapport apriorique se trouve caractérisé à partir de l'être et seulement à partir de son déploiement propre. En son essence alors, l'ἰδέα n'*est* pas ce que l'homme comprend thématiquement en dernier lieu. Elle est plutôt ce qui s'est toujours déjà présenté ou est venu à la présence dans l'Ouvert, soit donc ce qui s'est toujours déjà présenté *à* la vue de l'homme, ouvrant ainsi un champ primordial de présence et de visibilité en lequel l'étant peut devenir présent et visible comme tel. C'est uniquement parce que l'être s'est toujours déjà présenté à nous, s'est toujours déjà approché (bei) de nous que l'étant peut être ouvert ou manifeste (offenbare) et se tenir à notre proximité dans sa propre présence. Selon Platon, à défaut de cette présentation préalable de l'ἰδέα,

---

10 *Nietzsche II*, «Das Sein als Apriori»; S. 216.
11 *Ibid.*; S. 217.

l'homme n'aurait pas de quoi s'orienter au sein de l'étant en totalité. L'homme ne pourrait pas avoir affaire à l'étant comme tel.
Il n'y aurait pas pour lui d'étant.

A vrai dire, cette détermination de l'essence apriorique de l'ἰδέα
fait signe vers un état de choses (Sachverhalt) particulièrement
difficile: celui de la relation (Ver-hältnis) propre entre l'être et
la pensée. Nul doute que si l'appréhension grecque de l'être en
tant que πρότερον τῇ φύσει a touché quelque chose de «très proche»,
c'est eu égard, avant tout, à cette relation énigmatique que le
fragment III de Parménide avait désignée pour la première fois
au monde grec. D'une certaine manière, nous voilà déjà amenés
à signaler chez Platon la présence d'un trait capital pour la question de la vérité de l'être, alors même que le propos de Heidegger –
rapporté au début de ce chapitre – rend pourtant l'idéatisation de
l'essence apriorique de l'être responsable de l'infidélité de toute
la tradition métaphysique. N'y-a-t-il pas là une contradiction, ou,
tout au moins, une ambiguïté? Une contradiction, non; mais une
ambiguïté, oui, s'il est vrai que cette ambiguïté a sa source dans
l'ambiguïté irréductible de la vérité de l'être en tant que tel. Nous
ne devons jamais perdre de vue, en effet, que les éclaircies métaphysiques de l'étant, pour aussi infidèles qu'elles soient, sont à
chaque fois les éclaircies *de* l'être, c'est-à-dire de l'être tel qu'il se
déploie (west) au cours de *son* Histoire occidentale. Faute de cela,
nous ne pouvons comprendre pourquoi Heidegger assigne pour
but à sa destruction de mettre à jour le sens *implicite* des nominations métaphysiques de l'être. Cela signifie tout autre chose que
de balayer d'un revers de la main l'histoire d'une pensée préten-
dument «fausse».

Pour traduire le πρότερον grec, en son «sens authentique»,[12]
c'est-à-dire, en fait, en son sens implicite, Heidegger a recours à
une locution allemande d'une grande épaisseur sémantique: *das
Vor-herige*. A moins de construire un néologisme pour les besoins
de la cause, néologisme qui rendrait et le «her» et le rapport spécifique du «vor» au «her», nous devons nous contenter des termes
précedemment employés pour importer cette locution dans notre
langue. Sans doute pré-cédent ou antécédent est-il le terme le
plus approprié, compte tenu du *cedere* latin qui connote l'idée
d'un mouvement d'allée, de venue, et même d'approche. Litté-

---

[12] *Ibid.*; S. 219.

ralement, *das Vor-herige* désigne ce qui d'avance (im vorhinein) vient à nous (auf uns) à partir de soi (von sich aus) ; ce qui d'avance nous ad-vient (kommt ... zu) à partir de soi-même. Ainsi explicité, le sens de l'a-priorité éidétique se précise: l'ἰδέα est πρότερον τῇ φύσει, dans la mesure où elle doit être ad-venue toujours déjà d'elle-même (von sich aus) à la vue noétique de l'homme pour que l'étant puisse être accessible en tant que tel. L'advenue préalable de l'être dans l'Ouvert ouvre en même temps pour l'homme l'horizon de compréhension en lequel l'étant se trouve découvert et nommé comme ce qu'il est. Le déploiement de l'ἰδέα dans l'Ouvert, c'*est* le déploiement *même* de l'horizon de toute manifestation possible de l'étant. Par là se révèle la connexion entre l'apriorité et la question de la relation de l'εἶναι avec le νοεῖν: l'apriorité ne caractérise la relation métaphysique entre l'étance et l'étant qu'en tant qu'elle désigne la venue en propre de l'être à l'homme. Si l'être n'advenait pas d'avance en propre à l'homme et si l'homme à son insu ne *laissait* pas l'être venir séjourner auprès (bei) de lui, il n'y aurait pas de compréhension, c'est-à-dire de *distinction* de l'étant possible. Encore une fois, il n'y aurait pas d'étant comme tel. C'est dire que l'apriorité constitutive de l'être, dans son rapport fondatif à l'étant, implique essentiellement une correspondance secrète entre l'être et l'homme. Cette correspondance (Entsprechung), cette co-appartenance (Zusammengehörigkeit) approprie l'être et l'homme l'un à l'autre en rendant possible leur essence propre. C'est pourquoi Heidegger, dans «Identité et Différence», et dans «Zeit und Sein», parle de cette co-appartenance en termes d'*Ereignis*. Qu'est-ce que l'*Ereignis*? Nous avons dit que nous renverrions à plus tard l'élucidation de ce mot, lequel n'a *rien* d'un concept, dans la mesure où, selon Heidegger, il vise un état de choses qui ne se laisse voir que «par-delà l'expression verbale»[13] elle-même. Qu'il nous suffise donc de signaler que l'*Ereignis* perce dans l'apriorité conçue comme *Vor-herige*, pour autant que l'appropriation, soit l'ad-venue en propre (eigen) de l'être auprès (bei) du νοεῖν humain ouvre l'éclaircie préalable en laquelle l'étant a pouvoir de se déployer comme étant, c'est-à-dire d'être proprement (eigens) découvert comme tel. Pareille approche préalable du plus proche de l'être comme *Ereignis* fait donc que l'homme se trouve de prime abord

---

[13] «Temps et être», in *L'endurance de la pensée*; p. 22.

dans un proximité incomparablement plus initiale que cette proximité des choses subsistantes dont il jouit au coeur de son séjour. Rien d'étonnant alors – mais plein d'énigmes – à ce que Heidegger dise du mot *Ereignis* qu'il désigne «ce qui est le plus proche de tout ce qui nous est proche ... en quoi nous avons déjà séjour» (das Nächste jenes Nahen ... darin wir uns schon aufhalten).[14]

Cette proximité apriorique de l'être, Platon l'appréhende métaphysiquement pourtant à partir d'une visée fondative sur l'étant. De ce fait, l'ad-venue préalable de l'être n'est pas considérée en son origine la plus propre, mais seulement eu égard à l'étant dont elle fonde la présence.

> Vu à partir de l'étant, l'être, en tant qu'anté-cédent, n'advient pas seulement à l'étant, mais de plus il règne sur lui (waltet über ihm) et se montre comme ce qui s'étend (hinausliegt) au-dessus de l'étant, des φύσει ὄντα. L'étant, au titre de ce qui est déterminé par l'être au sens de la φύσις, peut seulement être saisi par un savoir et un connaître qui pense ce caractère de φύσις (das diesen φύσις-Charakter denkt). La connaissance de l'étant, des φύσει ὄντα, est ἐπιστήμη φυσική. Ce qui devient alors le thème de ce savoir de l'étant s'appelle τὰ φυσικά. τὰ φυσικά devient le nom pour l'étant. L'être pourtant, conformément à son apriorité s'étend au-dessus de l'étant. «Au-delà» (hinaus über) et «par-dessus, par-delà vers» (hinüber zu) se disent en grec μετά. La connaissance et la science de l'être, qui, par essence, est a priori (Das Vor-herige), si on l'envisage à partir de l'étant, des φυσικά, doit donc outrepasser ceux-là (über diese hinaus-gehen), c'est-à-dire que la connaissance de l'être doit être μετὰ τὰ φυσικά, doit être métaphysique.[15]

3. A le voir ainsi saillir dans la lumière ambiguë de Platon, à la fois native et déclinante, il ne fait pas de doute que le trait apriorique de l'être va prédominer au cours de l'Histoire de la Métaphysique occidentale. Nous aurons donc à le relever en étudiant chaque moment essentiel du processus de formation historiale de la notion de valeur.

Disons encore un mot au sujet de l'élucidation du πρότερον sous le double rapport de l'ordre ontologique et de l'ordre noétique. Il n'est pas superflu de noter que cette distinction fondamentale se retrouve chez Aristote au seuil du premier livre de la *Physique*. La construction et la composition du passage en question méritent, selon Heidegger, d'être comparées à «la plus belle peinture

---

[14] «Identité et Différence», in *Questions I*; p. 271 (trad. modifiée).
[15] *Nietzsche II*, «Das Sein als Apriori»; S. 219 f.

grecque sur vase». Aristote y affirme: «πέφυκε δὲ ἐκ τῶν γνωρι-
μωτέρων ἡμῖν ἡ ὁδὸς καὶ σαφεστέρων ἐπὶ τὰ σαφέστερα τῇ φύσει καί
γνωριμώτερα» (184 a 16 sq.) – texte que Heidegger traduit et explicite comme suit:

> Mais le chemin (vers l'être de l'étant) est d'une nature et d'une direction
> telles qu'il nous conduit, des choses qui nous sont plus familières comme
> étant pour nous plus manifestes, vers ce qui – parce qu'il s'ouvre de lui-
> même – est en soi plus manifeste et, avec quoi, en ce sens, nous sommes
> déjà en confiance dès l'origine.[16]

Il va sans dire que ce texte expose dans une clarté effectivement admirable le *sens* authentique de l'expérience grecque de
l'apriorité de l'être: il s'agit d'un chemin, d'une progression à
partir d'un point vers un autre. La caractérisation de ces deux
points est faite à la lumière de dénominations semblables:
dans les deux cas, Aristote parle de ce qui est le plus manifeste
comme de ce qui est le plus familier. La *différence*, la distance
entre les deux points ressortit au fait qu'Aristote parle, d'un
côté, de ce qui est le plus manifeste en tant qu'on l'envisage
par rapport à *nous*, et, de l'autre côté, de ce qui est le plus manifeste en tant qu'on l'envisage *en soi*, sous le rapport de son dévoilement propre. Il y a, au début, les choses les plus dévoilées
pour nous, et, à la fin du chemin, les choses les plus dévoilées en
elles-mêmes. Le propre de la philosophie, c'est de parcourir le
chemin jusqu'au «plus manifeste en soi». Ce qu'il y a de plus
manifeste pour nous (τὰ ἡμῖν σαφέστερα) et ce à quoi nos yeux
sont le plus accoutumés, c'est évidemment l'étant. L'accoutumance naturelle à la lumière (φῶς) de l'étant nous *incline* à ne
concevoir d'autre φαινόμενον que lui. Mais une fois l'être découvert et, par suite, une fois éprouvé notre rapport de familiarité
originaire avec lui, l'être apparaît maintenant comme ce qui est
en soi le plus manifeste (τὰ σαφέστερα τῇ φύσει), indépendamment donc du fait qu'il le semble moins, ou même pas du tout
aux yeux de l'appréhension quotidienne et préoccupée de l'étant.
Le plus manifeste πρότερον, c'est ce qui s'est toujours dévoilé à
partir de lui-même τῇ φύσει et s'est rendu familier à l'homme,
bien que ce dernier ne *puisse* pas en avoir d'emblée une connaissance explicite. Nonobstant leurs divergences théorétiques, le
cheminement philosophique que préconisent aussi bien Aristote

---

[16] *Principe de Raison*; p. 153.

que Platon a donc pour fonction essentielle de détacher la vue de l'*être*, tel qu'il *se* manifeste de prime abord à elle (comme l'*étant*, et rien d'autre), pour l'attacher à l'être, tel qu'il se manifeste au préalable et absolument, c'est-à-dire à partir de soi-même. Quelle appellation convient à l'être *proprement* appréhendé? Celle d'ἀληθής ou de φαινόμενον, du phénomène au sens philosophique ou phénoménologique du mot. «Qu'est-ce donc, demandera *Sein und Zeit* en écho, qu'il faut nommer phénomène en un sens privilégié? Qu'est-ce donc qui par nature a besoin de devenir le thème d'une monstration expresse? A coup sûr, ce sera tout ce qui ne se *manifeste* pas (à nous) de prime abord, tout ce qui demeure *voilé* eu égard à ce qui se manifeste de prime abord, encore qu'il appartienne en même temps et essentiellement à ce qui se manifeste de prime abord puisqu'il en constitue le sens et le fondement.»[17]

A s'en tenir au passage d'Aristote, les *choses* semblent donc claires. L'importance de la détermination platonicienne de l'essence apriorique de l'être s'en trouve accrue. Mais à la réflexion, nous voyons nécessairement surgir devant nous la question suivante: comment se fait-il que l'être, en soi le plus manifeste, ne le paraisse pas, n'apparaisse pas comme tel à *première* vue? Si le projet philosophique vise à mettre à découvert le fondement essentiel des choses qui nous sont ordinairement manifestes, cela indique évidemment à quel point ce fondement, reposant à notre proximité, se trouve d'abord hors de notre vue thématique. Peut-on rendre *compte* d'un tel état de choses? De cette non-manifestation à nous du phénomène originaire, faut-il rendre responsable le νοεῖν et sa faiblesse théorétique? Telle sera du moins la *solution* de Saint Thomas d'Aquin, à la fois soucieux d'*innocenter* Dieu et de justifier la nécessité d'une doctrine sacrée en contrepoint des évidences de la foi; «On ne doit pas s'étonner de ce qu'une connaissance, plus certaine par sa nature, soit en même moins certaine pour nous (quoad nos); cela tient à la faiblesse de notre esprit qui se trouve, comme le dit le second livre de la *Métaphysique* d'Aristote, «devant les plus grandes évidences de la nature (ad manifestissima rerum) comme le hibou en face du soleil. Le doute de certains à l'égard des articles de foi ne doit

---

[17] *Sein und Zeit*; S. 35.

donc pas être attribué à une incertitude des choses mêmes; il demeure à la charge du faible esprit de l'homme.»[18]

Une telle question, Platon ne pouvait la rencontrer et la traiter, pour sa part, que dans l'horizon de sa conception métaphysique de l'être: en tant qu'elle doit assurer la venue au jour de l'étant, l'ἰδέα ne peut plus maintenant apparaître et ce qui apparaît n'est plus que pure apparence. Para-doxalement,[19] mais de façon tout à fait compréhensible du point de vue de sa promotion ontologique, la mise-en-vue ne se dévoile pas *physiquement* elle-même, elle se soustrait comme telle à la vue habituelle, à la vue «sensible» au bénéfice des φύσει ὄντα. Comme l'ἰδέα recueille en elle toute la positivité ontologique au point de devenir l'ὄντως ὄν, l'étant proprement dit, il est alors inévitable que ce qui se donne immédiatement à voir, soit le φαινόμενον au sens ordinaire, d'ὄντως ὄν qu'il était avant la scission, soit ravalé au rang d'un μὴ ὄν, d'un quelque chose qui n'a d'être, en somme, que sur le motif de sa participation à l'ὄν, étant entendu qu'il ne pourra jamais se prévaloir de la consistance et de la stabilité de ce dernier. Ce qui se met préalablement en vue (πρὸς ἡμᾶς) n'est pas l'être, l'ὄντως ὄν, encore qu'il n'ait pu se mettre-en-vue que dans la clarté non-manifeste de la mise-en-vue de l'être.

Il va sans dire alors que cette nihilisation du *physique* en général, contre-coup de la promotion métaphysique de l'être, prête le flanc à des objections théoriques importantes. Mis en demeure d'en affronter certaines, Platon a montré un *embarras* dont toute la Métaphysique occidentale, Nietzsche y compris – même cet apologiste de l'apparence – gardera la trace. Il est impossible d'examiner ici l'ensemble de ces objections théoriques. Mais contentons-nous de mentionner ceci: nécessitée par la saisie gréco-platonicienne de l'ὄν comme οὐσία, comme présence constante, la dégradation du physique en apparence rend du coup tout à fait problématique son *statut* ontologique propre. Car sans doute les choses sensibles offrent-elles, en tant qu'elles *sont*, un visage, un clair visage, mais c'est un visage aux traits si inconsistants, si évanescents, si vagues qu'en lui transparaît à peine la splendeur calme de l'ἰδέα et qu'un autre principe, radicalement

---

[18] «Somme théologique»; q. I, art. 5, rep. 1.
[19] Sur le sens originaire de la δόξα, cf. *Nietzsche I*; S. 504 ff. et *Introduction à la Métaphysique*; p. 111.

étranger à l'οὐσία doit entrer en sa composition. Quel est ce principe? Est-il même principe? Il fait le tourment de Platon puisque réfractaire, irréductible au λόγος, inapte à accueillir en lui la constance de l'être, il ne saurait ni se mettre-en-vue ni donner prise à une essentielle nominaton. Dans le *Timée*, Platon parle de lui comme de ce en quoi devient (τὸ ἐν ᾧ γίγνεται) la chose en devenir (τὸ γιγνόμενον), chose sensible dont le visage ressemble, sans pouvoir s'y égaler au modèle intelligible. C'est essentiellement à cause de cette χώρα invisible, non pas réceptacle mais lieu (τόπος) du devenir, que, d'une part, l'idéalisation du sensible ne peut être absolue au point de libérer définitivement les apparences physiques de leur caractère instable, et que, d'autre part, l'ἰδέα ne se dévoile pas immédiatement comme telle, πρότερον πρὸς ἡμᾶς. Principe sans visage, qui hante le visage des choses sensibles, c'est à bon droit que Platon déclare à son sujet qu'il «participe d'une manière très embarassante de l'intelligible»[20] et qu'il «ne peut se laisser appréhender en dehors de toute sensation, si ce n'est au moyen d'une sorte de raisonnement, de compte-rendu batard».[21] Il n'empêche, tout de même, que ce principe abyssal doit être admis si l'on veut rendre compte, si l'on veut rendre raison, aussi batarde, aussi métaphysiquement *indigne* cette raison soit-elle, de l'inconstance congénitale des φύσει ὄντα. et du coup, selon nous: si l'on veut rendre compréhensible, *dans le cadre d'une interprétation métaphysique de l'être*, le phénomène du voilement πρὸς ἡμᾶς de l'ἀλήθεια de l'être au sens de l'éclaircie fondatrice de l'étant. Mais évènement notoire, qui va largement contribuer au façonnement du concept occidental de la vérité: le retrait de l'être n'est plus alors conçu comme un trait fondamental de son dévoilement. Pour l'expliquer, on se voir obligé de recourir à une «raison» externe, à un principe antithétique d'occultation. La λήθη est arrachée du coeur de l'ἀλήθεια, et si l'être encore se voile, ce n'est plus par pudeur, par amour ou par jeu, mais par la faute d'une adversité obscure dont il n'est pas l'auteur. Se met alors en route l'Histoire d'une ontologie de la pleine lumière, de la pleine positivité ontologique, en même temps que s'estompe, dans le lointain grec, cette expérience foncièrement *tragique* de l'être que

---

[20] 51a.
[21] 52a.

seul Hölderlin, selon Heidegger, parviendra à ressaisir dans une vue décisive.

4. Insistons encore sur la distinction fondamentale entre le πρότερον τῇ φύσει et le πρότερον πρὸς ἡμᾶς. Nous l'avons vu: elle se trouve au principe de la compréhension platonicienne du sens de l'être en termes d'a priori. Ce qui de soi se présente préalablement dans l'Ouvert, et donc à nos yeux, pourvu qu'ils se soient acquittés d'une conversion méta-physique, doit être *distingué* de ce qui se manifeste dans notre champ de vision habituel. Pour le captif de la caverne, par exemple, il ne saurait y avoir immédiatement d'autre vérité, d'autre phénoménalité que celle des ombres portées et des échos réfléchis sur la paroi transversale d'«en face». Il tient de prime abord pour dévoilé, et donc pour *étant*, ce qui lui apparaît dans l'obscur. Il ne connait du jour que ce que la nuit de la caverne peut en accueillir (λόγος) et se figure que la faible luminosité des apparences constitue tout le jour. Il incline donc habituellement à croire, en raison de la situation particulière de son *habitat*, qu'il découvre le visage des choses dans une clarté entière, lorsqu'il n'en a toujours qu'une vision obscure. La croyance en un tel savoir préalable, l'éducation philosophique a pour fonction de la détruire, de manière à y substituer le seul véritable savoir préalable qui est le savoir de l'être, tel qu'il s'est toujours déjà manifesté, et avant tout étant, à partir de lui-même. Une fois parvenu à l'extérieur de la caverne, en plein jour, c'est-à-dire, aussi, au terme d'un temps d'accoutumance nécessaire, le philosophe donnera à ce dernier savoir la priorité sur le premier, en sorte que l'ἰδέα lui apparaîtra en tant que πρότερον τῇ φύσει aussi bien que πρὸς ἡμᾶς. Véritablement alors, l'antériorité selon la connaissance sera identique à l'antériorité selon le dévoilement, la connaissance apriorique connaissance de ce qui est en soi a priori. Véritablement alors, ce qui est en soi le plus manifeste le sera aussi au regard philosophique. Ce regard se sera désaccoutumé de sa direction première pour entrer dans la familiarité de l'être, ou plutôt pour prendre conscience de cette relation familière toujours déjà nouée avec l'être, mais dont il jouissait d'ordinaire à son insu.

C'est en ce point, alors, que peut s'éclaircir quelque peu cette difficile théorie de la réminiscence dans son rapport essentiel à l'apriorisation métaphysique de l'être. Car en parlant d'un savoir de l'être antérieurement acquis, au sens temporel du terme cette fois, antérieur au savoir actuel et le rendant à son insu possible, Platon ne fait-il pas en sorte que se corresponde l'ordre effectif du savoir et l'ordre intrinsèque du dévoilement ontologique? Quand bien même le sens du πρότερον serait ici ambigu, subirait des variations complexes d'un terme à l'autre, n'est-il pas clair que Platon entend dégager métaphysiquement la co-appartenance de la pensée et de l'être en la plaçant sous le signe d'une récollection intérieure (Er-innerung) originaire? Co-appartenance dont le principe compenserait – en le résolvant à un niveau métaphysique – le paradoxe irréductible d'un être en soi a priori mais seulement appréhendable thématiquement a posteriori? Assurément, et c'est bien dans cette intention de conciliation, en quelque sorte, que les textes platoniciens traitent d'un savoir antérieurement acquis de l'être, d'un savoir qui précède et rend possible *tout* savoir. Savoir des déterminations fondamentales de l'étant, de l'Identique, de l'Egal, du Grand, du Petit, etc., grâce auquel viennent au jour et sont appréhendées comme telles les choses identiques, égales, grandes et petites. «C'est avant d'avoir commencé à voir, à entendre, à user des autres sens, que nécessairement nous nous sommes trouvés avoir acquis un savoir de l'Egal qui n'est rien qu'égal, et de ce qu'il est; nécessairement, si nous devions être à même, ultérieurement, de rapporter à ce terme supérieur les égalités qui nous viennent des sensations.»[22] Et sans doute, les choses égales paraissent-elles d'emblée a priori πρὸς ἡμᾶς, relativement au savoir thématique ultérieur de leur Egalité. Mais en réalité, selon Platon, autant l'ἰδέα de l'Egalité éclaircit les choses égales en les amenant à l'être, autant le savoir antérieurement acquis de l'Egalité fonde la possibilité de l'appréhension sensible de ces mêmes choses comme telles. Somme toute, il faut dire que si l'être se dévoile ὕστερον πρὸς ἡμᾶς, c'est uniquement pour un savoir qui ignore sa propre essence, la *propriété* de son essence (παρουσία), qui ne s'approfondit pas jusqu'à se recueillir auprès (bei) de ces déterminations fondamentales d'avance inscrites en elle, et qui sont bien les présuppositions, les positions préalables de tout savoir. Avec cette théorie de la réminiscence, liée au nouveau statut apriorique de l'étance, la pen-

---

[22] *Phédon*; 75b.

sée se voit ainsi attribuer une essence proprement méta-physique. Elle abrite en elle l'ensemble des principes a priori de la connaissance sensible, grâce à quoi l'étant peut être préalablement déterminé quant à son être.

D'où la conséquence suivante qui pèsera sur tout le destin de la Métaphysique occidentale: bien qu'elles ne soient pas encore et jamais pour Platon des re-présentations, c'est-à-dire des propositions préalables (Vor-stellungen) ancrées dans la subjectivité fondée sur soi d'un «Je pense», les «Idées», du moment qu'elles sont appelées à fonctionner comme fondements, doivent fournir à l'homme la *garantie* (die Wahrung) d'une éclaircie ou d'une vérité (Wahrheit) constamment disponible de l'étant. Elles doivent rendre raison de l'étant, toujours sur le même mode et à n'importe quel moment, puisqu'elles sont placées à la dis-position de la pensée. Cette pensée, il faut alors l'appeler *Raison*, au sens de la faculté méta-physique ou apriorique de l'homme. Déjà l'homme *a* la r/Raison au double sens du terme: il a en sa possession constante la raison de l'étant, soit son être-fondatif, sa vérité; et il a le pouvoir de produire cette raison, soit le pouvoir rationnel quasi-discrétionnaire de rendre raison de l'étant. Déjà s'annonce ici l'interprétation aristotélicienne du λόγος conçu au titre d'un fil conducteur pour la détermination des catégories fondamentales de l'étant. Mais déjà aussi pointe à l'horizon la Métaphysique moderne de la Subjectivité, dans le cadre de laquelle Kant développera sa doctrine des conditions de possibilité a priori. Qu'adviendra-t-il de la Raison (Vernunft) à cette époque? Elle sera expressément érigée en principe suprême dont devra dépendre la possibilité de toute éclaircie de l'étant. Elle aura alors valeur de Sujet, c'est-à-dire de ce qui, s'étant préalablement posé à *partir de soi* (sub-iectum = das sich schon Vorliegende), peut aussi se pro-poser (vor-stellen) d'avance l'étant dans son être, en toute certitude, au moyen de propositions ou principes métaphysiques tirés de son propre fonds. En termes brefs, elle deviendra le pouvoir de la représentation apriorique de l'étant. Est-il alors besoin de dire qu'en cette nouvelle métamorphose d'elle-même, la dispensation inaugurale de l'être comme a priori se donnera toujours et puissamment libre cours?

L'*a priori* est la dénomination de l'essence de la chose. Selon qu'est saisie la choséité de la chose et, d'une manière générale, selon qu'est compris l'être de l'étant, de la même façon est aussi interprété l'a priori et son apriorité. Nous le savons: pour la philosophie moderne, le principe du Je est la première proposition quant au rang des vérités et des propositions, c'est-à-dire ce qui est pensé dans la pure pensée du Je, en tant que Sujet éminent. Ainsi se fait-il que réciproquement tout ce qui est pensé dans la pure pensée ait valeur d'*a priori*. *A priori* est ce qui, dans le Sujet, dans l'âme, se tient déjà prêt. L'*a priori* est cela qui appartient à la subjectivité du Sujet.[23]

5. Rappelons que de l'avis de Heidegger, la destruction d'une notion a pour fin d'inventorier les déterminations métaphysiques fondamentales dont elle hérite et dont le *capital* est d'autant plus considérable qu'on ne le soupçonne pas comme tel. Si c'est notamment dans l'espace traditionnel de la pensée grecque de la vérité de l'étant que les décisions modernes ont pu être prises, il est alors évident que la mise à jour et la délimitation de cet espace importent autant, sinon plus que l'examen des apports et des tournants qui donnent leur marque historiale propre aux métaphysiques de la Modernité. En l'occurence, s'agissant de la notion de valeur, il nous faut savoir qu'en examinant le statut apriorique de l'ἰδέα nous avons déjà pris pied sur sa première terre d'origine. Il est vrai que cette situation herméneutique ne sera rétrospectivement validée qu'au terme du processus de formation historiale de la valeur. Mais précisèment pour cette raison, nous ne pouvons pas faire l'économie d'une étude approfondie des traits platoniciens qui entreront ultérieurement dans la constitution de la valeur. C'est pourquoi nous estimons devoir mentionner dès maintenant un trait qui s'avèrera capital pour sa critique à la lumière du problème de la vérité de l'être: nous voulons parler du rapport entre l'essence apriorique de l'être et la *temporalité* de l'être même.

Nous avons vu que c'est sur la base de l'expérience grecque de l'être comme φύσις et οὐσία que Platon a opéré une éidétisation métaphysique de l'être. φύσις et οὐσία disent la même chose: l'éclosion, l'apparaître à la lumière de la φύσις (racine indo-européenne: bhû, bheu), les Grecs l'ont déterminé comme οὐσία. Originairement, ce mot signifie la *présence* (Anwesen), soit donc la présence qui se déploie (west) d'elle-même dans l'Ouvert ou le non voilé. Avec Platon, l'οὐσία se trouve métaphysiquement comprise au sens de la mise-en-vue constante, non sujette au devenir,

---

[23] *Qu'est-ce qu'une chose?*; p. 176.

de l'étant sensible. Si l'étant sensible tombe maintenant au rang d'un μὴ ὄν, c'est parce qu'il n'apparaît pas à Platon aussi véritablement *présent* que l'ἰδέα. Seule l'ἰδέα *est* véritablement. Constamment étante, elle permet au savoir philosophique de jouir de la sécurité d'une propriété (παρουσία) stable. «Pour ce qui est du naturel des philosophes, de leur façon d'être ouverts et de ce à quoi ils sont ouverts (τῶν φιλοσόφων φύσεων), convenons donc qu'ils sont constamment (ἀεὶ) épris du savoir préalable (μαθήματός) qui peut leur dévoiler quelque chose de cette étance (τῆς οὐσίας) constamment présente (ἀεὶ), celle qui ne se laisse pas égarer par la génération et le décès (μὴ πλανωμένης ὑπὸ γενέσεως καὶ φθορᾶς).»[24]

Tout le projet déconstructif de Heidegger, ordonné à la mise à jour de l'être dans son rapport à la temporalité, s'est développé à partir du simple constat suivant: en dépit de son apparente évidence, cette compréhension grecque de l'être comme présence et notamment comme présence constante, fait signe vers le *temps* comme au fondement de sa possibilité. C'est dans l'horizon du temps que l'être a été éclairci comme présence constante, dans la mesure où à la racine de cette détermination repose un mode privilégié du temps. Ce mode est celui du *présent* (Gegenwart). l'être comme *présence* (Anwesen) renvoie au *présent* (Gegenwart) du temps. Etre veut dire: être présent. Etre comme ἰδέα veut dire: être constamment présent, subsister dans un perpétuel présent. Selon Heidegger, les Grecs n'ont pas appréhendé l'horizon temporel de leur compréhension du sens de l'être, et, donc, la temporalité de l'être même. Ils n'ont pas pris thématiquement en vue ce que *Sein und Zeit* appelle «la fonction ontologique fondamentale du temps».[25] Cela est net chez Platon, dans le *Timée* par exemple, lorsque parlant de l'étance paradigmatique toujours présente il affirme qu'on doit seulement dire d'elle qu'«elle est», le «était» et le «sera» étant au contraire réservés pour qualifier tout ce qui appartient en propre au devenir.[26] De plus, sur la base de cette détermination implicitement temporelle de l'être, les Grecs ont entrepris de déterminer à son tour l'être du temps. Ils se sont efforcés «de saisir sa structure d'être dans l'horizon d'une compréhension de l'être qui est pourtant implicitement et

---

[24] *République VI*, 485b.
[25] S. 25.
[26] 37e, 38a–c.

naïvement orientée à partir de lui».[27] Il en résulte un concept
métaphysique du temps qui énonce du temps ce qu'il *est* alors que
l'être ou l'essence a déjà été déterminé en secret dans l'horizon
du temps. Dans la *Physique* d'Aristote, le temps se trouve élucidé
comme une pure succession de maintenants (Jetzt), de moments
présents, donc à partir de ce qui, en lui, paraît *être* véritablement,
à savoir le *présent*. Ce qui n'*est* pas véritablement dans le temps,
ce sont le passé (Vergangenheit) et le futur (Zukunft), vu que l'un
n'est plus *présent* et que l'autre n'est pas encore *présent*. De la
sorte éclairci à partir de ce qui *est*, le temps se dérobe en son
propre, c'est-à-dire en tant que l'éclaircie fondamentale qui donne en secret le sens de ce qui *est*.

Mais qu'en est-il alors précisément du rapport (Bezug) entre
le trait (Zug) apriorique de l'être et cet horizon temporel dans
lequel Platon voit l'οὐσία sous la forme de la mise-en-vue constante de la φύσις? En conférant à l'οὐσία le statut de la mise-en-
vue apriorique, Platon ne laisse-t-il pas percer tout de même
quelque chose de cette temporalité de l'être qui se trouve profondément enfouie dans la simplicité du mot οὐσία? De toute
évidence pourtant, le fondateur de la métaphysique n'a pas plus
aperçu thématiquement cette temporalité que ses devanciers
grecs: il a même jeté les bases d'une interprétation métaphysique
du temps que prendra à son compte Aristote. Dans les *Dialogues*,
nous relevons bien les marques de sa naïveté, c'est-à-dire de son
ignorance quant à la véritable racine de ses déterminations métaphysiques. La conception de l'ἰδέα comme ἀεὶ ὄν n'exclut-elle pas
d'elle-même la possibilité d'un éclaircissement de l'essence apriorique de l'être à la lumière de la question de la temporalité? Il va
déjà de soi que l'apriorité ontologique de l'ἰδέα ne connote pas le
principe d'une antériorité temporelle de l'étance relativement à
une venue postérieure de l'étant. La différence métaphysique
entre l'étance et l'étant ne peut se concevoir sur le modèle d'une
consécution ontico-temporelle. Et surtout, en tant qu'il la fige
en une station constante, Platon rend expressément l'ἰδέα indépendante du temps au sens métaphysique du devenir, même si
s'avère tout à fait problématique du coup la *participation* du
μὴ ὄν au *présent* de l'ὄντως ὄν. A s'en tenir donc au propos explicite
de Platon, il semblerait que l'attribution à l'οὐσία du trait de

---

[27] *Sein und Zeit*; S. 25.

l'apriorité ne dévoile rien de la temporalité de l'être, et même la recouvre davantage.

Cette fois encore, le danger serait de tomber dans la facilité d'une interprétation *simplifiante* de la pensée platonicienne sous prétexte d'entériner ce que l'on estime être le point de vue critique de Heidegger. En procédant ainsi, on ne *lit* pas en fait le texte critique heideggerien. Car ce texte, malgré la nécessaire violence herméneutique qui l'innerve, n'a jamais manqué de relever les nuances et les tons les plus subtils de la lumière ambiguë en laquelle ont été posés les fondements de la métaphysique occidentale. En l'occurence, nous manquerions le coeur de l'élucidation heideggerienne du sens de l'apriorité chez Platon si nous ne prenions en considération un très court avertissement que Heidegger a placé au milieu de son chapitre sur «l'être comme a priori». Cet avertissement n'est suivi d'aucune explication. En vain chercherait-on dans les autres cours du *Nietzsche* de quoi l'éclairer. A nos yeux, il n'en est de ce fait que plus important. Ecoutons-le:

> Si nous pensons ainsi le πρότερον τῇ φύσει, l'a priori au sens authentique de l'antécédent (als das Vor-herige), de ce qui à partir de soi nous advient d'avance, le mot perd alors sa signification «temporelle» d'«antérieur» (Früher), signification qui prête à malentendu et qui fait que nous entendons ordinairement le «temporel» et le «temps» sous les espèces du calcul et de l'énumération chronologiques (der gewöhnlichen Zeitrechnung und Zeitfolge), de la succession de l'étant (des Nacheinander des Seienden). Mais conçu conformément à l'anté-cédent, l'a priori dévoile avant tout maintenant la *temporalité* de son essence (sein *Zeit*haftes Wesen) en un sens plus profond du «temps», sens que nos contemporains, manifestement, ne *veulent* pas voir parce qu'ils ne voient pas la communauté d'essence (Wesenszusammenhang) voilée de l'être et du temps.
> Qu'est-ce qui les en empêche? La structure de pensée qui leur est propre et l'intrication inapparente dans des habitudes de pensée désordonnées. On refuse de voir, sinon il faudrait admettre que les fondements (die Fundamente) sur lesquels on continue de bâtir l'une après l'autre des dérivations de la métaphysique *ne sont points des fondements* (keine Fundamente sind).[28]

Que veut dire Heidegger? En quoi l'apriorité de l'être élucidée comme anté-cédence rend-t-elle manifeste au plus profond d'elle-même une dimension temporelle originaire qui se dérobe aux prises de tous les concepts métaphysiques du temps? Pour *l'entrevoir*, il faut simplement prêter à nouveau l'oreille à cette

---

[28] *Sein und Zeit*; S. 219.

appellation de Vor-herige. En elle résonne l'idée d'une ad-venue préalable de l'être à l'homme, advenue en propre qui ouvre l'horizon de toute manifestation possible de l'étant comme tel. Cette advenue, nous en avons expressément parlé en termes de *présence*. Un tel rapprochement connotait d'emblée un sens de l'οὐσία que ne pouvait pas laisser filtrer la détermination immédiate, c'est-à-dire la détermination métaphysique de l'ἰδέα sous les espèces de l'étance constante fondative de l'étant. Car, ce faisant, la présence de l'être se trouvait seulement appréhendée à partir de l'étant et eu égard à sa fondation. Pour que se révèle le sens implicite de l'apriorité, il fallait donc délaisser cette visée fondative de manière à penser la présence sous le rapport de son origine propre. Perçait alors un état de choses capital: l'étant ne peut se rendre manifeste comme étant *présent* que dans l'horizon d'une *présentation* préalable de l'être à l'homme. A son ouverture préalable à l'être le νοεῖν doit le pouvoir de s'ouvrir, c'est-à-dire de se rendre manifeste l'étant présent. Si l'homme ne laissait pas toujours déjà l'être se présenter auprès de lui, il ne pourrait pas rencontrer l'étant *comme tel* et se tenir auprès de lui. Nous sommes donc en droit de dire que *Anwesen* et *Vorherige* désignent le même phénomène, à ceci près que l'anté-cédence jette une lumière appropriée sur l'opacité du mot οὐσία. Au fond, *An-wesen* veut dire: la venue préalable de l'être à (an) l'homme, le déploiement d'être (Wesen) venant à (an) lui. Or, maintenant, voici ce à quoi il faut prêter attention: le rapport entre l'essence apriorique de l'οὐσία et la temporalité de l'être se dévoile dès que nous entendons dans la *présence* (Anwesen) résonner le *présent* (Gegenwart) du temps. L'essence ou l'origine de l'être en tant que cette présence qui nous advient d'avance, c'est en vérité le *présent* temporel lui-même *et donc le temps lui-même* dans l'unité énigmatique de ses trois modes. L'être comme présence pro-vient du temps. En ce qu'il abrite de plus propre, l'être «est» le temps. Le temps désigne ce à partir de quoi *il y a* pour l'homme «de» l'être, ce à partir de quoi est secrètement accordé (gewährt) la lumière ou l'horizon d'une présence en lequel l'étant peut apparaître comme *présent*. Comment doit-on alors caractériser le présent (Gegenwart) du temps? Puisque nous ne l'envisageons pas ainsi comme quelque chose qui *est*, il perd nécessairement sa signification métaphysique de *maintenant* (Jetzt), de même que l'essence (Wesen) de l'*Anwesen* ne peut plus être pensée sous la forme d'une quiddité constante. Ici, il appert que la pensée doit penser contre elle-même: elle doit faire un effort inouï pour s'arracher à ses propres clôtures traditionnelles. Cet effort inouï, Heidegger n'a pu le *soutenir* que très tardivement, au faîte de sa démarche, dans une conférence qu'il a prononcée à Freibourg en 1962. Cette conférence a pour titre «Zeit und Sein», «Temps et être». Parlant de l'essence temporelle de l'οὐσία, Heidegger écrit:

Quelle affaire (Sache) pensons-nous lorsque nous disons *Anwesen*? Déployer son être (wesen) veut dire demeurer (währen). Mais trop vite nous nous tranquillisons (beruhigen wir) en comprenant le demeurer comme un pur durer (als blosses Dauern) et la durée au fil conducteur de la représentation habituelle du temps comme portion de temps s'étendant depuis un maintenant jusqu'au suivant. Cependant, parler de l'être comme anwesen, comme déploiement d'être qui ad-vient, cela exige que dans le demeurer, compris dans le sens de l'advenue du demeurer (An-währen), nous entendions le *Weilen* et le *Verweilen*, avoir quiétude, avoir séjour. L'advenue du déploiement d'être (An-wesen) nous advient (geht uns an: cette venue à nous signifiant en allemand ce qui nous importe, ce qui nous regarde); Présent (Gegenwart), cela veut dire: venir séjourner à notre rencontre (uns entgegenweilen) – à la rencontre de nous, les hommes.[29]

On voit ici combien Heidegger délaisse la compréhension métaphysique de la présence afin d'avoir accès à la temporalité de son essence propre. Au mutisme du mot οὐσία se substitue une appellation en laquelle résonne le temps. L'être nous advient préalablement et se déploie (west) comme tel en venantsé journer à notre rencontre (entgegenweilen). L'homme n'*est* lui-même proprement que s'il laisse l'être venir à sa rencontre, que s'il accueille la présence en la laissant séjourner auprès de lui. Quant à la *contrée* (Gegend) en laquelle a lieu la rencontre, elle n'est autre que le *présent* du temps. Pareille rencontre entre l'être et l'homme n'*est* pas préalable dans la mesure où elle précèderait «temporellement» la venue à la présence de tout ce qui est. Si nous essayons de penser ainsi l'anté-cédence de l'*Anwesen*, nous retombons immédiatement dans le cercle des déterminations métaphysiques. Bien plutôt faut-il s'efforcer de déterminer l'ad-venue en propre de présence au sens de *Gegenwart*, de même que l'advenue voilée de ce qui se déploie en mode rassemblé (Ge-wesen) et de l'a-venir (Zu-kunft) à partir du règne non temporel du temps lui-même. Il

---

[29] «Temps et être», in *L'endurance de la pensée*; p. 39.

est inutile de fournir ici les élements d'une interprétation d'un état de choses aussi complexe. Il importe seulement d'avoir vu que l'attribution à l'οὐσία d'une essence apriorique, une fois élucidé le sens implicite de cette attribution, fait signe vers une dimension secrète dans l'ouverture temporelle de laquelle l'être s'est toujours déjà présenté à nous. Le geste le plus difficile pour la pensée consiste à ne pas concevoir ce «toujours déjà» sur un mode métaphysique. On doit même se demander si l'expression n'est pas en soi égarante. Sans doute est-ce la raison pour laquelle le concept métaphysique d'a priori qu'on trouvait au centre de *Sein und Zeit* finit par disparaître totalement du texte heideggerien, entraînant avec lui bien d'autres appellations connexes. Peut-être aussi qu'à l'état de choses visé ne saurait correspondre aucun énoncé approprié, motif pour lequel les derniers écrits de Heidegger, notamment «Zeit und Sein», doivent se recommander d'une vision phénoménologique silencieuse sans rapport de remplissement aux intentions de significations incluses dans la langue métaphysique. Mais il s'agit ici du problème de la parole, de son statut propre et de ses capacités de nomination. Nous y réfléchirons plus tard.

6. Résumons l'apport *métaphysique* de la doctrine platonicienne de l'ἰδέα.

A l'être, à ce qui se dévoile sous les espèces de la mise-en-vue constante, la métaphysique platonicienne attribue, sans pouvoir s'interroger sur le sens et sur le fondement de cette attribution époquale, le statut d'un a priori. Le mode relationnel sur lequel Platon conçoit et détermine la vérité de l'étant, et dont le primat éclipse la différence ontologique, non moins que l'identité de l'être et de la pensée dont la différence procède, c'est l'apriorité. L'apriorité, tel est le mode sur lequel l'étance se rapporte à l'étant et l'étant participe à l'étance, sur lequel se différencient en se conciliant l'étance et l'étant. A la suite de Platon, la Métaphysique occidentale gardera continûment *à* vue cette apriorité constitutive de l'être, chaque fois qu'elle approfondira l'étant dans la direction de son étance et qu'elle inscrira, dès lors, sur cet espace relationnel prédonné, le pluriel de ses interprétations historiales. De par son statut a priori, l'être, chez Platon, reçoit pour fonction fondamentale de faire être l'étant. De faire

être l'étant, c'est-à-dire de l'amener à la présence, à découvert, à
la lumière, à stance, etc., toutes ces déterminations ontologiques
connotant le même phénomène et renvoyant unitairement à la
pensée grecque de l'οὐσία, cette οὐσία qui signifie «la présence du
constant dans le non-voilé» et qui est «une interprétation modifiée
de ce qui s'appelle initialement φύσις.»[30] Sans la mise-en-vue de
l'ἰδέα, qui lui accorde forme et limites, qui lui garantit stabilité et
constance, l'étant ne pourrait pas être comme tel, comme ce qu'il
est. La révolution méta-physique que Platon imprime à la
trajectoire de la pensée grecque, tient, pour l'essentiel, en une
courte phrase : l'étant, τὰ φύσει ὄντα, n'est, et n'est ce qu'il est
sous le rapport de la quiddité, que par la vertu métaphysique de
l'ἰδέα ; l'ἰδέα, c'est ce dont l'étant est redevable pour être. Que
l'être doive se prêter à une investigation et à une détermination
métaphysiques, ne peut donc vouloir dire que ceci : non pas en
l'étant lui-même, mais au-dessus, par-delà lui, règnent le principe
d'être et, consécutivement, le principe d'intelligibilité qui lui ap-
partiennent en propre. Venir de soi, venir par soi à l'être, se lever
dans une lumière jaillie de soi, croître, s'établir dans ses propres limites, se stabiliser en ces limites de manière à offrir un visage,
voilà peut-être ce dont la φύσις d'un Héraclite s'avérait capable,
voilà, en tout cas, ce dont l'étant ne peut plus, aux yeux de Platon, se prévaloir. Dès lors, nécessairement, à cette sorte d'appauvrissement, à cette sorte de déficience ontologique que subit
l'étant – à ce que Nietzsche, quant à lui, en toute logique, c'est-
à–dire dans la logique de sa position métaphysique fondamentale,
tiendra pour une «anémie de la volonté»[31] – bref, à cette perte
d'être de l'étant, il faut bien trouver un remède, et ce remède
c'est justement l'apriorisation métaphysique de l'être qui fait
de l'être une étance constante fondative. L'étance, autrement dit
cette puissance ontologique de soutien ou de stabilisation qui
donne à l'étant ce qu'il n'a pas par lui-même, à savoir la puissance d'être. Si l'étant manque, de la sorte, de puissance d'être,
où donc pourrait-il en *puiser*, sinon dans un étant qui est beaucoup plus étant ou présent que lui, beaucoup plus dévoilé
(ἀληθέστατον) que lui, dans un étant véritablement étant, le
précédant obligatoirement dans la venue à l'être, de manière à

---

[30] *Nietzsche II*, «Das Sein als Apriori»; S. 217.
[31] *Gai savoir*; V, § 347.

l'amener, lui le moins-étant, le pseudo-étant (μὴ ὄν), à l'être. Sous ce rapport, a priori et a posteriori sont bien les noms respectifs de l'étance et de l'étant: a priori dénomme bien l'étance, parce qu'il va de soi que ce qui dispense et garantit la capacité d'être doit la détenir lui-même au préalable, faute de quoi il ne pourrait la communiquer. Et a posteriori dénomme bien l'étant, parce que, dans la venue à la présence, il suc-cède nécessairement à cette étance anté-cédente, déjà posée à partir de soi (vor-liegende Seiendheit), sur le fondement de laquelle il devient, «à son tour», présent.[32] De par sa priorité sur lui dans l'ordre du dévoilement, l'étance rend l'étant capable d'être, d'être étant, et, plus encore, d'être *un* étant, pour autant que la puissance ontologique de l'ἰδέα s'avère originairement unifiante (l'ἕν du λόγος). Accorder à l'étant la capacité d'être comme tel, cela veut dire: rendre possible, possibiliser l'étant de manière à ce qu'il puisse se déployer, selon sa modalité «physique» propre, dans l'éclaircie. Possibiliser l'étant, cet office appartient donc à l'être en raison de sa puissance possibilisante a priori, telle qu'elle lui a été reconnue à l'occasion de sa promotion métaphysique. Ce phénomène de la possibilisation (der Ermöglichung), si décisif, si essentiellement soudé au motif de l'apriorité, Platon, pour sa part, s'entendait à l'éclaircir d'un mot simple: l'essence possibilisante de l'οὐσία, disait-il, c'est l'ἰδέα τοῦ ἀγαθοῦ; l'essence de l'être comme ἰδέα, c'est l'ἀγαθόν.

7. Τὸ ἀγαθόν. Voilà donc cette suprême figure métaphysique dans la clarté de l'interprétation platonicienne du sens de l'être. Par le fait même, voilà l'amont, l'origine de ce long et secret processus de formation historiale de la notion de valeur. Car non-obstant la particularité irréductible de sa position époquale, Nietzsche n'a-t-il pas conféré à la valeur le statut d'une condition de possibilité? Condition de possibilité de quoi? De la conservation et de l'accroissement de tout ce qui est, c'est-à-dire, selon Nietzsche, de tout ce qui se déploie (west) sur le mode fondamental de la volonté de puissance. Rendre possible la volonté de puissance, en possibiliser le maintien aussi bien que l'élévation, la stabilité aussi bien que la croissance, à une telle et à nulle

---

[32] Le statut *hypokeimenal* de l'ἰδέα sera examiné au chapitre suivant.

autre fonction *métaphysique* la valeur chez Nietzsche est commise. Cette compréhension nietzschéenne de l'être en termes de condition de possibilité, où a-t-elle bien pu prendre racine, sinon, justement, dans cette figure platonicienne de l'ἀγαθόν qui rend manifeste l'essence apriorique et possibilisante de l'ἰδέα? Mais plus encore, à en découvrir ainsi la racine, ne commençons-nous pas à entrevoir la forme générale de ce que nous pourrions appeler l'arbre généalogique de la notion de valeur? Ne commençons-nous pas à soupçonner quelle sera l'importance, quel sera l'apport de la philosophie transcendentale de Kant pour la paternité historiale de la notion de valeur? De cette philosophie qui pense elle aussi l'être en termes de condition de possibilité, à ceci près, il est vrai, qu'elle l'appréhende dans l'horizon d'une métaphysique de la Subjectivité, ce en quoi consiste précisément son apport *médiat*. Que la détermination métaphysico-platonicienne de l'être comme étance possibilisante soit proprement l'axe directeur de la construction historiale de la valeur, que cette détermination, outre sa constance, reçoive aux différences époques un cachet particulier, voilà sans conteste le phénomène dont la méditation critique de Heidegger entend mesurer et la puissance de décision historiale et la signification eschatologique en regard de la problématique de la vérité de l'être. Ce phénomène ne sera véritablement éclairci, nous le savons, que lorsque nous aurons vu la figure nietzschéenne réfléchir, tels des traits héréditaires, enlacés les uns aux autres, l'ensemble des interprétations platonicienne, cartésienne et kantienne de l'étance; que lorsque, de la notion de valeur, nous aurons reconstitué, dans ses lignes de force principales, tout le lignage métaphysique.

Mais du coup, nous ne devrons pas perdre de vue le point suivant: pour aussi enracinée, pour aussi préfigurée qu'elle puisse être dans l'ἀγαθόν platonicien, la notion de valeur n'en a pas moins sa configuration métaphysique propre, liée à une dispensation époquale déterminée. Pour aussi possibilisante qu'elle soit, en conformité du prototype de l'ἀγαθόν, la valeur n'en a pas moins son mode de possibilisation spécifique en corrélation avec la structure essentielle de la volonté de puissance qu'elle doit possibiliser. La valeur n'est pas plus l'ἀγαθόν que l'ἀγαθόν n'est la valeur, même si l'ἀγαθόν préfigure la valeur et si la valeur dérive historialement de l'ἀγαθόν. C'est dire que nous ne sommes

pas en droit de tenir purement et simplement les «Idées» platoniciennes pour des valeurs et à considérer l'«Idée du Bien» au
titre de la suprême valeur. Procéder de la sorte, faire de l'ἀγαθόν
une version antique de la valeur, quand bien même prétendrait-
on par cette procédure lui rendre honneur, reviendrait *hic et nunc*
à biffer l'essence historiale de l'être. Heidegger s'élève fortement
contre ce type d'illusion rétrospective qui a pour effet de brouiller
les différentes époques de la Métaphysique occidentale, c'est-à-
dire d'entremêler les caractérisations historiales de la vérité de
l'étant. Autant, dit-il, la conception grecque de l'essence de
l'homme diffère du point de vue propre à la Subjectivité moderne, autant la figure transcendante de l'ἀγαθόν est irréductible
au concept nietzschéen de valeur.

Mais ont-ils donc raison, ceux qui saisissent l'ἀγαθόν et, en général, les
«Idées» au titre de valeurs? En aucun cas. Platon pense l'être comme οὐσία,
comme présence, comme constance et comme visibilité, et non comme
volonté de puissance. Il peut être séduisant d'assimiler l'ἀγαθόν et le
bonum avec la valeur (cf. «La doctrine des catégories et de la signification
chez Duns Scot», 1916.[33] Cette assimilation passe outre (Diese Gleich-
setzung denkt über das hinweg) ce qui se tient entre Platon et Nietzsche,
et qui est: le tout de l'Histoire de la Métaphysique ... Par la détermination platonicienne de l'essence de l'ἰδέα au sens de l'ἀγαθόν, l'être et
son apriorité peuvent être interprétés comme ce qui rend possible, comme
condition de possibilité. Au début de la Métaphysique, la voie est tracée
pour la pensée selon les valeurs. La pensée en termes de valeurs constitue
l'achèvement de la Métaphysique. Mais à Platon, la pensée selon les valeurs n'est pas moins étrangère que l'interprétation de l'homme comme
Sujet.[34]

A suivre l'avertissement de Heidegger, si nous ne voulons pas
«passer outre», si nous ne voulons pas annuler les distances historiales, il nous faut donc écarter toute forme d'interprétation
récurrente qui verrait dans l'ἀγαθόν, au mépris de la diversité des
positions époquales, une *figure* préliminaire de la valeur. Si
Nietzsche apparaît aux yeux de Heidegger comme un métaphysicien, c'est, entre autres motifs essentiels, parce qu'il a conçu et

[33] Ce renvoi à la thèse d'habilitation, dédiée à Heinrich Rickert, auquel le jeune
Heidegger a dû la découverte de la philosophie de Nietzsche, prend ici le poids d'une
auto-critique des positions du passé et, en général, des axes de recherche qu'une
pensée universitaire avait trouvés dans la philosophie néo-kantienne des valeurs. Tout
en lui faisant mérite d'avoir préservé une certaine authenticité philosophique face à
l'invasion des sciences humaines, Heidegger reproche au néo-kantisme d'avoir méconnu la teneur et l'origine métaphysiques de la valeur. Cf. *Nietzsche II*; S. 48; S. 98.
[34] *Nietzsche II*; S. 226 f.

développé une interprétation de l'étance dans la complète ignorance de son caractère historial. L'être, dans l'esprit de Nietzsche,
depuis toujours et pour toujours en «éternelle extravagance»,[35] a
pour nom «volonté de puissance». Fort de cette détermination
fondamentale, Nietzsche s'en sert pour interpréter tout le passé
historique de la philosophie et, par suite, pour réinterpréter les
interprétations antérieures de la vérité de l'étant. Alors les
«Idées» platoniciennes, de ce fait, il peut les *fonder* dans la volonté
de puissance et, corrélativement, les homologuer à titre de «valeurs cosmologiques» ou de «plus hautes valeurs traditionnelles».[36]
Que le principe et la légitimité d'une telle critique régressive ne
fassent jamais question à Nietzsche, cela résulte de sa position métaphysique fondamentale, qui ne se connait pas en tant que telle,
en tant que dispensation époquale de l'être. Accorder à l'ἀγαθόν,
comme il le fait, le statut d'une suprême valeur, c'est proprement mettre à mort l'Histoire, c'est amputer la pensée de son
essence historiale. Nous comprenons donc pourquoi Heidegger,
si attentif à scruter l'être dans le mouvement historial de ses
destinations, si soucieux de lui restituer toute la richesse et la
dignité de son essence, se garde de l'inconscience meurtrière, soit
métaphysique, des interprétations récurrentes qui transmuent
les «Idées» platoniciennes en prototypes grecs de la notion moderne de valeur. Tant s'en faut pourtant qu'il s'agisse de soumettre les doctrines et les concepts de la philosophie à une herméneutique prétenduement «objective». Le principe d'une critique objective est trop ancré, à l'évidence, dans la Métaphysique
de la Subjectivité, pour que Heidegger puisse s'en recommander.
Il appartient d'ailleurs à l'essence historiale de la pensée qu'elle
appréhende nécessairement les anciennes nominations ontologiques dans son champ d'écoute propre, champ qui est délimité de
façon différente à chaque dispensation époquale. Cette appréhension, selon Heidegger, s'avèrera pourtant décisive, si elle prête
l'oreille à cette voix du *Même*, à laquelle ont répondu, en se cor-
respondant à leur insu, les différentes paroles historiales des penseurs. C'est pourquoi, il importe d'entrer en dialogue (Gespräch)
avec la tradition occidentale de manière à ce que puissent ressortir
et soient rassemblées (ge) toutes les positions métaphysiques

---

[35] *Gai savoir*, chansons du Prince hors-la-loi; p. 283.
[36] *Der Wille zur Macht*, Ed. Kröner; XV, § 12.

respectives à la lumière du Même. A cette condition, la possibilité sera vraiment donnée à la pensée de se recueillir auprès de ce qui se déploie (west) toujours en mode rassemblé (ge-wesen) et, partant, de se laisser requérir par l'origine à-venir.

8. Avec Heidegger, entrons donc maintenant en dialogue avec la conception platoniciennes de l'ἀγαθόν. Mais avant d'examiner la manière dont une parole herméneutique tente l'approche de cette antique figure de l'être, peut-être convient-il de se remémorer l'avertissement lourd de sens que Socrate adresse au livre VI de la *République*? Sur les vives instances de Glaucon en effet, dans le cadre des discussions relatives au programme pédagogique des futurs gardiens, Socrate consent curieusement à parler de ce qui relève, au suprême niveau, de ces μέγιστα μαθήματα, de ces plus considérables *apprentissages* qui ont été auparavant annoncés. Car en fait, déclare-t-il, sa parole ne portera pas proprement sur l'ἀγαθόν, mais sur son image la plus ressemblante, mais sur son rejeton solaire (ἔκγονος). S'agissant du πατήρ, qui désigne en grec à la fois le géniteur, le chef et le capital producteur d'intérêts (τοκου), Socrate entend demeurer silencieux. Ouvertement, il s'avoue incapable, pour l'heure du moins, de procéder à un *compte* exhaustif et honnête du capital paternel. D'où l'énigme d'un préambule scrupuleux. D'où l'énigme d'un discours qui présente d'étranges lettres de créance, qui s'annonce à l'avance comme un semblant de discours (λόγος), ou plutôt comme l'analogue résiduel du seul vrai discours qu'il faudrait tenir, aussi intenable soit-il, mais qui, pourtant, *présentement*, ne sera pas tenu.

> Plût aux dieux, repris-je, que nous fussions capables, moi de vous payer cette dette, et vous, de la recouvrer! au lieu de nous en tenir, comme c'est le cas à présent, aux seuls intérêts! Recouvrez tout au moins ce produit, ce rejeton de l'ἀγαθόν, tel qu'il est en soi-même. Prenez garde, néanmoins, que je n'aille vous tromper, sans le vouloir, en vous remettant un compte erroné des intérêts (κίβδηλον ἀποδιδοὺς τὸν λόγον τοῦ τόκου).[37]

De quoi relève-t-elle cette obscure incapacité de rendre compte, sinon de manière inappropriée, par un calcul déloyal, mensonger, falsificateur (κίβδηλον), placé sous le signe d'Hermès, de la somme intégrale des intérêts, des revenus, c'est-à-dire de la *poïétique* de l'ἀγαθόν comme tel? Que désigne le silence qui à la fois entoure et autorise la naissance du discours métaphysique, au moment

[37] *République*; 506e–507a.

même où il s'apprête à rendre compte du fondement suprême de la possibilité de l'étant en totalité? Renoncer à livrer la raison ultime de ce d'où procèdent les raisons, était-ce pour Socrate un geste de fidélité ou un geste de recul? Un geste de pudeur ou un geste de protection? N'était-ce pas *aussi* un geste calculé, invitant la vue à ne pas trop s'enrichir pour ne pas se *ruiner*? Jusqu'à quel point pouvons-nous penser qu'en recommandant à ses auditeurs de ne pas se laisser égarer par son compte-rendu métaphysique du sens de l'être, Socrate *voyait*, dans une vue sans parole, ce qui se retire en se rendant clairement présent à la vue fondative?

Considérons maintenant l'herméneutique de Heidegger. Rendons-nous attentifs à un passage important du «Nihilisme européen» qui traite de l'essence de l'ἀγαθόν en corrélation avec la notion nietzschéenne de valeur. Traduisons-le comme suit:

1. Vers la fin du livre VI du grand dialogue sur l'Etat, Platon cherche à éclaircir la relation entre la connaissance (Erkennen) et l'étant connu, en amenant cette relation dans la correspondance à la vision (Sehen) et à ce qui est vu. Supposons que l'oeil soit pourvu de la faculté visuelle et que les choses présentent des couleurs. La faculté visuelle alors ne pourrait pas voir et les couleurs ne deviendraient pas visibles, s'il ne se trouvait un tiers (ein Drittes) qui soit préposé, de par son essence, à rendre possible à la fois la vision et la visibilité (wenn sich dabei nicht ein Drittes eingestellt hat, das seinem Wesen nach dazu bestimmt ist, zumal Sehen und Sichtbarkeit zu ermöglichen). Mais ce tiers est τὸ φῶς, la lumière, la source de lumière, le soleil. C'est lui qui dispense (spendet) la clarté en laquelle les choses deviennent visibles et les yeux voyants.

2. Il en est de même pour notre connaissance, pour la saisie de l'étant dans son être, c'est-à-dire de l'ἰδέα. La connaissance ne pourrait pas connaître et l'étant ne pourrait pas être connu, s'il n'y avait un tiers qui accorde au connaissant le pouvoir de connaître et à ce qui est connu le non-voilement. Mais ce tiers, il s'appelle ἡ τοῦ ἀγαθοῦ ἰδέα, «l'Idée du Bien». Le «Bien» a son image dans le soleil. Mais celui-ci ne dispense pas seulement la lumière qui, en tant que clarté, rend vision, visibilité ainsi que non-voilement possibles. Dans le même temps, le soleil dispense de la chaleur grâce à laquelle seulement la faculté visuelle et les choses visibles *deviennent étantes*, grâce à laquelle, pour parler grec, elles peuvent se présenter (anwesen), chacune à leur manière, dans le non-voilé. De là, il s'ensuit que l'«Idée du Bien» n'est pas seulement ce qui dispense le non-voilement sur le fondement duquel acte cognitif et connaissance deviennent possibles, mais c'est, en outre, ce qui rend l'acte cognitif, le connaissant et l'étant comme tel (als Seiendes) possibles.

3. Voilà pourquoi il est dit de l'ἀγαθόν: ἔστι ἐπέκεινα τῆς οὐσίας πρεσβείᾳ καὶ δυνάμει: -En dignité et en pouvoir, c'est-à-dire en βασιλείᾳ, en souveraineté, le Bien est encore au-delà (hinaus über) même de l'être» – pas seulement au-dessus (über) du non-voilement.

Que veut dire ici Platon avec l'ἀγαθόν, avec le «Bien»? Le litige (Streit) est grand entre les interprètes au sujet de cette doctrine de Platon. Dans les temps chrétiens, on s'est représenté l'ἀγαθόν platonicien au sens du *summum bonum*, c'est-à-dire comme *Deus creator*. Pourtant, Platon parle de l'ἰδέα τοῦ ἀγαθοῦ, il pense l'ἀγαθόν comme ἰδέα, et même comme l'Idée des Idées. Face à cette manière grecque de penser, aucune des interprétations théologiques et pseudo-théologiques ne saurait tenir. Il est vrai qu'à présent seulement viennent au jour les difficultés essentielles (sachlichen) de la pensée platonicienne: ἰδέα veut dire être; l'étance, l'οὐσία, c'est l'ἰδέα. Mais il est dit en même temps que l'ἰδέα τοῦ ἀγαθοῦ est ἐπέκεινα τῆς οὐσίας, «par-delà (jenseits) encore l'étance». Ce qui revient nécessairement à dire que si l'ἀγαθόν persiste (verbleibt) dans le caractère fondamental de l'ἰδέα, c'est que l'ἰδέα constitue (macht ... aus) l'essence proprement dite de l'étance.

4. En quoi consiste cette essence de l'étance, c'est-à-dire, du coup, de la visibilité de l'Idée? Du moment que Platon la nomme ἀγαθόν, c'est cette «Idée» elle-même qui nous donne la réponse. Nous disons le «Bien» et pensons, dans une optique éthico-chrétienne, «bon», au sens de: honnête (brav), régulier (ordentlich), conforme à la règle et à la loi. Mais pour les Grecs, et pour Platon aussi, l'ἀγαθόν ne signifie encore que l'apte (das Taugliche), ce qui est apte à quelque chose et qui rend lui-même apte un autre. L'essence de l'ἰδέα consiste à rendre apte, c'est-à-dire à rendre possible l'étant comme tel – de telle sorte qu'il se présente, qu'il se déploie en advenant (anwese) dans le non-voilé. Par l'interprétation platonicienne de l'ἰδέα comme ἀγαθόν, l'être devient ce qui rend apte l'étant, ce qui rend l'étant apte à *être*. L'être se montre dans le caractère du possibiliser et du conditionner (des Ermöglichens und Bedingens). Ici est fait le pas décisif pour toute la Métaphysique, à la faveur duquel le caractère «apriorique» de l'être obtient, du même coup, la marque distinctive d'une condition.

5. Or, nous savons que Nietzsche saisit les *valeurs* au titre de conditions de possibilité de la volonté de puissance, c'est-à-dire du caractère fondamental de l'étant. L'étance de l'étant, Nietzsche la pense essentiellement comme condition, comme ce qui rend possible, comme ce qui rend apte, comme ἀγαθόν. Il pense l'être tout à fait à la manière de Platon et de la Métaphysique, quand bien même inverserait-il le Platonisme et serait-il anti-métaphysicien (auch als Umkehrer des Platonismus, auch als Anti-Metaphysiker).[38]

L'économie générale de ce texte ne fait pas difficulté. L'ensemble de la démarche herméneutique heideggerienne, d'un style plutôt didactique et d'une allure assez pressée, se laisse décomposer en trois temps au moins. Il n'est pas inutile de les énumérer brièvement, après quoi, l'unité du texte nous étant apparue, nous pourrons en examiner l'essentiel.

Dans un premier temps (les trois premiers paragraphes), Heidegger fait une analyse commentée de l'approche analogique de

[38] *Nietzsche II*, «Das Sein als ἰδέα, als ἀγαθόν, als Bedingung»; S. 224 ff.

l'ἀγαθόν, telle que Platon la déploie au livre VI de la République (507a–509b).

Dans un second temps (quatrième et cinquième paragraphes), il tire les conclusions de son analyse en procédant à l'élucidation de l'essence de l'ἀγαθόν. A cette occasion, il rejette les interprétations traditionnelles qui lui semblent erronées.

Dans un troisième et dernier temps (dernier paragraphe), Heidegger peut alors rendre évident que la notion de valeur, d'après la définition qu'en donne Nietzsche, est historialement issue de la métaphysique platonicienne de l'ἀγαθόν.

9. L'argumentation et les analyses de Heidegger n'ont en vue qu'un objectif: faire ressortir l'ascendance platonicienne du concept nietzschéen de valeur en montrant que Platon, avant Nietzsche et à l'insu de Nietzsche, pense l'être en termes de condition de possibilité. L'être comme le possible possibilisant, comme le rendant possible, comme le conditionnant, voilà l'héritage métaphysique que Platon lègue à Nietzsche pour construire une doctrine de la valeur. La thèse de Heidegger est la suivante: l'essence apriorico-possibilisante de l'étance, de l'ἰδέα, apparaît en pleine lumière dans la figure transcendante de l'ἀγαθόν. Avec Platon et sa théorie de l'ἀγαθόν se déclenche un mouvement historial de pensée qui met en avant la notion de possibilisation, qui la met en honneur en lui prêtant une signification proprement *métaphysique*.

Relisons, en effet, ce passage du livre VI dans lequel Platon traite de l'analogue visible de l'ἀγαθόν, de ce qu'il appelle le «rejeton» de l'ἀγαθόν. Qu'est-ce que Platon donne à comprendre? Manifestement ceci: il y a une fonction médiatrice ou médiumnique de la lumière solaire, et donc du soleil lui-même, grâce à quoi la vision et la visibilité des choses sont rendues possibles. Dans la lumière qui les met-en-vue, les choses et leurs couleurs brillent de leur propre éclat, elles jouissent du non-voilement au sens de l'ἀλήθεια. Ainsi l'oeil est-il à même de les voir. Non pas seulement, il est vrai, du seul fait qu'elles sont mises en vue par et dans la lumière, mais pour cette raison aussi, et non moins essentielle, qu'à l'oeil le soleil a toujours déjà procuré la faculté visuelle (das Sehvermögen) en le faisant participer à son être solaire. De tous les organes des sens, dit Platon, l'oeil est celui qui a le plus de parenté avec le soleil (ἡλιοειδέστατόν), et bien qu'il ne soit pas le soleil lui-même, c'est de lui qu'il tient tout son pouvoir (δύναμις).[39] D'autre part, à cette double fonction fondamentale du soleil, en laquelle la possibilité se fonde et de l'acte cognitif et de la cogniscibilité, il ne faut pas omettre d'ajouter une troisième fonction tout aussi importante: parce qu'elle répand, en outre, une chaleur aux vertus génétiques et nutritives, la lumière solaire porte et maintient dans l'existence (dans le devenir) aussi bien les choses visibles que l'organe physiologique de la vue. La puissance calorifique qui accompagne la lumière aux lieux où elle rayonne, qui s'introduit jusqu'au coeur de ces choses baignées de clarté, une telle puissance assure, par elle-même, la génération et la croissance de tout ce qui est, c'est-à-dire de tout ce qui voit comme de tout ce qui est visible. Vision, visibilité, genèse, le soleil a donc pour office, car pour essence, de rendre tout cela possible à la fois.

Or, qu'en est-il de l'ἀγαθόν lui-même, que pouvons-nous en savoir maintenant que nous sommes au fait des propriétés essentielles de son rejeton? Si nous transposons en toute rigueur, en suivant les règles de l'analogie, nous obtenons évidemment ceci: le médium qui met en relation l'acte cognitif en général et l'étant connu, c'est «ἡ τοῦ ἀγαθοῦ ἰδέα». Grâce à la puissance de cette «Idée» suprême, sont rendus possibles et l'acte cognitif – qui a en vue l'étant dans son être – et la cognoscibilité de l'étant lui-même. Indissolublement principe de compréhension et principe de non-voilement, l'ἀγαθόν se présente donc ici comme ce sans quoi le connaissant ne pourrait pas connaître et comme ce sans quoi l'étant ne pourrait pas être manifeste comme tel. Mais en cela, toutefois, la puissance principielle de l'ἀγαθόν ne saurait s'épuiser. Car de même que le soleil, outre la vision et la visibilité, rend encore la génération et le développement génétique possibles, de même convient-il de faire justice à l'ἀγαθόν en l'élevant à une dignité nouvelle, à la dignité d'un principe d'être. Par la vertu de l'ἀγαθόν, le connaissant n'est pas seulement mis en état de connaître et l'étant à même d'être connu, mais de plus, par cette même vertu, l'un comme l'autre, le connaissant comme l'étant connu peuvent proprement être, peuvent proprement être des *étants*. Communiquer à ce qui connaît et à ce qui est connu

[39] *République* VI, 508b.

le pouvoir-être, c'est-à-dire le pouvoir de se rendre concrètement présent dans le non-voilé, cela rentre donc, en dernière analyse, en fin de compte analogique, dans les compétences de l'ἀγαθόν. Parallèlement à la triple fonction de son rejeton visible, nous voyons ainsi se dégager une triple caractérisation de l'ἀγαθόν: principe de compréhension, principe de non-voilement, principe d'être, cette trinité principielle se recueillant dans l'unicité ontologique du seul ἀγαθόν. N'est-il pas clair alors que cet ἀγαθόν accomplit et recèle en soi toute la possibilité métaphysique, toute la possibilité possibilisante et qu'elle est cette puissance, comme le dit Heidegger dans «De l'essence du fondement», qui «détient la possibilité (die der Möglichkeit ... mächtig ist) de la vérité, de la compréhension et, même, de l'être, ou mieux, des trois ensemble dans une seule unité»?[40]

10. Allons tout de suite plus avant avec Heidegger. Car Platon n'en reste pas là. Après avoir fait le compte du rapport analogique entre les propriétés du soleil et celles, beaucoup plus considérables, de son mystérieux père, il évoque en guise de conclusion, ou tout au moins juste avant l'interruption espiègle de Glaucon, la position transcendante de l'ἀγαθόν relativement à l'étance elle-même. «Eh bien! pour les choses connaissables aussi, ce n'est pas seulement, disons-le, d'être connues qu'elles le doivent à l'ἀγαθόν, mais de lui elles reçoivent en outre et l'être (τὸ εἶναι) et l'étance (οὐσία), quoique l'ἀγαθόν ne soit pas étance, mais qu'il soit encore éminemment (ὑπερέχοντος) au-delà de l'étance (ἐπέκεινα τῆς οὐσίας) en dignité et en pouvoir (πρεσβείᾳ καὶ δυνάμει).»[41] A première vue, il faut l'avouer, une telle déclaration ne peut que laisser perplexe. Pourquoi cela? Parce que «encore au-delà de l'étance» revient à dire «encore au-delà de l'ἰδέα». «En dignité et en pouvoir», en matière de souveraineté et de puissance possibilisante, l'ἰδέα se trouve surpassée par l'ἀγαθόν, lequel ἀγαθόν a pourtant été présenté auparavant par Platon sous les espèces d'une ἰδέα.[42] Qu'est-ce à dire? Comment l'ἀγαθόν peut-il se déployer (wesen) par-delà l'étance constante (Anwesen) s'il garde en lui le trait fondamental de l'étant? Comment peut-il

[40] In *Questions I*; p. 137.
[41] *République* VI, 509b.
[42] 508e.

concilier son essence trans-idéelle avec le statut ontologique de la mise-en-vue? Pour un éclaircissement ultime, reconnaissons avec Heidegger qu'il est bien énigmatique, qu'il comporte de sérieuses *Schwierigkeiten*. Et ceci à tel point, d'ailleurs, que sur le chapitre de son interprétation, c'est-à-dire en définitive, sur le chapitre de l'interprétation de l'ἀγαθόν lui-même, jamais, au cours de l'Histoire de la philosophie, l'unanimité n'a pu se faire. A la place de l'unanimité a régné ce que Heidegger appelle le «Streit», soit le désaccord, le *litige*, mot fondamental dont le début de *la Constitution onto-théo-logique de la Métaphysique* rappelle le sens principal de «pression» ou de «contrainte», l'affaire litigieuse de la pensée contraignant la pensée même, la convoquant avec force pour la mettre à son service. *Viel Streit*, dit Heidegger, beaucoup de litige entre les interprètes de Platon au sujet de l'ἀγαθόν. Par cet emploi du mot *Streit*, Heidegger veut suggérer, entre autres choses, qu'il serait superficiel de déplorer et de tenir simplement pour négatif l'absence d'accord entre les diverses herméneutiques historiales d'une pensée aussi fondamentale que celle de l'ἀγαθόν. Après tout, le litige entre les interprètes n'est jamais que le litige de cette pensée avec elle-même, à moins que ce ne soit, plus justement, le litige propre à l'affaire (Sache) en cause dans cette pensée même. A plus forte raison aussi, faut-il se garder de rendre Platon responsable de ce litige en incriminant soit l'exiguïté, soit l'obscurité de son discours sur l'ἀγαθόν. De tels reproches ne reposent sur rien. En eux transparaît seulement la dictature de la logique commune, de cette logique qui, avide de déterminations exactes et de résultats disponibles, excelle à annuler, de toute pensée essentielle, la richesse inépuisable de sens. Aux yeux de Heidegger, le principe de l'historialité de la compréhension du sens de l'être vaut également pour toute approche herméneutique des textes. Cette approche, toujours recommencée, ne peut s'effectuer qu'à l'intérieur d'un champ de vision différemment délimité à chaque époque, sous les auspices d'une dispensation déterminée de l'être. C'est dire qu'au même titre que ce «litige amoureux entre les penseurs» (liebende Streit zwischen den Denkern) dont parle la «Lettre sur l'Humanisme»,[43] il faut voir dans la multiplicité polémique des traitements herméneutiques la loi de l'accomplissement historial du Même.

[43] *Questions III*; p. 110.

D'ailleurs, que l'interprétation d'une grande pensée s'avère inépuisable (unauschöpfbar), cela prouve à quel point l'affaire
(Sache) qui la requiert l'est aussi, cette affaire en laquelle Platon
puisait toute la force créatrice (Schöpfung) de sa propre pensée.

«En dignité et en pouvoir, l'ἀγαθόν est encore au-delà même de
l'étance». Déclaration énigmatique, pierre d'achoppement des
interprètes de Platon, source inépuisable d'un litige inépuisable.
A ce litige inépuisable Heidegger prend part, en proposant sa
propre interprétation. C'est à tort, estime-t-il, que la théologie
chrétienne s'est emparée de l'ἀγαθόν pour le confondre avec le
Deus creator, pour l'assimiler au Dieu créateur et suprêmement
bon. Sans doute dans ses dialogues, Platon parle-t-il, à plusieurs
reprises, de la divinité de l'ἀγαθόν. Sans doute. Mais encore faudrait-il savoir dans quel horizon de compréhension, dans quel
domaine de décision il en parle, encore faudrait-il déterminer
quel *monde* est historialement le sien, où adviennent et se nouent,
où s'équilibrent et se brisent, où se tendent et se relâchent les
rapports entre les dieux et les hommes. Christianiser l'ἀγαθόν?
Mais n'est-ce pas dans un tout autre ciel et sous de tout autres
visages que les dieux et les divins se sont rendus manifestes aux
Grecs, et qu'il a pu, alors, se faire entendre à Platon, le dieu-
ἀγαθόν, de manière à élire domicile en sa parole? Autre question:
quel sens une telle christianisation de l'ἀγαθόν peut-elle bien revêtir aux yeux de la *foi* chrétienne? N'est-elle pas plutôt la marque de la plus grande impiété, de la plus grande folie? Et ceci,
quand bien même serait-elle justifiée du strict point de vue de la
théologie rationnelle, quand bien même serait-elle viable sur le
strict terrain de la spéculation ou de l'exégèse. Mais laissons de
côté ces questions. Heidegger, dans notre texte, ne les soulève pas
lui-même. Il affirme seulement que les interprétations «théologiques et pseudo-théologiques» de l'ἀγαθόν prêtent le flanc à une
critique principale: la christianisation de l'ἀγαθόν ne fait jamais
que déformer la vérité de sa transcendance. Elle déforme la vérité
de sa transcendance, parce que tenir l'ἀγαθόν pour un décalque du
Bon Dieu, cela revient purement et simplement à l'amputer de
son statut éidétique. Encore une fois, Platon présente l'ἀγαθον
sous les espèces d'une ἰδέα, d'une certaine ἰδέα, sa parole symbo-
lique porte sur cette ἰδέα éminente qui se nomme l'ἰδέα τοῦ ἀγαθοῦ.
De ce fait, ajoute Heidegger, si véritablement la figure transcen-

dante de l'ἀγαθόν, dans le mouvement même de son dépassement, dans l'élan même de son exhaussement, emporte, «hisse» avec elle le trait fondamental de l'ἰδέα, si elle *persiste* dans ce trait fondamental, c'est que celui-ci constitue véritablement l'essence de l'être. Perd-t-on un instant de vue *l'unique* nomination platonicienne de l'être, on manque inéluctablement alors la vraie signification d'un geste *métaphysique* qui n'a posé quelque chose au-dessus de l'étance que pour en élucider proprement l'essence. Bref, on risque de christianiser la figure transcendante de l'ἀγαθόν, ou de l'envisager sous le rapport d'une obscure absoluité, alors qu'il faut l'appréhender eu égard et donc relativement à ce qu'elle transcende.

S'agissant de ce point crucial, le texte heideggerien peut sembler incertain. En effet, il rappelle le statut éidétique de l'ἀγαθόν et déclare à la fin du § 3: «... si l'ἀγαθόν persiste dans le caractère fondamental de l'ἰδέα, c'est que l'ἰδέα (sie) constitue *l'essence* proprement dite de l'étance»; à la suite de quoi, au début du § 4, il expose rapidement la thèse: «En quoi consiste cette *essence* de l'étance (Worin besteht dieses Wesen der Seiendheit), c'est-à-dire, du coup, de la visibilité de l'Idée (der Sichtsamkeit der Idee)? Du moment que Platon la nomme ἀγαθόν, c'est cette «Idée» elle-même qui nous donne la réponse.» On pourrait être décontenancé par le double emploi du mot «essence» (Wesen) qui se rapporte, la première fois, à l'ἰδέα en général, et la seconde fois à l'ἀγαθόν lui-même. Mais à la réflexion, il est clair que cette répétition est bien intentionnelle et exprime la thèse même de Heidegger: *ce qu'est l'être*, le *sens* de l'être, c'est-à-dire de l'étance métaphysique, Platon l'éclaircit comme ἰδέα; l'ἀγαθόν, lui, désigne proprement *ce qu'est* l'ἰδέα, autrement dit la visibilité de la mise-en-vue ou l'idéalité de l'Idée même. D'où il appert que la transcendance de l'ἰδέα τοῦ ἀγαθοῦ n'est autre que la transcendance de l'essence (Wesen) de l'ἰδέα en laquelle s'épuise bien le sens ou l'essence de l'être pour Platon.

Sans doute toute traduction, soit tout transfert qui contraint une parole à abandonner sa langue d'origine pour une autre plus ou moins lointaine, plus ou moins étrangère, plus ou moins accueillante aussi, est-elle, par soi, une entreprise grosse de *périls*. Dans la tra-duction, dans cette forme d'ex-périence historiale au sens étymologique du terme (racine i-e: per-, idée de transit et d'épreuve), la parole opère un passage, elle se trouve en transit et, de ce fait, en péril. Mais cela dit, on ne peut s'empêcher de remarquer que l'ἀγαθόν, quant à lui, est arrivé en bien mauvais *état* sous le toit de notre langue, dès lors qu'on l'a traduit par : le *Bien*. De l'avis de Heidegger, cette traduction n'ouvre pas seulement l'ère des compréhensions et des annexions théologico-morales de l'ἀγαθόν. Elle constitue déjà ,en elle-même, une interprétation qui a pour effet de dénaturer le sens originaire de la dénomination grecque.

On traduit ἀγαθόν par «le Bien». Cette expression semble facile à comprendre. En outre, la plupart du temps, le Bien est entendu au sens du «Bien moral», ainsi appelé parce qu'il est conforme à la loi morale. Pareille conception nous fait sortir de la pensée grecque, bien que l'interprétation de Platon, qui fait de l'ἀγαθόν une idée, ait elle-même fourni l'occasion de donner au «Bien» une coloration *morale* et, finalement, de l'inscrire au compte des «valeurs» ... Si de plus on conçoit l'essence de l'«idée» à la façon moderne, comme *perceptio* («représentation subjective»), on découvre alors dans l'«Idée du Bien» une «valeur» existant en soi quelque part, et dont il y a, en outre, une «idée». Il faut naturellement que cette «idée» soit suprême, car ce qui importe est que tout aboutisse au «Bien» (au bien-être de la prospérité ou à l'ordre de la bonne organisation). A vrai dire, si loin qu'on suive cette pensée moderne, on n'y retrouve plus rien du sens originel de l'ἰδέα τοῦ ἀγαθοῦ de Platon.[44]

Il importe donc d'opposer une fin de non-recevoir aux lectures traditionnelles, théologiques et morales du mot ἀγαθόν. Non pas qu'elles soient inexactes – l'esprit scientifique, soit le souci d'exactitude dont elles peuvent, à l'occasion, se réclamer, témoignerait plutôt du contraire – mais pour cette raison qu'elles ne prêtent pas attention à ce que dit le mot, ou qu'elles l'écoutent en brouillant sa voix avec celle de leur époque. Pour retrouver la voix de l'ἀγαθόν dans sa pureté, il convient donc de l'écouter, autant que possible, d'une oreille grecque. Si l'on s'efforce à une telle écoute, alors c'est tout autre chose qu'un idéal pratique, qu'une divinité ou qu'une valeur morale qui se donne à entendre. Dans l'esprit des Grecs, l'ἀγαθόν désigne essentiellement, non pas

---

[44] La doctrine de Platon sur la vérité, in *Questions II*; ps. 148–149. Ce passage confirme et précise ce que le texte du *Nietzsche* élucide. A ceci près que la lecture théologique de l'ἀγαθόν n'y est pas critiquée. Notons deux points importants que Heidegger montre seulement du doigt: (*a*) les lectures traditionnelles de l'ἀγαθόν ne sont nullement fortuites; à travers elles parle le contexte historial où elles ont cours. (*b*) si défigurantes, si *opacifiantes* soient-elles, ces lectures ne s'établissent jamais en totale rupture avec la pensée de Platon. Peut-être en sanctionnent-elles l'ambiguïté ontologico-pratique que tait le *Nietzsche*.

le «Bien» ou le «Bon» en soi, mais le «bon à», mais le «bon pour», au sens de ce qui est *apte à*. Lorsqu'un grec parle de ce qui est bon, il en parle toujours relativement à ce à quoi ou à ce pour quoi il est bon. ἀγαθός δραμεῖν nous explique par exemple Aristote, bon est ce cheval parce que bon pour la course. ἀγαθὴ κουροτρόφος, bonne à produire de beaux garçons, voilà ce à quoi – selon Ulysse dans l'Odyssée – Ithaque est incomparablement bonne.[45] Ce cheval est bon et cette Ithaque est bonne, non pas évidemment en vertu de la «bonté» morale, de la compassion ou de la charité dont tous deux à l'occasion feraient preuve, mais parce que ce cheval et cette Ithaque présentent chacun une aptitude déterminée. Ce qu'il y a de bon en chacun d'eux tient à une disposition, à une «excellence» particulière, qui, éprouvée ou non, développée ou non, contrariée ou non, signale chaque fois la présence d'une *possibilité* essentielle, au sens où l'on peut dire d'un «bon» élève de philosophie qu'il a des «possibilités» en ce domaine. Bien, aptitude, disposition, possibilité, tous ces mots éveillent dans l'esprit grec des résonances semblables auxquelles ne se mêle aucun écho «moral», dans le sens moderne du mot. Et ces résonances, bien sûr, Platon lui aussi les perçoit lorsqu'il parle de l'ἀγαθόν. Dans la *République*, ce mot ne se déprend pas de son acception simple ou originaire. Il signifie *ce qui est apte à* quelque chose. Ce qui est apte à quelque chose et aussi, de ce fait, précise Heidegger, ce qui *rend apte* à quelque chose. Ce rendre apte ne se surajoute pas, au titre d'une aptitude adventice, à une aptitude première ne concernant que soi. Etre apte et rendre apte ne constituent jamais que les deux faces d'une même aptitude. Si donc le soleil de Platon rend l'oeil apte à voir et les choses aptes aussi bien à être qu'à être visibles, c'est et c'est seulement dans la mesure où il se montre lui-même apte à briller. Père de l'oeil et de la luminosité des choses, le soleil rend apte tout en étant apte, c'est-à-dire, met-en-vue tout en se mettant-en-vue lui-même. Il lui suffit de paraître préalablement à partir de lui-même pour qu'en sa parution lumineuse et illuminante toutes choses viennent à paraître, il lui suffit de briller pour que, dans le même temps, encore qu'a posteriori τῇ φύσει, s'éclaire le peuple indéfini des formes et des couleurs. Le soleil, tel est selon Platon l'analogue visible,

---

[45] Nous empruntons ces deux exemples à la conférence de Mr. Beaufret, in *Cahiers de Royaumont*; n° 6, p. 259.

le rejeton sensible de l'ἀγαθόν. Autrement dit, c'est l'image de
cette aptitude fondamentale qui rend apte.

Si l'essence de l'ἰδέα a pour nom ἀγαθόν, si véritablement cet
ἀγαθόν, ainsi que nous venons de le voir, exprime le principe d'une
aptitude fondamentale qui rend apte, aptitude apriorique dont
la saisie analogique laisse deviner, à travers un modèle solaire
nécessairement inadéquat, toute la puissance de possibilisation,
alors deux questions surgissent: celle de savoir, d'une part, ce à
quoi l'ἰδέα est apte; celle de savoir, d'autre part, ce que et ce à
quoi cette même ἰδέα rend apte. A vrai dire, pour avoir déjà examiné la doctrine platonicienne de l'ἰδέα, nous voyons que ces deux
questions n'exigent qu'une dernière et suprême détermination de
la relation métaphysique entre l'étance et l'étant, relation qui
doit apparaître dans une lumière éclatante, celle de la figure
transcendante de l'ἀγαθόν. Ne suffit-il donc pas de fixer cette
lumière, cette métaphorique lumière, pour l'obtenir cette suprême
détermination? «Pour la pensée grecque, ἀγαθόν signifie ce qui est
apte à quelque chose et qui rend apte à quelque chose. Chaque
ἰδέα, toute mise-en-vue d'une chose, permet la vue de ce qu'est la
chose considérée. Ainsi, pour la pensée grecque, les «Idées» rendent
apte à ceci, qu'une chose puisse apparaître en ce qu'elle est et
puisse être ainsi présente en ce qu'elle a de constant. Les Idées
sont en chaque étant, ce qui est. Ainsi, ce qui rend chaque Idée
apte à être une Idée, c'est-à-dire, en langage platonicien, l'Idée
de toutes les Idées, consiste en ceci qu'elle rend possible l'apparition de toutes les choses presentes dans leur entière visibilité.
L'essence de toute Idée réside déjà en ceci qu'elle permet de
paraître, qu'elle rend apte à ce paraître qui accorde une vue sur
la mise-en-vue. C'est pourquoi l'Idée des Idées est ce qui rend
apte purement et simplement: τὸ ἀγαθόν. Elle fait paraître tout
le paraissable et est ainsi, elle-même, ce qui vraiment et proprement paraît et qui, dans son paraître, est le paraissable maximum
(das Scheinsamste). C'est pourquoi Platon (518c–519) désigne
aussi l'ἀγαθόν comme τοῦ ὄντος τὸ φανότατον, «ce qui paraît le plus,
de toutes les choses qui sont (le paraissable maximum).»[46]

A quoi l'ἰδέα est-elle apte? L'ἰδέα est apte à être, c'est-à-dire à
se déployer (wesen) sur le mode de la mise-en-vue constante en
laquelle se fondent la présence de l'étant et sa visibilité. Qui et à

---

[46] *Questions II*; ps. 149–150.

quoi l'ἰδέα rend-t-elle apte? L'ἰδέα rend l'étant apte à être et à
être ce qu'il est, soit un étant présent et visible dans la lumière
métaphysique de sa mise-en-vue. Rendre l'étant apte à être, possibiliser l'étant en tant qu'étant, ce pouvoir métaphysique appartient en propre à l'ἰδέα. Mais elle ne détient ce pouvoir que parce
qu'elle possède de prime abord l'aptitude à être. De qui l'ἰδέα
pourrait-elle donc tenir cette aptitude primordiale à être, sinon,
comme le dit Heidegger, «de ce qui rend purement et simplement
apte», de ce qui s'avère absolument apte, apte en soi, apte par soi,
à ce point apte que par le truchement de sa puissance originairement unifiante toutes choses deviennent et rendent aptes à leur
tour. En lui attribuant, en dernière analyse, la marque distinctive
de l'ἀγαθοειδές, Platon donne donc à comprendre que l'ἰδέα ne
pourrait pas venir et faire venir à la présence si la très haute
lumière de son essence ne l'avait toujours déjà précédée dans
l'ordre du dévoilement, et ne s'était diffusée en elle de manière
à lui prêter tant la magnificence que la force possibilisante de son
éclat. Si digne, si hautain s'avère alors le déploiement (Wesen)
propre à l'ἀγαθόν qu'il n'a pas à garantir telle ou telle fondation
déterminée de l'étant, fonction métaphysique qui revient à une ἰδέα
appropriée. Aux déterminations fondamentales de l'étant en totalité correspond nécessairement *l'indétermination* foncière de leur
source transcendante. Car c'est proprement *en vue de* lui dispenser l'essence, l'aptitude, la possibilité que l'ἀγαθόν règne au-
dessus de l'οὐσία et qu'il le met-en-vue au titre seigneurial du
foyer d'origine de tout ce qui, sur un mode déterminé, a chaque
fois pouvoir d'être.

En même temps qu'elle en éclaire l'essence possibilisante, la
pensée platonicienne de l'ἀγαθόν jette une grande lumière sur
l'apriorité constitutive de l'être. Au livre VI de la *République*, et
d'une manière plus thématique encore au livre VII, Platon fait
comprendre que l'apriorité de la relation métaphysique entre
l'étance et l'étant ne doit pas dissimuler le rapport apriorique de
l'être à la pensée. Que peut bien exprimer, en effet, le lien de
parenté entre le soleil et l'oeil, sinon le principe d'une communauté d'essence entre l'εἶναι et le νοεῖν, c'est-à-dire de leur co-appartenance
préalable sans laquelle l'appréhension de l'étant en son être
ne pourrait avoir lieu? A lui seul, le capital de lumière que recèle
l'oeil indique que le propre de l'être est d'advenir de prime abord

auprès (bei) du νοῦς et de lui garantir l'ouverture à l'étant. Si l'oeil n'était pas de prime abord *ouvert* à l'être, la puissance (δύναμις) lui manquerait pour rencontrer l'étant et nouer des relations familières avec lui. Cette ouverture préalable de la pensée ne se produit pas à l'occasion d'une prise de vue ou d'une visée noétique quelconque: l'ouverture apriorique du νοεῖν à l'être constitue proprement *l'essence* du νοεῖν. Par cela seul qu'il comprend le sens de ce qui est, l'homme peut se définir *comme* cette ouverture même. Voilà pourquoi Platon assigne pour but à l'éducation philosophique d'amener l'homme à la récollection thématique d'un savoir préalable qui lui est toujours déjà familier, en dépit du fait inéluctable que pareille reconnaissance a lieu ὕστερον πρὸς ἡμᾶς. «... ce que fait voir justement le présent langage, dit le livre VII, c'est qu'au dedans de son âme chacun possède le pouvoir d'apprendre (δύναμιν καταμανθάνει), ainsi que l'organe à cet usage».[47] Le pouvoir d'apprendre caractérise ici la capacité dont dispose *constamment* l'homme de s'orienter au sein de l'étant en totalité, ou, plus précisément, la capacité pour l'homme de *prendre* thématiquement en vue l'orientation préalablement et secrètement fixée de son regard. Pareille orientation suppose qu'un horizon s'est déjà déployé, dans l'ouverture duquel se tient nécessairement l'homme s'il est vrai qu'il y rencontre l'étant visible en tant que tel.

Il est donc indéniable que quelque chose du «sens authentique»[48] de l'essence apriorique de l'être affleure à ce point culminant de la pensée platonicienne. L'aptitude familière à *distinguer* l'étant en son être, l'homme le doit bien à son ouverture première à l'être. Pourtant, il faut bien dire que cette ouverture, ainsi que l'Ouvert qui lui correspond font l'objet, de la part de Platon, d'une interprétation *métaphysique*: le fait que Platon parle de l'ἀγαθόν comme de l'αἰτία de l'ἐπιστήμη et de l'ἀλήθεια[49] ne dénonce-t-il pas la teneur métaphysique de sa transcendance? Et n'est-il pas net que l'horizon de toute manifestation possible de l'étant ne s'ouvre pas de lui-même (von sich aus), mais seulement par la force de possibilisation initiale de l'ἀγαθόν? Même s'il exprime l'essence de l'ἰδέα, l'ἀγαθόν ne se présente-t-il pas sous les espèces

[47] VII, 518b.
[48] *Ibid.*
[49] VI, 508e.

d'un étant suprême du moment que Platon le conçoit moins comme horizon que comme point d'ouverture de cet horizon? L'ἀλήθεια n'a-t-elle pas irrémédiablement perdu sa royauté en se rendant ainsi dépendante d'un fondement possibilisant suprême? Certainement, et telle est bien la raison pour laquelle Heidegger, tant dans son *Nietzsche* que dans «la doctrine de Platon sur la vérité», a mis l'accent sur le statut éidétique de l'ἀγαθόν, neutralisant ainsi à l'avance toute herméneutique tentée de rapprocher la pensée platonicienne de la transcendance de la pensée de la vérité de l'être.

Cela dit, il reste que ce rapprochement a été opéré par Heidegger lui-même en 1929, dans le cadre d'une méditation sur *l'essence du fondement* (Vom Wesen des Grundes). Dans ce texte, Heidegger réfère expressément à l'ἐπέκεινα τῆς οὐσίας la transcendance du *Dasein* en laquelle repose la possibilité de la différence ontologique.[50] Disons brièvement qu'au moment opportun, notre réflexion sur la pensée de la vérité de l'être dans son rapport à la métaphysique de la valeur et du fondement possibilisant en général ne pourra faire l'économie de la question suivante: Quelle signification faut-il accorder à la distance entre cette lecture de Platon de 1929 et les herméneutiques ultérieures du *Nietzsche* et de «la doctrine de Planton sur la vérité» du point de vue des bases et du développement de la pensée heideggerienne elle-même?

Trouvons-nous sur la figure transcendante de l'ἀγαθόν de quoi éclairer la temporalité de l'essence apriorique de l'être? Nullement. Cette temporalité reste profondément dissimulée sous la *fixité* du soleil qui gouverne le monde grec de Platon. Peut-être le dépassement de l'ἰδέα vers l'ἀγαθόν indique-t-il de la part de Platon, sinon une certaine fidélité à la pensée initiale de la φύσις, du moins un effort tardif, quoique condamné d'avance, pour ressaisir le très large horizon ontologique des premiers Grecs que la figure fondative de l'ἰδέα avait considérablement *rétréci*. Du jour où elle se laissait appréhender à partir du *présent*, comme présence constante fondative, l'οὐσία ne subissait-elle pas un appauvrissement, un resserrement, une contraction de cette dimension temporelle dont Anaximandre, le premier, avait obscurément signalé l'étendue? Contraction que Platon se serait efforcé de compenser

---

[50] In *Questions I*; ps. 136–139.

pour ainsi dire en transcendant la constance de l'οὐσία vers la souveraineté d'une plénitude ontologique encore plus considérable. Cet effort n'est-il pas manifeste au livre VI, au moment où Platon pose explicitement l'ἀγαθόν au fondement même de la γένεσις des φύσει ὄντα? En vain malgré tout, puisque Platon attribue incontestablement une nature éidétique à l'ἀγαθόν et, partant, le statut d'un ἀεὶ ὄντος, témoignage irrécusable de ce que le présent ne perd rien de son primat, ne se déprend pas de sa fonction critériale au cours de ce dépassement ἔχει τὸ ἀγαθόν. En définitive, Platon ici ne pense pas et ne peut pas penser véritablement au-delà de l'οὐσία. La nécessité incritiquée, car inaperçue comme telle, d'une fondation en cercle le pousse à poser un fondement dernier, constamment présent, au titre d'un fondement *théologique* de l'οὐσία. Il se montre alors la victime d'une illusion d'optique, illusion dont il est possible d'ailleurs, de repérer les effets sur une certaine *mystique* occidentale. L'illusion consiste en ce que Platon estimait pouvoir découvrir l'οὐσία dans l'horizon de l'ἀγαθόν, alors qu'il voyait toujours l'ἀγαθόν dans l'horizon de l'οὐσία; en ce qu'il tentait de *dépasser* l'horizon tout en continuant à jouir de sa clarté. Le néo-platonisme, par exemple, – il suffit de lire la sixième *Ennéade* de Plotin pour s'en rendre compte – ne laissera d'approcher l'Un, le Bien, l'Ineffable, le Vide, etc. dans le même horizon de cette compréhension impensée de l'être comme présence constante, c'est-à-dire, aussi bien, comme *absence constante*.

Quoiqu'il en soit de ce dernier point, nous pouvons maintenant disposer le schéma onto-théologique de la *métaphysique* platonicienne; de ce qui, dans le texte platonicien, doit être tenu pour métaphysique indépendamment des lumières ambiguës qu'on y trouve: de même que l'Idée des Idées rend les Idées aptes à être, les amène à stance en leur accordant la visibilité, de même la fonction ontologico-noétique de l'ἰδέα consiste à rendre possible l'étant en lui accordant également, «à son tour», la visibilité. Source de toute possibilité et de toute luminosité, la plus souveraine, la plus digne d'entre toutes les Idées détermine, par le seul exercice de sa puissance, la forme d'une relation métaphysique fondamentale, qu'il s'agisse de celle que l'ἀγαθόν soutient immédiatement lui-même avec l'ἰδέα, ou de celle qu'il noue «médiatement» avec l'étant sensible par le truchement de l'ἰδέα. A quelque niveau qu'on l'observe – en supposant encore qu'il soit permis de parler de «niveaux» ontologiques différents et différenciés pour rendre compte de relations d'essence complexes, – la forme de cette relation métaphysique fondamentale, c'est la *possibilisation apriorique*. La possibilisation dénomme le mode de fondation onto-théo-logique qui institue l'étant dans la présence, la fondation ontologique de l'étant consistant à découvrir la puissance possibilisante de l'étance, et sa fondation théologique à remonter à cette possibilité primaire qui prête à l'étance le pouvoir de fonder. Cette possibilité primaire n'est pas moins l'être de la possibilité que la possibilité de l'être : elle rend possible l'être au sens de l'étance parce qu'elle constitue nécessairement et par elle-même la *Possibilité* comme telle.

Est-il besoin de dire que ce qu'une réflexion conceptuelle détermine ici, le mythe de la caverne l'enseigne depuis toujours à sa manière ? A sa manière, c'est-à-dire à la manière de cette lumière solaire venue de «très haut» et qui, non contente d'illuminer le monde extérieur des formes idéelles, emploie encore sa puissance à transpercer la nuit de la caverne pour *produire* des ombres sur la paroi la plus basse. La lumière est présente jusque dans l'ombre de l'étant sensible, jusque dans ce qui de l'être se présente immédiatement à la vue de l'homme. Et parce que l'ombre est vraie de toute façon, et qu'elle porte aussi témoignage de la lumière, l'expérience métaphysique chez Platon ne se proposera finalement pas autre chose que la découverte de la vérité de l'ombre et non pas sa disqualification au profit de la saisie contemplative des modèles lumineux. En faisant obligation aux dialecticiens de s'en retourner dans la caverne, Platon ne donne-t-il pas à comprendre que, loin d'être autotélique, cette saisie contemplative reste ordonnée à l'appréhension de l'ombre *comme* ombre et, par suite, au savoir de ce dont l'ombre est ombre ? Si les philosophes doivent aimer l'ombre non pour elle-même, mais bien pour la lumière qu'elle signale, il leur faut nécessairement aussi aimer la lumière jusque dans l'ombre qu'elle projette, et même, afin d'en mesurer toute la puissance possibilisante, jusqu'aux lieux de son exténuation. La philosophie, c'est l'amour de l'origine de l'ombre, c'est la quête érotique de la vérité de l'étant. Les philosophes sont les hommes de cette quête. Ils mènent l'enquête sur l'*identité* de l'étant, sur ce qu'est l'étant, c'est-à-dire sur la puissance fondamentale de possibilisation par quoi l'étant est et est ce qu'il est, ici et là, maintenant et toujours.

11. Tirons la conclusion essentielle de notre propre enquête : sur les instances de Heidegger, en considération du lignage métaphysique de la notion de valeur, nous nous sommes préalablement instruits de la pensée platonicienne de l'ἰδέα τοῦ ἀγαθοῦ. Au terme de cette instruction préliminaire qui, de par son objet, n'apporte évidemment qu'une contribution partielle à l'élucidation de l'affaire (Sache), il apparaît clairement que le rapport de l'ἀγαθόν à la valeur est bien un rapport de préfiguration. Nous nous souvenons que la valeur est définie par Nietzsche au titre d'une condition de possibilité de la Volonté de puissance, c'est-à-dire, en somme, de l'*être* de la puissance sur le double mode de la conservation et de l'accroissement. Nul ne songerait maintenant à dénier à Nietzsche le mérite d'avoir élevé le concept de valeur au rang d'un concept métaphysique fondamental totalement inconnu à Platon. Mais la pensée de l'être en termes de condition de possibilité, c'est Platon et non Nietzsche qui l'inaugure, et dans la vaillance de l'ἀγαθόν[51] qui donne à l'étance le pouvoir d'être, nous voyons indiscutablement s'ébaucher la figure nietzschéenne de la valeur qui rend la puissance de la volonté possible. L'être comme condition de possibilité, comme possibilité possibilisante a priori, voilà le legs métaphysique que la décision platonicienne transmet historialement à Nietzsche pour élaborer une doctrine de la valeur. En cette aube de l'Histoire de la Métaphysique occidentale, voilà bien ouverte la voie, large et claire, qui se fermera sur la plus tardive des dispensations époquales de l'être.

Cette voie métaphysique, n'en verrons-nous pas encore davantage la naissance chez Platon si nous évoquons rapidement, pour finir, l'incidence de la pensée de l'ἀγαθόν sur la destinée occidentale du concept de vérité ? Au fond, cela revient à thématiser le point que nous avons maintes fois signalé : de la compréhension de l'être au sens du possibilisant apriorique, il s'ensuit nécessairement une détermination nouvelle et proprement métaphysique

---

[51] Cf. *Introduction à la Métaphysique*; p. 199 – Notons que «vaillance» et «valeur» ont pour racine indo-européenne commune: *wal-* qui désigne la force, la puissance qui se déploie en régnant; d'où le verbe allemand «walten» (régner) et le substantif «Gewalt» (le rassemblement du règne, la violence).

de la vérité. Comme l'ἰδέα en effet recueille en sa figure «idéale» toute la puissance d'illumination ou de dévoilement, il faut maintenant que l'éclaircie de l'étant prenne chaque fois *modèle* sur elle. De la promotion ontologique et paradigmatique de l'ἰδέα résulte un changement décisif de l'essence de la vérité. Elle était l'ἀ-λήθεια de la φύσις, soit le non-voilement qui se déployait à partir de soi dans sa propre éclosion, dans sa propre ouverture souveraine. Avec Platon, la voilà ravalée au rang de l'ὁμοίωσις, de la μίμησις, c'est-à-dire d'un simple rapport d'adéquation ou de conformité constante avec ce qui est constamment présent. Parallèlement au recul de la φύσις au bénéfice de l'ἰδέα, l'ἀλήθεια passe sous le joug de la puissance fondative et uniformément critériale de l'étance. Alors la pensée vraie, la σοφία proprement dite, Platon peut la concevoir sur le modèle d'un regard qui, outrepassant les apparences édulcorées et instables de l'étant sensible, doit s'efforcer de pointer en direction des essences lumineuses, afin de saisir, au terme de sa quête dialectique ascensionnelle, la puissance métaphysique en même temps que critériale de l'ἀγαθόν. En inaugurant, de la sorte, le principe d'une mise en *condition* de la vérité, Platon ne donne-t-il pas le coup d'envoi au langage des «catégories», des «normes», des «critères», des «mesures», etc., et au bout du compte des «valeurs»? De ces valeurs qui seront commises à déterminer a priori le comportement entier de l'homme, en qualité d'idéaux ou de fins? Et Nietzsche ne souscrira-t-il pas, lui aussi, quoique bien plus tard, dans son contexte époqual spécifique, aux caractérisations platoniciennes de l'essence de l'être et de l'essence de la vérité, c'est-à-dire autant à la conception de l'être comme condition apriorique qu'au principe général de la subjugation métaphysique de la vérité? Il est permis de se le demander à la lecture, par exemple, d'un des fragments posthumes de la dite *Wille zur Macht*, où Nietzsche, en des termes sans équivoque, exhibe sa position métaphysique fondamentale:

L'essence de la vérité, c'est cette appréciation (Wertschätzung): «je crois que ceci ou cela est ainsi» – ce qui s'exprime dans les évaluations, ce sont des conditions nécessaires à la conservation et à la croissance. Tous nos organes de connaissance et nos sens ne se développent qu'en regard des conditions de la conservation et de la croissance ... Qu'une grande somme de *croyance* soit nécessaire; que l'on soit en mesure de juger, de décider (dass geur-teilt werden darf); qu'il n'y ait pas de doute au sujet des valeurs essentielles: voilà la position préalable (Voraus-setzung), *la présupposition du vivant et de la vie*.[52]

Disons donc pour conclure qu'en scrutant les traits les plus immédiatement apparents de la figure nietzschéenne de la valeur, Heidegger y aperçoit un reflet distinct de la doctrine platonicienne de l'ἀγαθόν .La valeur, encore une fois, ce n'est pas l'ἀγαθόν transposé, mutatis mutandis, dans le domaine de décision historiale de la Modernité, mais c'est en tout cas, de ce même ἀγαθόν, l'ultime produit, l'ultime *rejeton*.

> La notion de valeur, apparue au XIXe siècle comme conséquence interne de la conception moderne de la «vérité», est le dernier rejeton et, en même temps, le plus faible de l'ἀγαθόν. Pour autant que la «valeur» et l'interprétation d'après des «valeurs» sont à la base même de la métaphysique nietzschéenne, et cela sous la forme absolue d'une «transvaluation de toutes les valeurs», Nietzsche, lui aussi, est platonicien, et comme il ignore tout de l'origine métaphysique de la valeur, il est le platonicien le plus débridé (der zügelloseste Platoniker) à l'intérieur de la Métaphysique occidentale.[53]

Nietzsche aura donc beau opérer une inversion radicale du Platonisme et s'efforcer vers une transvaluation des valeurs, il aura beau stigmatiser la fausseté des arrière-mondes et le scandale de ces «idées-momies» qui salissent la terre, toujours est-il qu'il n'échappera pas à la loi de l'hérédité métaphysique et qu'il s'enroulera, au même titre que ses prédécesseurs, dans le fil mystérieux de la tradition historiale. Nietzsche, ou l'enfant terrible en révolte contre son πατήρ, avec et la force et les armes et les revenus de son père. Nietzsche, ou l'échec insoupçonné d'une métaphysique parricide.

---

[52] Ed. Kröner; XVI, § 507.
[53] *Questions II*; p. 148.

CHAPITRE III

LA MISE EN FORME HISTORIALE
DE LA NOTION DE VALEUR DANS LA
MÉTAPHYSIQUE DE LA SUBJECTIVITÉ

1. La doctrine de l'ἰδέα τοῦ ἀγαθοῦ ayant fourni le matériau de base, il appartient maintenant à la métaphysique moderne de la Subjectivité d'effectuer une véritable construction ou mise en forme historiale de la notion de valeur, mise en forme à laquelle Nietzsche mettra la dernière main. De l'avis de Heidegger, les deux principaux «artisans» qui ont travaillé à cette construction d'une manière décisive sont Descartes et Kant. Le premier pour avoir aménagé les cadres généraux de la Subjectivité en convertissant l'ἰδέα platonicienne en *perceptio* (ou en perceptum de la perceptio), le second pour avoir expressément interprété le *perceptum*, l'être-représenté de l'étant en termes de condition de possibilité a priori. C'est bien ce que nous apprenait le second paragraphe du court passage que nous avions pris pour fil conducteur, lors de la délimitation du champ du questionnement critique de Heidegger.[1]

Nous allons donc devoir nous pencher sur la manière dont la notion de valeur, préfigurée dans ses traits fondamentaux par l'ἀγαθόν, procède directement des structures métaphysiques de la pensée représentative, telles qu'elles ont été historialement conçues et mises en place par la compréhension cartésiano-kantienne de l'étance. Mais d'abord, il y a lieu de signaler à quelle nécessité (Not-wendigkeit)[2] profonde a trait cette nouvelle *phase* de la déconstruction heideggerienne sous l'angle de la méditation historiale en général.

Ce qu'il faut bien comprendre tout de suite, c'est que la «pensée préparatoire»[3] ne pouvait manquer de s'interroger sur l'es-

---

[1] Cf. Chap. I, p. 23.
[2] Sur la «Notwendigkeit», cf. l'appendice.
[3] *Chemins*; p. 174.

sence de la métaphysique de la Subjectivité dont le règne s'étend, selon des modalités variées, mais partout avec la même puissance de détermination prodigieuse, à l'ensemble des phénomènes fondamentaux des Temps Modernes. Pourquoi cette interrogation était-elle incontournable? Etait-ce seulement en regard de l'ordre méthodologiquement arrêté de la déconstruction historiale, de la nécessité de démembrer la totalité de l'édifice de la Métaphysique en s'attaquant d'abord aux plus hautes charpentes? Mais pour peu explicatif qu'il soit par ailleurs, le point de vue méthodologique reste tout à fait extérieur à ce qui est en cause (Sache). A supposer encore qu'il ait ambitionné de revêtir une forme nettement systématique, exhaustive, radicale, – à la semblance de l'analyse criticiste de la raison pure entreprise par Kant – le projet déconstructif de Heidegger concernant la Métaphysique en général et la métaphysique de la Subjectivité en particulier ne saurait être éclairci à l'aide d'aucune considération méthodologico-scientifique. Ce projet déconstructif, il ne trouve son sens et sa nécessité que dans le cadre d'une unique problématique: celle de l'essence ou de la vérité de l'être, *en tant que* cette vérité se voile historialement comme telle, lors de ses destinations métaphysiques. C'est dire qu'à la question de l'essence de la Subjectivité se trouve d'emblée soudée celle de l'essence de l'oubli, celle du voilement énigmatique de l'être dans le mouvement époqual de son éclaircie comme Sujet. Et «soudée» dit encore trop peu, et même convient mal, si véritablement la Subjectivité ne désigne rien d'autre, en définitive, que l'énigme du voilement le plus considérable de l'être. Nous ne devons jamais perdre de vue que tous les développements de Heidegger au sujet des structures métaphysiques de la Modernité sont sciemment ordonnés à l'élucidation de l'énigme de la λήθη qui repose au coeur de l'ἀλήθεια. Cette stupéfiante navigation sur les eaux crépusculaires de la Modernité est bien une navigation sur la λήθη de l'être qui, loin de nous en écarter, doit nous conduire au coeur de son essence. Sous ce rapport, méditer sur l'essence métaphysique de la valeur importe autant qu'une rétrospection des expériences les plus matinales de la φύσις. Car il ne peut y avoir de réappropriation possible de ce que les parutions métaphysiques de l'être ont fatalement voilé sans une compréhension essentielle de cette *fatalité*, de ce phénomène du voilement ancré dans le coeur de l'être.

Dès lors, il va de soi que ce n'est plus dans l'aire historiale des déterminations métaphysiques de la Subjectivité que doit être cherchée la réponse à la question de son *essence*. Il tient à l'essence de la Subjectivité que la Subjectivité soit incapable de penser sa propre essence. Et l'herméneutique heideggerienne a précisément pour tâche d'expliciter le sens de cette incapacité liée à l'occultation de l'essence. Appréhender la Subjectivité dans la dimension de son essence époquale, cela revient à mesurer l'ampleur d'un refus en regard de ce qui a été dispensé. La visée herméneutique reste inchangée: comprendre *l'originalité* d'une époque à partir de *son site originel*, comme unité énigmatique d'un mouvement de ré-ouverture et de fermeture de l'inépuisable origine.

Au sens large du terme, la Subjectivité désigne, chez Heidegger, cette phase historiale de la φάσις (Parménide) de l'être, dans laquelle, se déclarant Sujet humain, l'être tait, du même coup, la vérité de son essence. Toujours et encore parle l'être, mais il ne parle ici que la parole de ce seigneur de l'étant qui n'accepte pas d'autre souveraineté que celle de sa propre parole. Dans les Temps Modernes, le destin de l'être est de se faire Sujet, de parler la langue du Sujet, de renoncer à la dignité de son essence au point de ne plus se prononcer que dans la bouche de la subjectivité impériale de l'homme. Dorénavant, l'être va *laisser* l'homme dire que l'homme est l'être et qu'il n'est pas d'autre ouverture, pas d'autre région, pas d'autre éclaircie pour mesurer la vérité de l'étant que celle que l'homme entend déployer inconditionnellement à partir de lui-même, aux seules fins supputées de son être. Dorénavant, l'homme se pose sur soi comme *le* Sujet, comme l'unique *subiectum* insigne, comme le seul lieu constitutif des mesures, des normes, des critères, et donc des valeurs, à l'aune desquels doit être déterminée la vérité de l'étant. Il se produit une absorption, un enfoncement, un engloutissement, c'est-à-dire, dans le même temps, une *dis-parition* de l'être en la subjectivité absolue de l'homme. Cet homme, il ne se contente pas seulement «de boire d'un trait la mer toute entière», pas seulement «d'éponger l'horizon»,[4] mais encore et finalement d'amener en soi pour réduire à soi cette *contrée* fondamentale dans l'ouver-

---

[4] *Gai savoir*; § 125.

ture de laquelle pouvaient se déployer librement tant la mer que l'horizon de la mer. Et de même que Nietzsche demandait qui avait «donné l'éponge pour effacer l'horizon», Heidegger demande d'où (woher) l'homme moderne tire le droit et le pouvoir de réclamer pour lui tous les droits et tous les pouvoirs, et d'entretenir une *relation* avec l'étant qui, de quelque modalité objectivante qu'elle soit, s'épuise dans un *rapport* d'absolue souveraineté. La Subjectivité, c'est l'Histoire d'une promotion ontologique sans précédent et sans égale de l'être de l'homme. Mais c'est aussi, pour prix de cette promotion, la solitude de la parole humaine qui, en s'écoutant parler, n'entend plus que ses propres résonances. L'être abandonne sa parole et permet à l'homme de la concevoir et de la manipuler au titre exclusif d'un instrument d'expression et de communication de l'homme. A l'oreille de l'homme maintenant seul parle l'homme, et il en est de sa parole comme de son monde d'objets disponibles, elle doit se plier à sa volonté technicienne et assurer l'élargissement de son règne métaphysique sur la terre. Telle est l'énigme de l'abandon ou de l'asservissement total de l'être à l'être de l'homme, sanctionné, pourtant, par un prodigieux retrait. Telle est l'énigme de l'ἀλήθεια au coeur historial des Temps Modernes, au lieu de naissance de cette métaphysique de la valeur, au plus haut point meurtrière, au plus haut point blasphématoire, qui consacrera l'absoluité de la libération ontologique du *subiectum* humain. Mais, obscurité épaissie d'une énigme dont la forme, à elle seule, fait déjà question: dans quelle mesure l'homme peut-il avoir part à l'énigme si la partie demeure, de toutes façons, et nonobstant son caractère apparemment anthropologique, celle que l'être joue historialement avec lui-même? Une élucidation de l'essence de la Subjectivité sous le jour de la vérité de l'être n'en viendrait-elle pas paradoxalement, par un étonnant renversement, à dissoudre l'homme-Sujet, et son soulèvement ontologique au sein de l'étant en totalité, dans l'unilatéralité et la continuité historiale d'un seul «élément»? Que devient l'homme, sa subjectivité meurtrière pour l'être, une fois *décentrée* cette subjectivité (– encore qu'il ne s'agisse pas de poser un autre centre ontico-ontologique, et sans doute la pensée du crucial est-elle inévitablement métaphysique –), une fois interprété le sens de cet «évènement» (Ereignis) sous l'angle de ce que l'être proprement (eigentlich) *est*? En quoi peut-elle bien consister, cette dimension tant ludique que polémique, polémique parce que ludique, de la déroutante partie engagée par l'être avec son être-là (Dasein) *en* l'homme? A partir de quel lieu herméneutique se laisse apercevoir la co-appartenance (Zusammengehörigkeit) ou le rapport d'appropriation mutuelle (Eignen, Ereignis) entre l'être et le là de l'être, tel qu'il s'établit historialement à l'époque du plus tenace oubli, à l'époque où, précisément, ce rapport reste voilé comme tel, reste *inapproprié* comme tel, au point que le là de l'être ne sait pas son appartenance (Gehören) à l'être, son être approprié (geeignet) à l'être, et ne se met pas à l'écoute (hört auf . . .) de l'être? Ou encore: que recèle le dire de l'être s'il en vient, d'une certaine manière à se dédire ou à se contredire dans le dire de son là? Mais alors, quelle est l'essence de la contrée, de la dimension *contrante* au sein de laquelle joue le «contre»? Parler de l'auto-contradiction du dire de l'être, cela ne nous ramène-t-il pas, irrésistiblement, aux abords des schémas de la dialectique hégelienne, des déterminations métaphysiques de ce penseur de la Subjectivité absolue en lequel Heidegger, lui-même, reconnaît trouver son plus considérable *Gegner*? Mais n'aurions-nous pas plutôt intérêt à nous remettre en mémoire cette dimension fondamentale que donnait en spectacle la grande tragédie grecque? Cette dimension inouïe, presque insoutenable, en laquelle disait Hölderlin, le dieu et l'homme étaient fatalement appelés à *sich gegeneinander stehen*, à se dresser l'un contre l'autre, afin de s'accoupler, afin de s'ajointer, afin d'appartenir l'un à l'autre?

Questions difficiles, aussi difficiles qu'incontournables. A peine pouvons-nous être certains de les avoir correctement posées, tant un lieu approprié fait défaut. Mais au moins devions-nous en signaler la nécessité (Not-wendigkeit), liée à notre insoupçonnée détresse (Not), au moment de pénétrer «chez nous», comme dirait Hegel, dans cette terre historiale de la Modernité en laquelle la valeur prend racine. Comment s'organise concrètement le processus de formation historiale de la notion de valeur au fil des déterminations métaphysiques fondamentales de Descartes et de Kant, voilà ce qu'il importe, pour l'heure, de clarifier. Dans le même mouvement, cela va de soi, il nous faut rendre évidente la manière dont la doctrine de la perception et celle de la catégorie a priori se conjuguent historialement avec la pensée initiale

de l'ἰδέα τοῦ ἀγαθοῦ, sachant que de cette riche conjugaison métaphysique Nietzsche sera l'héritier direct. Tout bien considéré,
nous devons avoir souci de cette unique problématique: qu'advient-il de l'essence apriorique et possibilisante de l'être à l'époque de la dispensation métaphysique de l'être comme Sujet?

2. Si nombreux et si manifestes pouvaient être les syndromes,
les signes avant-coureurs d'un soulèvement métaphysique, ou
mieux, anthropologique de l'être de l'homme chez Platon, il s'en
fallait de beaucoup que la théorie de l'essence de l'homme comme
Sujet, comme ὑποκείμενον insigne, prenne naissance au lieu de
l'initiale éclaircie de l'être sous les traits de l'ἰδέα. A l'occasion de
la doctrine de la réminiscence, certes, nous avions souligné combien l'effort de Platon pour ancrer le πρότερον τῇ φύσει dans la
mémoire – c'est-à-dire au lieu de rassemblement (λόγος) de la
pensée – nous semblait destiné à rétablir la correspondance nécessaire, parce qu'originaire, entre l'ordre ontologique et l'ordre
noétique, entre le τῇ φύσει et le πρὸς ἡμᾶς, correspondance que la
scission métaphysique de l'être avait pour le moins compromise.
Mais rien ne nous autorisait à voir dans cette mise en correspondance le premier document d'une saisie de *l'ego cogito* sous les
espèces *du* Sujet. Et, en effet, pareille interprétation tourne court,
si nous prenons soin de constater qu'à l'ἰδέα seule peut être proprement décerné le titre de l'ὑποκείμενον. De cet ὑποκείμενον,
fondement a priori de la possibilité de la φύσις, Platon dit bien
qu'il se pro-pose à une vue adéquate, correcte, érotiquement
ajustée sur lui, mais non pas qu'il repose dans le νοῦς ou dans le
λόγος de l'homme comme dans un lieu de constitution et de séjour *originaires*. Il suffit de se rendre attentif à l'acception grecque du mot ὑποκείμενον pour que s'éclaire, aussitôt, le statut
hypokeimenal de l'ἰδέα et que soit refoulée, par le fait même,
l'assimilation de cette ἰδέα à une représentation synthétique a
priori immanente à la subjectivité de la pensée humaine. Le substantif ὑποκείμενον provient du verbe grec κεῖμαι, qui veut dire:
être étendu là, être posé, déposé; se trouver en position selon sa
guise propre.[5] Τὸ ὑποκείμενον désigne, par suite, quelque chose qui
s'est d'avance posé, qui se trouve d'emblée placé devant ou sous

---

[5] Notons que le κεῖμαι grec et le «Heim», le «Heimat» allemand (domicile, patrie)
ont la même racine indo-européenne: kei-.

(ὑπο) les yeux de l'homme. Dans les *Olympiques* de Pindare, par exemple, on rencontre l'expression suggestive suivante: ὑπόκειταί μοι ὁ ἄθλος; c'est-à-dire: le combat est *là* qui m'attend, il se déroule déjà et se propose à moi.[6] Un ὑποκείμενον, soit, en latin, un *sub-iectum*, c'est très précisèment, au dire allemand de Heidegger, «ein von sich her Vorliegendes», un étant qui s'est-posé-devant, qui s'est d'avance (vor) posé (liegendes) à partir de soi (von sich her); un étant qui, de la sorte pré- ou pro-posé au sens littéral du terme, peut se proposer à la vue de l'homme. Mais quoi donc, aux yeux de Platon, s'est d'avance et uniquement posé à partir de soi? A vrai dire, jamais tel ou tel étant appartenant au domaine de la φύσις, puisque, faute de détenir une aptitude ou une consistance ontologique appropriées, chaque μὴ ὄν ne doit sa mise en position dans l'éclaircie qu'à la pose fondative d'un ὄντως ὄν métaphysique. Sans doute πρὸς ἡμᾶς, sous le rapport de la noétique coutumière, immédiate, cet arbre, cette falaise, cette mer, tous ces étants qui se donnent à voir alentour paraissent-ils s'être déjà posés à partir d'eux-mêmes. Assurément, la mer s'étend (liegt), visible, de la falaise jusqu'à l'horizon, et elle était déjà là, déjà en face ou en vis-à-vis (gegen-über) avant que le regard de l'homme ne rencontre son étendue bleue. Mais cette mer, peut-on dire qu'elle s'étend vraiment à partir d'elle-même? Non, répond Platon, car il en va d'elle comme de tous les étants sensibles qui τῇ φύσει, dans l'ordre de la venue à stance, succèdent à leur ὄντως ὄν, à leur étance préalablement et à partir de soi posée dans l'être, sur le fondement a priori de laquelle ils viennent, à leur tour, à stance. Aussi paradoxal que ceci puisse paraître aux yeux de la δόξα commune, la mer ne se trouve déjà posée et proposée à la vue de l'homme que grâce à la puissance hypokeimenale de son ἰδέα. De *Vor-liegende*, il n'y a donc, à proprement parler, que l'ἰδέα, que cette in-stance métaphysique qui se tient d'avance et à partir de soi seule *dans* l'éclaircie. Ce qui revient à dire: en tant qu'elle s'est posée à l'avance (voraus, im vorhinein), l'ἰδέα se tient constamment ὑπο, en dessous, elle est ce que le savoir philosophique doit sup-poser en toute position *physique*; ce qu'il doit non pas conjecturer, mais poser, laisser poser en-dessous de l'étant, au titre de sa base métaphysique. Par essence, dit Heidegger, le

---

[6] I, 135.

Vor-liegende est «das Unter- und zugrunde liegende»:[7] ce qui se
trouve posé dessous et, ainsi, au fondement de quelque chose
d'autre qui repose sur lui. En d'autres termes, seul ce qui vient
d'avance en position à partir de soi, et y demeure, peut servir de
pré-sup-position à quelque chose qui s'avère inapte à une auto-
position dans l'être. C'est pourquoi en chaque étant sensible, selon
Platon, l'ἰδέα correspondante se trouve supposée, et donc présupposée, faute de quoi il serait impossible de rendre *raison* de sa
propre position physique.

Somme toute, il importe de ne pas perdre de vue l'unité de
trois phénomènes que Heidegger, désireux de traduire parfaitement l'ὑποκείμενον grec, place sous la seule enseigne du «das Vor-
liegende». *Das Vorliegende*, ce terme se rapporte, d'abord, à ce qui
se trouve d'avance (im vorhinein) en position; ensuite, à ce qui
s'est mis en position et demeure posé à partir de soi (von sich her);
en troisième lieu, et consécutivement, à ce qui re-pose sous (zugrunde) quelque chose à quoi il sert de fondement et dont il rend
raison (Grund). Pro-position, auto-position, sup-position, ces trois
phénomènes déterminent bien l'essence de l'ὑποκείμενον, telle que
l'appréhende Platon sous les traits métaphysiques de l'ἰδέα.

Si nous pensons ces trois phénomènes dans leur union indissoluble, il ne fait aucun doute que nous pouvons immédiatement
les mettre en rapport avec ces deux concepts que nous avions mis
au centre de notre examen de l'ἰδέα platonicienne: le concept de
l'apriorité (au sens du Vor-herige) et celui de la possibilisation
(Ermöglichung). L'ὑποκείμενον comme ἰδέα s'avère, à l'évidence,
vor-herige, dans la mesure où, se posant à l'avance (vor, voraus) à
partir d'elle-même (von sich her), elle se propose à la vue en ad-
venant à nous (auf uns). Par suite, de même que le «Vor-herige»
désigne ce qui vient préalablement à partir de soi dans l'Ouvert en
ad-venant à nous, de même le «Vor-liegende» nomme ce qui se
met en position de soi et, ainsi, se propose à la vue noétique de
l'homme. A partir de cette double correspondance se dégage,
alors, cette troisième: autant l'ἰδέα comme a priori, forte de sa
pré-venue, possibilise la venue postérieure (nach-herige) de
l'étant à l'être, autant l'ἰδέα comme ὑποκείμενον, s'étant d'avance
posée de soi-même, constitue la base possibilisante sur laquelle
l'étant comme tel repose en position stable.

[7] *Nietzsche II*; S. 141.

Que peut-il bien résulter d'une pareille clarification du statut hypokeimenal de l'ἰδέα en liaison avec les déterminations fondamentales de la métaphysique platonicienne? Cette confirmation suivante: Platon n'est pas le promoteur de la saisie de l'homme sous les espèces du Sujet. A son époque, le Sujet s'appelle ἰδέα, et de l'ἰδέα pro-cède toute la puissance ontologique d'une pose recueillante (λόγος). Ce n'est jamais la pensée de l'homme qui met en position l'étant dans son être, mais bien l'ἰδέα, mais bien l'étance transcendante à la vision juste de laquelle l'éducation philosophique doit disposer. A quelle distance historiale Platon se tient-il donc d'une pensée de la Subjectivité qui n'accorde de subjectivité qu'à la pensée elle-même! Combien s'en faut-il pour que sa conception de l'ὑποκείμενον soit placée sous le signe d'une *libération* subjectiviste de l'homme! Certes, Platon oeuvre déjà à une libération méta-physique du νοεῖν humain; certes – ainsi que le montre Heidegger[8] – il donne le coup d'envoi à une interprétation *humaniste* de l'essence de l'homme. Mais cette libération, elle ne consiste jamais qu'à délivrer le regard de sa passion pour les apparences sensibles de l'être, qu'à lui imprimer une direction métaphysique de manière à lui rendre la familiarité, au nom d'un plus considérable amour, de l'absoluité hypokeimenale de l'ἰδέα. En cela, se dissimule encore le principe d'une libération beaucoup plus radicale, sommeille encore la possibilité pour l'homme de se défaire de toutes les servitudes noétiques qu'il n'a pas déterminées *de soi-même* (von sich her), afin de ne s'assujettir qu'au seul *sujet* qu'il se veut être.

Car il faudra attendre que s'ouvre l'espace historial de la Modernité pour que l'homme, en une extase de lui-même vers lui-même, se hausse au rang du Sujet. Car il faudra que vienne à terme un long et irrésistible processus de libération – dont Heidegger estime, pour le dire brièvement, qu'il a pris une tournure décisive sous l'impulsion de la doctrine luthérienne de la certitude du salut – pour que l'homme parvienne à recueillir en soi toute la puissance hypokeimenale de l'être. Alors oui, véritablement, le moment sera venu où, d'une part, l'égoïté pensante de l'homme se posera d'elle-même et avant tout autre étant dans l'Ouvert, et, d'autre part, sur le fondement de cette pose a priori, entendra

[8] Cf. *Questions II*; p. 160 sqq.

possibiliser et garantir la totalité de l'étant comme tel en le mettant en position stable. Où, corrélativement, se produira le virage, le retournement (Umschlag) de l'ἰδέα en représentation, et, plus exactement – comme nous allons le voir – en *représentativité* (Vorgestellheit). Quel traitement herméneutique dès lors Heidegger réserve-t-il au phénomène historial d'une telle conversion? Pour le savoir, et pour que puisse se déployer devant nous le champ de ces déterminations heideggeriennes dont la saisie doit être claire, mieux vaut se reporter, tout de suite, au cours du *Nihilisme européen* qui a pour titre: «l'interprétation de l'être comme ἰδέα et la pensée selon les valeurs». N'hésitons pas à en donner d'emblée un assez large extrait. Pour le traducteur – il faut l'avouer – cet extrait présente des obstacles insurmontables, qui tiennent moins au style propre de l'argumentation critique de Heidegger qu'aux particularités de son langage conceptuel. Mais, dans l'impossibilité d'être rigoureusement littérale, que notre traduction s'efforce, tout au moins, d'amener la parole heideggerienne dans les clartés de notre propre langue.[9]

... Mais que se passe-t-il au moment où l'homme se libère vers lui-même (sich zu sich selbst befreit) pour devenir cet étant qui re-présente en apportant tout devant (vor) soi au titre d'un tribunal de la constance? L'ἰδέα se change alors en perceptum de la *perceptio*; en ce que l'acte re-présentatif de l'homme lui pro-pose, tel, en vérité, qu'il rend possible ce qui doit être re-présenté dans sa représentativité (Vorgestellheit). L'essence de l'ἰδέα dès lors, de visibilité et de présence qu'elle était, vire (schlägt...um) à la re-présentativité pour et au moyen de l'homme qui représente. La représentativité, soit l'étance, rend possible le représenté, soit l'étant. La représentativité (l'être) devient la condition de possibilité de ce qui est représenté, de ce qui se tient en position du fait qu'on le pro-pose et qu'on en dis-pose, c'est-à-dire de l'objet (Die Vorgestellheit (das Sein) wird zur Bedingung der Möglichkeit des Vor- und Zugestellten und so Stehenden, d.h. des Gegenstandes). L'être (Idée) devient la condition dont dispose et doit disposer le Sujet qui représente, pour que des objets puissent se tenir à l'encontre de lui (entgegenstehen), puissent lui être objectés. L'être est conçu au titre d'un système de conditions nécessaires avec lesquelles le Sujet – eu égard à l'étant pris pour objet, certes – doit compter à l'avance (im vorhinein) en raison de sa relation avec l'étant. Ces *conditions* avec lesquelles on doit nécessairement *compter*, comment ne devrait-on pas un jour les nommer «valeurs», «les» valeurs, et en tenir compte à ce titre?

[9] Comment ne pas garder pour *die Vorstellung* notre équivalent courant, soit la «représentation»? Mais alors, qu'il suffise de se rappeler que le mot allemand désigne littéralement: la mise-en-position-devant, la position en vis-à-vis. Par contre, on reste plus fidèle au *zustellen* en traduisant son substantif par: la dis-position, la mise-à-la-disposition, au sens où, par l'homme, à et pour lui, l'objet est pro-posé, dis-ponible.

L'origine essentielle de la pensée selon les valeurs à partir de l'essence originaire de la Métaphysique, à savoir l'interprétation de l'être comme ἰδέα et de l'ἰδέα comme ἀγαθόν, est maintenant éclaircie.

Nous voyons que, dans l'Histoire de la provenance de la pensée selon les valeurs, la conversion, le retournement (der Umschlag) de l'ἰδέα en perceptio s'avère décisive. C'est seulement grâce à la métaphysique de la Subjectivité que le trait essentiel de l'ἰδέα, encore voilé et retenu à l'origine – soit le trait de ce qui rend possible et de ce qui conditionne – est exposé en plein jour (ins Freie gesetzt), libéré et entraîné, par la suite, dans un jeu effréné (ins ungehemmte Spiel). Le coeur (das Innerste) de l'Histoire de la Métaphysique moderne consiste dans le processus au cours duquel l'être reçoit, d'une manière incontestée, le trait essentiel d'une condition de possibilité de l'étant. De l'étant, c'est-à-dire, dans l'optique moderne, du re-présenté, de l'ob-stant (des Entgegenstehenden), soit donc de l'objet. C'est la métaphysique de Kant qui fait le pas décisif au cours de ce processus. Elle constitue le *centre* de la métaphysique moderne, d'un point de vue non seulement chronologique mais aussi essentiellement historial, par la manière dont ce qu'avait pensé Descartes à son début s'y trouve recueilli et transformé dans une explication avec Leibniz. La position métaphysique fondamentale de Kant s'exprime dans ce principe qu'il tient lui-même, dans la *Critique de la Raison pure*, pour le principe suprême de la fondation de sa métaphysique. Il a pour énoncé :

Les conditions de *possibilité de l'expérience* en général sont, en même temps, les conditions de *possibilité des objets de l'expérience*.[10]

Ce qui est expressément intitulé ici et donné pour mesure, c'est ce que Aristote et Kant désignent du nom *catégories*. D'après l'éclaircissement que nous avons donné plus haut de ce terme, l'on entend par catégories les déterminations essentielles de l'étant comme tel, autrement dit l'étance, l'être; ce que Platon saisit sous les espèces des «Idées». Selon Kant, l'être est condition de possibilité de l'étant, il en est l'étance. Or ici, conformément à la position fondamentale de la Modernité, étance et être veulent dire représentativité, objectivité (Vorgestellheit, Gegenständlichkeit (Objektivität)). Le principe suprême de la métaphysique kantienne énonce : les conditions de possibilité de la représentation du re-présenté sont aussi, c'est-à-dire ne sont rien d'autre que les conditions de possibilité de l'étant représenté. Elles constituent la représentativité; mais celle-ci est l'essence de l'objectivité et celle-là (die Gegenstandlichkeit) l'essence de l'être. Le principe pose que l'être est re-présentativité. Cette re-présentativité toutefois, est une dis-ponibilité (Zu-gestellheit) de telle sorte que celui qui re-présente puisse être sûr de ce qu'il a ainsi amené en position et à stance. L'assurance est recherchée dans la *certitude*. Cette certitude détermine l'essence de la *vérité*. La vérité a pour fondement l'activité représentative, c'est-à-dire la «pensée», au sens de l'ego cogito, soit du cogito me cogitare. La vérité en tant que représentativité de l'objet, objectivité (Objektivität), trouve son fondement dans la subjectivité, dans l'activité re-présentative qui se représente; cela, parce que l'activité représentative est elle-même l'essence de l'être.

[10] Ed. P.U.F., p. 162.

Ainsi l'homme *est*-il du fait qu'il représente de cette manière, c'est-à-dire sur le mode d'un être raisonnable (als Vernunftwesen). La logique en tant que développement essentiel du «Logos», dans le sens de la représentation unifiante, est l'essence de l'étance et le fondement de la vérité en tant qu'objectivité.

Kant n'énonce pas seulement ce que Descartes avait déjà pensé avant lui. Il pense d'abord dans une perspective transcendantale et saisit expressément et sciemment ce que Descartes avait posé dans l'horizon de l'ego cogito au début du questionnement. Grâce à l'interprétation kantienne de l'être, l'étance de l'étant est pour la première fois proprement pensée en termes de «condition de possibilité». Ainsi la voie est-elle rendue libre pour le déploiement de la pensée sur le mode des valeurs dans la métaphysique de Nietzsche. Kant, pourtant, ne pense pas encore l'être comme valeur. Mais toujours est-il qu'il ne pense plus l'être comme ἰδέα à la manière de Platon.[11]

3. Texte dense, qui fournit les éléments nécessaires à l'avancement de notre thématique. Faisons porter notre analyse sur les déterminations conceptuelles et les points fondamentaux de l'herméneutique heideggerienne. Les éclaircissements que nous en donnerons doivent nous rendre compréhensible la manière dont la notion de valeur s'enracine dans la métaphysique de la subjectivité.

A quelles fins et comment se produit l'apparition historiale de l'être, de l'étance possibilisante sous la forme de la *représentativité*, nous ne pouvons le déterminer que si s'éclaircit complètement, d'abord, la subjectivation de l'homme dans toute l'étendue de son *pouvoir libératoire*. Ici, en effet, se situe le point de passage, s'ouvre le domaine de décision dans lequel l'ἰδέα vire (schlägt ... um) à la perception claire et distincte, puis à la forme catégoriale, entendue au sens d'une condition de possibilité de l'étant posée par la subjectivité humaine. Et de ce lieu aussi procède, en droite ligne, la doctrine nietzschéenne de la transvaluation (Um-wertung), c'est-à-dire de la position inconditionnelle, librement évaluatrice de ces conditions de l'étant éclaircies comme valeurs. Il ne nous importe pas de scruter la forme concrète qu'a revêtue le mouvement historial de libération au cours duquel l'homme a brisé les chaînes de la dogmatique chrétienne. Mais nous devons élucider l'essence de cette libération dans son rapport à la nouvelle position métaphysique fondamentale à laquelle elle donne *lieu*. A cette élucidation le texte de Heidegger lui-même invite,

---

[11] *Nietzsche II*, «L'interprétation de l'être comme ἰδέα et la pensée selon les valeurs»; S. 229–232.

lorsqu'il commence par situer la conversion de l'ἰδέα au moment historial où l'homme «se libère vers soi-même» (sich zu sich selbst befreit).

Il n'est pas exagéré de dire que cette expression mériterait, à elle seule, des pages de commentaire, tant elle résume admirablement l'essentiel du soulèvement hypokeimenal de l'être de l'homme. Son interprétation ne fait pas malgré tout difficulté, si nous l'opérons dans la clarté de notre analyse précédente, celle du statut hypokeimenal de l'ἰδέα dans son rapport au νοῦς humain. Nous étions parvenus à la conclusion suivante: Platon ne *délivre* pas à l'homme le titre de Sujet, dans la mesure où il fait obligation à son regard noétique de se rapporter, de manière constante et correcte, à la mise-en-vue de l'étant comme à un modèle transcendant reposant a priori en soi. De ce qu'il doit régler sa visée préalable sur l'ἰδέα, s'établir dans un rapport de conformité avec elle – cette conformation étant le seul mode d'accès à la vérité – il appert que le νοῦς humain est un νοῦς irrémédiablement asservi, même si, au moyen de cet asservissement méta-physique, il se délivre des liens des apparences sensibles comme de l'opinion que ces apparences fascinent. Désireux de le purifier de tous ses attachements sensibles, Platon astreint le νοεῖν à se lier d'amour avec l'étance transcendante. De cette liaison érotique, source de la plus excellente des poiétiques, jamais le νοῦς ne saurait s'abstraire, jamais il ne saurait s'absoudre (ab-solvere), sous peine de perdre de vue la vérité de l'étant. Serait-il infidèle à cette liaison extatique, à cette relation extrinsèque avec l'être, alors la vérité ne s'*attacherait* plus au savoir, tant paraît indéfectible le principe selon lequel la vérité du savoir repose dans la seule adéquation du savoir à la vérité de l'étant. Au savoir, il n'est pas permis de secouer le joug de ce qui le rend possible.

Et pourtant, plus puissant encore que ce principe sera le soulèvement, l'affranchissement de l'être et du savoir de l'homme au seuil des Temps Modernes. Plus libératoire encore que l'élévation du νοῦς des entraves du sensible jusqu'au lieu transcendant de l'étance, sera cette fête, ce mouvement insurrectionnel de l'homme, par quoi l'homme rompra toutes les antiques et médiévales liaisons métaphysiques afin de ne plus tenir compte que de lui-même, afin de ne plus s'associer qu'avec lui-même lors de la détermination de la vérité de l'étant. Voilà bien en quoi consiste la radicalité de la nouvelle libération, qui est comme le nerf de la Subjectivité moderne. A cette époque assurément, l'homme se libère en direction de soi (zu sich). C'est-à-dire : il retourne en soi, il se tourne vers soi, de manière à trouver en soi des critères de vérité, et des principes de vérité qui soient les conditions de possibilité d'un savoir autonome. En quoi l'essence de la liberté consiste-t-elle alors ? En la capacité, prise en charge par l'homme, d'une auto-détermination de son savoir et de son agir. Au niveau noétique, cette liberté doit se traduire par la position inconditionnelle des conditions du savoir représentatif de l'étant, conditions qui fonctionneront, du même coup – ainsi que Kant l'établira – au titre de fondements de la possibilité de l'étant lui-même. Mais dès lors, la vérité, comme vérité du savoir, subit, elle aussi, le contre-coup de cette nouvelle détermination de l'essence de la liberté. Elle ne se laisse plus concevoir sur le mode d'un rapport d'adéquation ou d'une visée noétique correctement ajustée sur l'être. Avec la libération de l'homme vers lui-même, voici que se produit, simultanément, une mutation ou une conversion décisive de l'essence de la vérité. Comme cette conversion a lieu dans la sphère historiale de la tradition platonico-métaphysique, son apport ne peut tout de même pas s'avérer à ce point décisif qu'il ne retienne rien du concept normatif de la vérité élu par Platon. Mais l'adéquation n'est plus admise qu'au titre d'une simple caractéristique, d'une marque distinctive de la vérité, et le droit lui est refusé de nommer l'essentialité de cette dernière. Autre chose passe donc au premier plan. Cette autre chose s'appelle la *certitude* (Gewißheit). De ce que le savoir, en effet, n'a plus à se régler sur une étance transcendante à la pensée – au sens particulier, ici, d'une étance que la pensée ne poserait pas en se la re-présentant, mais qui se serait déjà posée ou présentée dans l'éclaircie à partir de soi – il s'ensuit que la vérité du savoir ne peut plus reposer, désormais, que dans la seule certitude que l'homme en a. Le vrai prend le visage de ce dont l'homme s'assure, de ce qu'il *tient* librement *pour* certain et garantit comme tel. Il faut et il suffit que l'homme soit certain (ge-wiß) de son savoir (Wissen) de l'étant, c'est-à-dire qu'il le rassemble (ge) sur le fondement de son absoluité cogitative, et ce à la lumière des critères, il est vrai, qu'il s'est im-posés de son propre chef, pour que le savoir soit établi comme vrai. Le tenant *quitte* de toutes dépendances et justifications externes – hyperboliques dira Nietzsche – l'homme traduit son savoir devant un seul tribunal, le tribunal de sa certitude libre. De ce principe d'une auto-juridiction de la pensée procède la métaphysique moderne de la Subjectivité. Cette réflexion, ce retour en soi de la pensée, Hegel l'interprétera, rétrospectivement, comme un moment décisif de la marche de la *conscience* (Be-wußtsein) vers la conscience totale de soi, vers la conscience transparente à elle-même, ou savoir absolu. Mais la conscience n'accèdera ainsi à la pleine liberté que lorsque son absolutisation sera poussée jusqu'au point où toute l'objectivité, tout l'être, toute la réalité effective sera recueillie (ge) en elle, sera *sue* (ge-wußt) comme *l'autoposition* de sa subjectivité absolue.

4. Si l'homme entend ainsi faire de sa certitude l'unique instrument de la vérification du savoir de l'étant en totalité, il lui faut d'abord *se* poser au titre d'un étant dont la présence est indubitable. L'étant en totalité ne saurait être posé (gestellt) avec certitude dans l'éclaircie, tant que l'homme qui entend le poser ne s'est pas préalablement assuré de sa propre position. En d'autres termes, la conscience de l'objet, de l'objet en ce qu'il est, doit pouvoir emprunter sa certitude à la certitude fondamentale de la conscience de soi du Sujet humain.

A cette certitude fondamentale Descartes se hausse le premier, en parvenant à arracher aux griffes du doute cette simple proposition: *ego cogito, ergo sum.* C'est à bon droit que l'on peut voir en cette courte proposition la charte historiale de la Subjectivité moderne. L'examiner et l'expliquer en détail excèderaient largement les limites de notre propos. Mais pour comprendre la manière dont la subjectivation de l'être de l'homme entraîne, aussitôt, une interprétation de l'être dans le sens de la représentativité, il importe d'observer ceci: le «cogito» est cette expérience historiale à la faveur de laquelle l'homme s'éclaire comme Sujet, c'est-à-dire – d'après la triple détermination établie plus haut de l'essence de l'ὑποκείμενον – parvient à une auto-position préalable et, donc, fondative de son être. Pensant qu'il *est* indubitablement en tant qu'il pense, l'homme se pose d'avance (im vorhinein) et à partir de soi (von sich her) dans l'éclaircie, cette position apriorique de soi par soi pouvant alors servir de base possibilisante à la mise en position de l'étant en totalité. Au titre de la pré-sup-position constante (présence) de toute position (présentation) de l'étant, le cogito cartésien s'appelle donc : le *fundamentum absolutum inconcussum veritatis*. Il est la condition première, inconditionnée et certaine d'elle-même, de la vérité de toute *pensée*, cette vérité qui, ainsi ancrée dans le cogito, se nomme certitude. Il est la pensée certaine de soi, certaine du Soi qui se trouve présupposée en chaque pensée de l'être de l'étant, non pas, bien sûr, au sens d'une pensée primordiale adventice aux autres, mais au sens où le Soi de l'homme se pense en tout cogitare, au sens où Descartes fait du cogito un *cogito me cogitare*.

Comment faut-il donc entendre ce cogitare ? A la manière même de Descartes, lorsqu'à maintes reprises il le désigne expressément comme un *percipere* : comme l'acte de prendre possession de quelque chose, de s'en saisir, «et, notamment ici, au sens où on le met à sa disposition (des sich-zu-stellens) en le posant devant soi (von der Art des Vor-sich-stellens), en le re-présentant, en *se le pro-posant* (des Vor-stellens)».[12] A la différence du νοεῖν grec, qui doit laisser posé-devant (vor-liegenlassen) ce qui s'est proposé *de soi* à l'homme, le cogitare chez Descartes consiste essentiellement en une appropriation perceptive qui pro-pose l'étant à l'homme de manière à ce qu'il puisse en disposer en toute certitude. Que l'on traduise la perceptio cartésienne par la «Vorstellung» allemande ou par notre mot usuel de «représentation», on désigne dans les deux cas le même phénomène : celui d'une mise en position ou d'une présentation de l'étant qui ne peut se poser ou se rendre présent comme tel dans l'Ouvert qu'en tant que l'homme *se* le pro-pose ou *se* le représente. Dire que l'homme met en position l'étant pour le mettre à sa disposition équivaut à dire qu'il rend l'étant présent à soi pour en garantir la présence, à ceci près, évidemment, que la première nomination envisage l'être comme position (λόγος), tandis que la seconde l'éclaire sous le rapport de la présence (οὐσία).

Avec Descartes, l'activité cogitative du Sujet s'épuise donc dans une mise en position garantissante de l'étant, laquelle possibilise l'étant comme tel. Ainsi pro-posé au Sujet, par la puissance propositionnelle du Sujet, l'étant se voit immédiatement attribué le titre corrélatif de *Gegenstand* ; c'est-à-dire de l'*objet*, au sens de ce que le Sujet s'objecte ou, en allemand, de ce qui se tient (steht)

---

[12] *Nietzsche II* ; S. 151.

en face, à l'encontre (gegen) du Sujet qui en fonde et en garantit
la station (Stand). L'étant ne se tient en position que si le Sujet
se l'op-pose, se l'objecte, se l'ob-tient, cette objectivation consti-
tuant, à n'en pas douter, l'essence de son activité représentative.
C'est dire qu'il importe de mesurer toute la distance historiale
entre la compréhension grecque de l'étant et l'interprétation moderne de l'étant comme objet de représentation: chez les Grecs
aussi, l'étant se pro-pose au νοεῖν, mais il se propose à partir de
soi, ou encore, conformément à la décision platonicienne, sur le
fondement hypokeimenal de sa mise-en-vue. Au νοεῖν, il appartient donc de correspondre à cette pose apriorique en accueillant
l'étant qui se trouve déjà recueilli (λόγος), qui se trouve déjà posé
sur (en) son être. Comment cela? En laissant l'étant être ce qu'il
est, c'est-à-dire tel qu'il s'avère pro-posé à partir de soi (vor-
liegen-lassen). Cela veut dire, encore une fois, que le νοῦς ne saurait se libérer de son asservissement à l'être – qu'il s'agisse du
λόγος d'Héraclite ou de l'ἰδέα platonicienne – au point d'exercer
une juridiction hypokeimenale sur l'être de l'étant, au point de
prétendre fonder la pose recueillante (λόγος) de l'étant. A la limite,
nous pourrions dire que le νοῦς grec ne s'oppose pas à l'étant pour
cette simple raison que l'étant s'oppose – à partir de soi – ou de
son étance métaphysique - au νοῦς. Dès lors, du moment que la
pensée moderne le réduit à un pur objet de représentation, l'étant
ne désigne plus ce qui advient de soi, ce qui vient à la rencontre
(begegnet) du νοῦς, mais bien ce que la conscience, forte de sa
subjectivité libre, pose devant ou jette à l'encontre (gegen) d'elle-
même. De ce fait, il est vrai, ce *contre*, ce gegen, qui caractérise
la relation noétique entre l'homme et l'étant, apparaît décisif
aussi bien à l'époque de la Subjectivité que chez les Grecs. C'est
là l'indice de ce que toute la pensée métaphysique se déploie au
sein d'une contrée (Gegend) inaperçuc. «Dans objet (Gegenstand),
il y a le séjourner à la rencontre (das Entgegen-weilen). Dans
l'objet règne le Présent (Gegenwart) et, de ce fait, la présence
(Anwesenheit). Si l'étant – τὸ ἐὸν – n'était pas déjà manifeste
comme étant présent, l'étant ne pourrait jamais apparaître comme objet. Si le εἶναι (être) ne régnait pas comme être présent,
alors on ne pourrait même pas poser la question du présent de
l'objet, c'est-à-dire de son objectivité».[13] Mais, autant les Grecs

---

[13] *Qu'appelle-t-on penser?*; p. 215.

comprenaient ce «contre» comme le lieu d'une rencontre entre l'homme et ce qui, de soi-même, lui advient, autant la Modernité en fait une dimension déployée à partir du cogito, en laquelle l'objet est posé à l'encontre du Sujet. Nul doute, donc, que ce «contre» prenne une toute autre tournure du moment que le Sujet humain met l'étant objectivé en *contraste* (contra, stare) avec lui, du moment que ce contraste devient ce par quoi l'étant se *tient* comme étant. L'étant que rencontre le νοῦς grec n'équivaut pas à l'objet contrastant que le cogitare moderne jette à l'encontre du Sujet.

> Pour les Grecs, la chose présente se dévoile sans doute comme Gegen-über (en vis-à-vis), mais jamais comme Gegenstand, ce mot étant entendu au sens rigoureusement moderne d'objet. Gegenüber et Gegenstand ne sont pas équivalents. Dans le Gegenstand, le «contre» se détermine à partir du jet contrastant de la mise en position devant qu'effectue le Sujet. Dans le Gegenüber, le contre se décèle dans ce qui survient (über-kommt) à l'homme qui perçoit, qui écoute et qui regarde, dans ce qui sur-prend l'homme, lui qui ne s'est jamais saisi comme un Sujet pour des objets ... La statue grecque est la mise-en-vue (Anblick) de quelque chose qui se tient debout, et dont la station n'a rien à voir avec un Gegen-stand au sens de l'objet.[14]

5. L'essence de la pensée comme perception objectivante et l'essence de l'étant comme objet se trouvant ainsi éclaircies et distinguées des caractérisations grecques correspondantes, reste à comprendre ceci: si «l'ego cogito, ergo sum» opère une subjectiva-tion apriorique de l'être de l'homme, c'est bien au moyen d'une objectivation de soi par soi qui doit constituer, de ce fait, le fon-dement de toute objectivation de l'étant en son être. Du moment que le cogito, en effet, pose (stellt) le Soi devant (vor) soi, rend le Soi présent à soi, et qu'un tel *se représenter* préalable définit l'es-sence de la pensée, toute pensée de l'étant en sa présence apparaît nécessairement en tant que représentation *du* Sujet. Cette repré-sentation *du* Sujet doit s'entendre en un double sens: au sens, bien sûr, d'une représentation propre au Sujet, effectuée par lui; mais au sens, aussi, d'une représentation où le Sujet *se* représente. En ce dernier sens, l'accent porte moins sur l'essence représenta-tive de la pensée en général que sur la fonction hypokeimenale[15]

[14] *Le Principe de Raison*; p. 185 (trad. modifiée).
[15] «Subjectif» ou «subjectiviste» prêtant trop à malentendu, nous nous permettons de garder cet adjectif calqué sur le grec, en lequel résonne l'essence de l'ὑποκείμενον telle que nous l'avons élucidée plus haut.

de la présence, révélée à soi, de l'homme *pour* toute représentation de l'étant. Car il ne suffit pas de dire que l'auto-position préalable (vorlegen; vorliegen) de l'homme rend possible la mise en position de l'étant, ou, ce qui revient au *même*, que la position (stellen) noétique du Soi devant (vor) soi fonde la représentation de l'étant. Il faut encore et surtout souligner qu'il appartient essentiellement à la subjectivité du Soi de *se* représenter en chaque représentation, de se pro-poser en chaque pro-position (Vorstellung). «Cogito est cogito me cogitare», telle est alors la vraie formule de l'essence possibilisante et apriorique du *Je* à l'époque moderne. Et telle est bien aussi la condition pour que la certitude de toute représentation ne soit pas autre chose que la certitude originaire de la représentation du SOI. En s'assurant d'avance de son être, l'homme s'assure, du même coup, de l'être des objets, de telle manière que son être se trouve à chaque fois présupposé dans l'être-représenté des objets. Mais quoi, s'il repose, ainsi, en la subjectivité du Soi, quel nom devons-nous donner à cet être-représenté? Quel nom convient à l'étance de l'étant, à l'être de l'étant en tant qu'objet de représentation? Celui-là même, assurément, qui servait de concept central au texte précité de Heidegger, celui de *représentativité* (Vor-gestellheit).

Etre comme représentativité. Voilà donc identifiée l'éclaircie historiale de l'être à l'époque de la subjectivation de l'être de l'homme. Avec cette *Vorgestellheit*, nous n'avons pas du tout affaire à un concept extraordinaire, appelé à grossir le stock terminologique de la philosophie. La représentativité (soit en allemand, litt.: la pro-positionalité), ce mot désigne simplement le principe possibilisant en vertu duquel l'étant a le pouvoir de se présenter ou de se poser comme tel, de même que la responsabilité, par exemple, nomme le fondement de l'acte responsable, ce d'où procède le pouvoir de répondre. Nous souvenons-nous de la fonction possibilisante que Platon attribuait à l'étance, alors il appert que la représentativité moderne ne peut désigner que la condition de possibilité de l'étant, de l'étant comme objet de représentation. Parenté historiale certes, mais combien lointaine, puisqu'en dépit de leur fonction fondative commune, l'ἰδέα ne logeait pas au lieu où séjourne maintenant l'être de l'objet, dans l'immanence de la subjectivité de l'homme. L'étance était-elle la pure présence apriorique? La Modernité en fait la représentativité de l'objet, l'être-représenté de l'objet toujours déjà co-représenté dans la propre représentativité du Sujet. Etait-elle la visibilité? Elle s'est convertie en perceptibilité. S'appelait-elle ἰδέα? Descartes a décidé de l'intituler *idée*. Voilà le tournant considérable, accompli sous les auspices du détournement libératoire de l'homme, grâce auquel l'homme s'est détourné, catégoriquement, de toutes les normes qu'il ne s'était pas de lui-même imposées, à seule fin de se tourner vers lui-même, à seule fin de retourner en soi. En vérité, l'être a pris une nouvelle tournure, et cette tournure sera, d'ici peu, celle de la valeur, celle de la figure nietzschéenne de la représentativité librement posée par la volonté de puissance du Sujet. Rendue inévitable par la subjectivation du cogito, la conversion de l'ἰδέα en l'idée claire et distincte de Descartes constitue la plaque tournante du destin métaphysique de l'être. C'est le moment où, grâce à l'essence apriorico-possibilisante des «idées» qu'il tire de son propre fonds, le Sujet humain parvient à mettre en vue l'objet devant soi de façon à le *rendre visible* comme étant. C'est le moment où le visage des choses réfléchit le visage de la souveraineté métaphysique de l'homme, reflet du Sujet dans l'objet que l'Idéalisme spéculatif de Hegel comprendra comme le mouvement de l'Absolu lui-même, comme l'auto-différenciation de l'unité, reposant en soi, de l'*Idée*. De cet homme, on peut bien dire alors, avec Heidegger, qu'il est devenu le tribunal de la constance (Beständigung), l'instance juridique devant laquelle le Gegenstand, interpellé, doit se présenter pour être présent, doit se tenir (stehen) pour obtenir le constat assuré de son être con-stant (οὐσία). En d'autres termes, ceux dont nous avions examiné le sens dès le premier chapitre, l'homme, devenu Sujet, constitue le lieu de la dispensation (Ge-währen) et de la garantie (Wahrung) de la vérité (Wahrheit) de l'étant. En toute certitude, il dispense à l'objet un *Währen* (Wesen) approprié, de telle manière que l'objet puisse se tenir et se maintenir dans la présence, c'est-à-dire, dorénavant, dans l'orbe de la présence fondative de l'homme.

6. A interpréter ainsi la conversion de l'ἰδέα en représentativité, et à l'intégrer dans la structure de la nouvelle position métaphysique fondamentale, il semblerait que Descartes ait décidé, à lui seul, de l'essence possibilisante et apriorique de l'être à l'époque de la Subjectivité. Tant s'en faut, pourtant, puisque seule la

philosophie transcendantale de Kant a mis au grand jour cette essence en baptisant la représentativité du nom de condition de possibilité a priori. Même si s'avérait légitime une herméneutique de la position cartésienne au fil directeur de notre thématique, il reste que c'est bel et bien Kant, et non pas Descartes, qui a expressément pensé l'être en termes de condition de possibilité apriorique. Seul Kant, estime Heidegger, a fait le pas décisif dans le processus au cours duquel «le trait essentiel de l'ἰδέα, encore voilé et retenu à l'origine – soit le trait de ce qui rend possible et de ce qui conditionne – est exposé en plein jour[16] pour être entraîné, par la suite, dans un jeu effréné.»[17] Affirmation importante: il aura fallu attendre l'élucidation transcendantale de la Subjectivité humaine pour que soit rendue manifeste, pour que soit *libérée* cette essence possibilisante et conditionnante de l'être dont toutes les déterminations traditionnelles de l'étance portent la marque. Comme si cette essence avait subi un destin analogue à celui du «Principe de Raison», Principe sous l'appel duquel se *déchaîne* aujourd'hui l'exploitation technologique de la terre, mais qui, pour avoir porté toute la pensée métaphysique depuis son début, n'en est pas moins resté dans l'ombre jusqu'à Leibniz. Mais quoi, la doctrine platonicienne de l'ἀγαθόν n'avait-elle pas initialement conféré à l'être le caractère d'une condition de possibilité? Sans aucun doute; mais il est vrai aussi que ce trait y demeurait encore «voilé», «retenu», et donc *freiné*, dans la mesure où bien d'autres, quoique connexes déterminations conceptuelles s'étaient imposées, en première ligne, à Platon, qu'il avait jugées dignes d'éclaircir, à elles seules, l'essence métaphysique de l'être. Avec l'investigation transcendentale de Kant, au contraire, menée au sein des structures de la métaphysique cartésienne de la Subjectivité, ce «trait essentiel de l'ἰδέα» passe au premier plan. Ainsi libéré, il pourra alors se laisser «entraîner dans un jeu effréné», dans un mouvement ludique sans *retenue* qui culminera, incontestablement, dans la doctrine nietzschéenne de la position inconditionnelle des valeurs.

---

[16] «Ins Freie gesetzt»: litt.: mis en liberté, posé dans l'Ouvert et, de la sorte, rassemblé. Au sujet de ce rapport entre l'éclaircie, l'Ouvert et la libération, cf. «L'art et l'espace»; p. 20 sqq. et «Zur Sache des Denkens»; S. 72.

[17] *Ibid.*

7. Approfondir la réflexion, le retournement en soi de l'homme moderne, instrument de son soulèvement ontologique au sein de l'étant en totalité, tel a été l'office de la critique kantienne de la Raison pure. En toute clarté ici, la détermination des principes et de l'étendue de la connaissance de l'étant (en son étance) prend la forme d'un auto-examen, d'une connaissance exhaustive de soi par soi (Selbsterkenntnis) de la subjectivité humaine. En vue de parvenir à l'être de l'étant, l'homme emprunte directement le chemin conduisant aux profondeurs de son être. Ce chemin, Kant le désigne du nom de *méthode transcendantale*. Transcendantale s'appelle cette méthode, pour autant qu'elle transcende la con- naissance coutumière – c'est-à-dire, irréfléchie – de l'objet en direction de ses conditions de possibilité immanentes à la subjec- tivité du «Je pense». Transcendantale, et non pas transcendante pourtant, dans la mesure où Kant entend réserver ce dernier adjectif pour toute connaissance qui se croit forte de dépasser les limites de l'expérience possible en direction de principes qui lui soient transcendants. A la délimitation de cette expérience, la méthode transcendantale est justement consacrée, puisqu'en dé- voilant ses conditions de possibilité, elle détermine, par le fait même, jusqu'à quel point il est possible à la connaissance de se dépasser vers ses propres fondements. Sur la lancée de la décision cartésienne, Kant, envisage donc la question des fondements de la connaissance comme celle des conditions de possibilité apriori- ques valables pour la représentation des objets. A quelles con- ditions a priori l'objet peut-il se tenir à l'encontre du Sujet, ou – ce qui revient au même – le Sujet peut-il se pro-poser (sich vor- stellen) l'objet pour en disposer constamment, voilà la question qui motive la démarche transcendantale de Kant.

Pourquoi de telles conditions sont-elles dites «a priori»? Parce que ce qui doit rendre possible l'expérience doit être absolument indépendant d'elle et, de plus, la précéder dans l'ordre du dévoile- ment, c'est-à-dire, depuis Descartes, dans *l'ordre de la représenta- tion*. Les conditions kantiennes ne sont pas autre chose que l'en- semble des représentations préalables du Sujet qui, à raison de leur fonction possibilisante, ne dépendent pas des représentations empiriques ultérieures. Elles désignent ce que le Sujet se pro-pose spontanément à partir de soi (von sich her), à l'avance (im vor- hinein) et indépendamment de ce qu'il peut recevoir, c'est-à-dire de ce qui peut lui *advenir* à l'occasion de l'expérience en général. De même que de l'ἰδέα, dévoilée d'avance à partir de soi, dépendait la possibilité du dévoilement de l'étant, de même Kant fait dépendre la représentation de l'objet *en son être* de représentations préalables ancrées dans la subjectivité pure. Et de même que la métaphysique platonicienne voulait transcender le plan du πρότερον πρὸς ἡμᾶς vers celui du πρότερον τῇ φύσει, de même la méthode transcendantale entend remonter des représentations empiriques – que l'entendement ordinaire tient pour premières – à ses conditions de possibilité toujours déjà représentées dans l'entendement pur. Compte tenu de cette double similitude, peut-on dire alors que le «sens authentique» du πρότερον grec continue de fonctionner chez Kant malgré la subjectivation de l'être de l'homme? Certes, mais à condition de retrouver maintenant la forme originaire du rapport de l'être à l'homme au plan du rapport entre l'homme et *lui-même*, étant donné que le rapport du Soi à soi, c'est-à-dire la *conscience* constitue désormais le lieu de l'éclaircie: l'advenue préalable de l'être au νοῦς devient ici ce que le Sujet, à partir de soi seul, *fait advenir d'avance à soi*; ce qui se présente à l'avance dans l'éclaircie, *c'est* ce que le Sujet se représente, non-thématiquement d'ordinaire, avant toute expérience possible. Les conditions de possibilité a priori forment donc l'horizon représentatif toujours déjà déployé par le Sujet, horizon sans lequel aucune représentation de l'étant *comme tel* ne serait possible. Aristote donnait-il pour but au cheminement philosophique d'amener le νοῦς à la vue des phénomènes qui lui sont de prime abord familiers? Avec Kant, la méthode transcendantale oeuvre à la prise de conscience thématique de cet horizon préalable d'autant plus familier au Sujet qu'il constitue la dimension même de sa subjectivité. Par cette prise de conscience, le Sujet parvient à se recueillir véritablement auprès (bei) de soi; il est présent thématiquement à soi dans la vue claire de son essence. Dans le sillage de Kant, Hegel dira plus tard que le savoir phénoménal du Sujet tend de lui-même à se résoudre en la forme du savoir absolu, c'est-à-dire du savoir de son essence, pour autant que l'esprit a pour essence de parvenir à la conscience de soi. Si le principe d'une relation essentielle du Sujet avec lui-même en vient à déterminer ainsi l'apriorité de l'être, cela ne veut évidemment pas dire que la métaphysique transcendantale ait opéré un aligne-

ment du πρότερον τῇ φύσει sur le πρότερον πρὸς ἡμᾶς : la distinction
subsiste bel et bien, mais elle se trouve transférée, mutatis mutandis, dans la sphère souveraine de l'activité représentative du
Sujet. Soucieux de construire cette sphère, au moyen d'une délimitation critique, Kant entend par a priori ce que le Sujet produit (hervorbringt) ou tire de son propre fonds, ce qui pro-vient
de lui en ad-venant d'abord à lui. Autrement dit : ce que le Sujet
s'est toujours déjà représenté comme représentation du pouvoir
possibilisant de sa propre subjectivité. En se représentant d'avance les conditions de possibilité de l'expérience, le Sujet ne fait
donc que *se* représenter lui-même, si bien que ce concept d'a
priori s'applique, en définitive, à la représentation de soi par soi
de la subjectivité pure. De la sorte accueilli dans le champ d'écoute de la Modernité, l'a priori kantien résonne donc tout autrement
que le πρότερον τῇ φύσει des Grecs, même s'il donne encore à entendre son «sens authentique». En percevant cet «écho tardif»[18] du
πρότερον, en analysant le système de ses variations, *l'entendement*
ne se met plus à l'écoute que de soi. Que de ce Soi couronné d'où
provient toute parole, sur le motif de la position hypokeimenale
de l'être de l'homme.

8. Quel somptueux document de cette position l'analyse transcendantale du *jugement* n'offre-t-elle pas, lorsque Kant s'en sert
comme d'une clé royale pour la détermination des conditions de
possibilité de la pensée, c'est-à-dire de la connaissance de l'étant
en son étance ! Ouvertement ici, la question de la possibilité de la
pose recueillante (λόγος) de l'étant s'aligne sur celle de la possibilité de cette proposition logique, de ce jugement que Kant
appelle «synthétique a priori». S'agit-il de savoir, en effet, comment l'objet, intuitivement donné, peut se tenir à l'encontre
comme ce qu'il est ? Ou encore : la manière dont l'entendement
peut se pro-poser (vor-stellen) l'objet sous le jour de sa représentativité, peut recueillir, poser (τίθημι) ensemble (σύν), soit donc
synthétiser[19] une diversité empirique dans l'unité d'une pro-position (Vor-stellung) ? Cela revient à se demander pour Kant :

[18] *Le Principe de Raison*; p. 168.
[19] En ce sens large, et en ce sens seulement, nous utiliserons, par la suite, le concept
kantien de «synthèse». L'activité spécifiquement synthétique de l'imagination transcendantale n'a pas à être envisagée ici.

comment est-il possible de *poser* a priori un sujet en *liaison* avec un prédicat? De là vient que toute la *logique* transcendantale, dans sa partie analytique, s'articule autour de l'idée suivante: si des conditions aprioriques sont requises pour la possibilité de la représentation de l'objet quant à son être, elles sont identiques à celles du jugement a priori, à celles de la proposition qui énonce, par avance, d'un sujet ce qu'il est en le mettant en liaison avec un prédicat. C'est par une seule et même «fonction» propositionnelle que l'entendement (Verstand) juge et qu'il pose l'objet en contraste (gegen-ständigt) avec lui. Dans cette perspective, la traduction de «Vor-stellung» par «pro-position» apparaît on ne peut plus heureuse: pour autant qu'il s'agit, ici, de la pro-position conceptuelle, elle laisse entendre, à elle seule, que la logique transcendantale kantienne a complètement fait basculer le λόγος des premiers Grecs dans la sphère de la pensée judicative. Héritier de la réduction aristotélicienne du λόγος au λόγος ἀποφαντικός, Kant conçoit la représentation conceptuelle de l'objet sur le modèle de l'acte judicatif qui consiste à déterminer, à éclaircir, à proposer un sujet *comme* ce qu'il est au moyen de l'apposition d'un prédicat. Rendre compte de la possibilité des propositions synthétiques a priori, voilà qui suffit, aux yeux de Kant, à l'élucidation des conditions a priori sous lesquelles la position unifiante des objets peut et doit avoir lieu. Dès lors, la raison s'éclaire pour laquelle Kant répète le geste aristotélicien en mettant à jour ces conditions a priori au fil conducteur du jugement: l'examen de l'ensemble des formes de la prédication possibles, ou des fonctions logiques du jugement révèle les prédicats fondamentaux qui sont nécessairement *présupposés* dans toutes les propositions. De tels prédicats déterminent a priori les sujets, c'est-à-dire en constituent les déterminations les plus générales, fondements de toute détermination possible. Bien que Kant les ait tirés de la table des fonctions logiques, ils sont les conditions de possibilité aprioriques du jugement. Du jugement, soit donc, aussi, de la représentation de l'objet dans l'éclaircie de sa représentativité. Ces prédicats logiques fondamentaux, l'analytique transcendantale les désigne du nom de «concepts purs de l'entendement», ou «catégories».

Que faut-il entendre par «catégorie»? Une juste compréhension de ce terme s'avère d'autant plus nécessaire pour notre thématique que Nietzsche, lui-même, s'en est servi pour caractériser les plus hautes valeurs traditionnelles.[20] Là encore, le retour à la langue grecque s'impose. Car Aristote n'a pu élever la κατηγορία au rang de cette appellation philosophique fondamentale dont Kant et Nietzsche feront usage, que sur la base de l'acception courante du mot. κατηγορία, κατηγορεῖν, vient de l'union de κατά et de ἀγορεύειν. L'adverbe, la préposition κατά veut dire: de haut en bas, en descendant, en déclivant, à la manière d'un regard qui s'abaisse sur quelque chose. Le verbe ἀγορεύειν signifie: parler en public, proclamer ouvertement quelque chose en assemblée publique (ἀγορά), l'exposer aux yeux de tous. κατηγορεῖν signifie par suite: désigner du regard, *poser* le regard sur quelque chose afin de le rendre manifeste, afin de l'ex-poser (heraus-stellen) dans l'Ouvert. Pareille ex-position publique a lieu au moyen de la parole, laquelle interpelle l'étant et le rend manifeste dans le jour de son être. De là vient que le verbe κατηγορεῖν circule avec prédilection dans le domaine judiciaire, au sens courant de: dénoncer, accuser en face quelqu'un d'être l'auteur de tel ou tel agissement répréhensible en regard de la loi. Conformément à cela, la κατηγορία désigne alors l'exposition, l'interpellation révélatoire de l'étant quant à son être propre. C'est le nom propre, le nom approprié au visage que montre l'étant. Ainsi nommé, ainsi envisagé ou dévisagé par la κατηγορία, l'étant est mis à jour dans le jour de son être. Dans ce sens «pré-philosophique» du mot, comme dit Heidegger, «table», «coffre», «rouge», «lourd», «mince», etc. constituent des «catégories», pour autant que ces dénominations peuvent rendre manifeste l'être de l'étant.[21] Toutefois, il importe de comprendre que ce sens pré-philosophique doit être dépassé nécessairement vers le sens philosophique, soit aristotélicien du mot. Car, aux yeux d'Aristote, ces dénominations appropriées, ces «catégories» pré-philosophiques ne sont possibles, comme telles, que sur le fondement d'appellations *implicites* de l'étant, toujours déjà prononcées en chaque λόγος ἀποφαντίκος. Disons-nous d'une table, par exemple, qu'elle est rouge? Nous ne pouvons lui reconnaître cette couleur que si nous l'avons d'avance, et implicitement interpelée sous le rapport de sa *qualité* (ποιότης). La «qualité» en général se trouve déjà là, déjà posée, avant qu'une

---

[20] Cf. *Der Wille zur Macht*, ed. Kröner; XV, 12 A.
[21] Cf. *Nietzsche II*; S. 62 ff.

proposition n'expose la table comme rouge. Et, plus encore, nous ne pourrions même pas interpeler la table quant à sa qualité, si nous ne l'avions «à l'avance (im voraus) interpelée, sans une parole, comme ce qui se tient en soi-même, comme chose, l'ayant ainsi portée dans l'Ouvert de notre champ de vision.»[22] De prime abord, mais non pas πρότερον πρὸς ἡμᾶς, la table a été abordée en tant que *sub-stance*, en tant que ce qui repose nécessairement à la base (zugrunde liegt) de ses propriétés caractéristiques. Cette «substance», cette «qualité», ainsi que les huit autres interpellations fondamentales mises à jour par Aristote, ont donc proprement droit au titre de «catégories». Ainsi entendues au sens philosophique, les catégories posent a priori l'étant en totalité eu égard à son étance, eu égard à l'ensemble structuré de ses déterminations fondamentales. Elles tiennent leur nom de la fonction logique qu'elles assument dans le jugement, de ce qu'elles constituent les conditions préalables dont dépend la possibilité de la proposition qui propose l'étant tel qu'il *est*. Saisies à partir d'une analyse du discours propositionnel, il est clair que les catégories nomment l'être, cet être qui, métaphysiquement pensé, reste l'être fondatif de l'étant.

Au titre de déterminations de l'étant comme tel, les catégories disent ce qu'est l'étant en tant qu'étant. Elles disent ce qui se peut dire de «plus général» concernant l'étant: l'étance ou l'être. L'être de l'étant est saisi et conçu au fil conducteur de l'énonciation, du jugement, de la «pensée». Cette sorte de détermination de la vérité au sujet de l'étant en totalité, c'est-à-dire la Métaphysique, pense l'étant d'après les catégories.[23]

Cette exposition logique de l'être, cette interprétation métaphysique de la vérité de l'étant en termes de catégories, voilà donc ce qu'opère la logique transcendantale de Kant à l'époque de la Subjectivité. Présupposées dans le jugement, les catégories rendent par avance possible la pro-position (Vor-stellung) conceptuelle de l'objet. Par rapport à la cécité de l'intuition sensible, elles fournissent à l'entendement les moyens d'éclaircir ou de mettre en vue l'objet, par rapport au mutisme du donné empirique, les éléments sémantiques d'une interpellation de ce même objet par son nom propre. Du haut de la position hypokeimenale

---

[22] «Ce qu'est et comment se détermine la φύσις», in *Questions II*; p. 199 (trad. modifiée).
[23] *Nietzsche II*; S. 78.

de l'être de l'homme, elles projettent la lumière de l'étance sur l'étant, elles imposent catégoriquement, de manière universelle et nécessaire, la représentativité à l'objet représenté. Envisagions-nous, tout à l'heure, le statut hypokeimenal de la subjectivité humaine au titre d'une instance juridique suprême, d'un tribunal souverain devant lequel l'étant était *appelé* à comparaître? Quelle confirmation à notre propos, alors, la théorie kantienne des catégories n'apporte-t-elle pas, elle qui consacre la puissance judiciaire de la κατηγορία, au point d'en faire le pivot d'une juridiction universelle! Kant ne connaît plus qu'un seul tribunal, celui où siège en permanence l'ego transcendantal, qu'un seul droit, celui de la subjectivité libre. Et sans doute cette subjectivité n'est-elle pas encore *assez* libre, pour que juger soit synonyme d'apprécier, et pour que l'imposition catégoriale de la condition soit, purement et simplement, celle de la valeur. Mais toujours est-il que cette théorie kantienne de la catégorie conditionnante accélère le processus de libération et ouvre la voie à la doctrine nietzschéenne de la Justice (Gerechtigkeit), dans son rapport nécessaire à l'interprétation de l'être comme valeur. Avec Kant, la rectitude, la *justesse* de la visée noétique se trouve entièrement fondée sur la puissance judiciaire, et, donc, justificatrice du Sujet transcendantal. L'homme s'est toujours déjà justifié lui-même, il a d'avance rendu compte ou raison de son propre statut, en sorte que, au nom de cette auto-justification préliminaire, il s'arroge le droit de juger l'objet et d'exiger de lui la reddition de ses raisons. Mais comme les raisons de l'objet, quant à sa représentation formelle, ne sont pas autre chose que les catégories de la subjectivité rationnelle du juge, il s'ensuit que ce même objet a toujours déjà été jugé et justifié en droit, c'est-à-dire fondé a priori. Sous ce rapport, il est bien clair que l'expérience se borne à confirmer le jugement rendu a priori, et que la connaissance s'épuise dans une reconnaissance de décisions préalables. Car, quelle parole l'objet pourrait-il donner à entendre, sinon celle avec laquelle le Sujet l'a catégoriquement interpellé, quelles raisons pourrait-il exposer de son statut (Stand), sinon celles-là mêmes qui ont été déposées en lui par la Raison (comme entendement), afin qu'il puisse se proposer dans l'éclaircie d'une détermination conceptuelle? A la considérer du point de vue des conditions formelles, ne faut-il pas parler, dès lors, d'une structure circulaire de l'expérience, de la perception synthétique, à la faveur de laquelle la rationalité capte, dans les objets de la nature, ses propres lumières, ou encore, l'écho de ses interpellations catégoriales? Assurément, et c'est bien là la portée ultime de l'analytique transcendentale, de cette doctrine kantienne des catégories et des principes qui consacre le primat juridique de la représentativité a priori. C'est-à-dire, avec ce primat, celui de la justice hypokeimenale de l'être de l'homme.

Et tel est bien aussi le sens du «Principe suprême de tous les jugements synthétiques» que Kant expose dans la seconde section du «système de tous les principes de l'entendement pur». Nul doute qu'il nous faille voir en ce Principe – ainsi que le déclarait Heidegger – la formule même de la position métaphysique fondamentale de Kant. Ce Principe énonce ce que nos réflexions précédentes rendaient déjà manifeste: la juridiction, la représentativité catégoriale ne vaut pas seulement pour la représentation de l'objet, elle constitue aussi, et indissolublement, le fondement de la réalité effective (Wirklichkeit) de l'objet même. «Les conditions de *possibilité de l'expérience* en général sont, en même temps, les conditions de *possibilité des objets de l'expérience*, et ont pour ce motif une valeur objective dans un jugement synthétique a priori.»[24] Autrement dit: les conditions a priori qui rendent possible la mise en position devant (Vor-stellung) des objets, rendent *identiquement* possible la position de ces mêmes objets dans la présence. Les objets ne peuvent venir en position comme tels que sur le fondement de l'ensemble des conditions aprioriques de leur pro-position. De la possibilisation transcendentale à la possibilisation métaphysique il n'y avait qu'un pas, et ce pas, Kant le fait, en engloutissant la réalité effective – quoique phénoménale – de l'objet dans sa représentativité. L'être, la réalité effective de l'objet repose dans la représentativité, de telle sorte que tous les objets de l'expérience sont eux-mêmes soumis aux conditions aprioriques dont dépend la possibilité de la connaissance, voilà ce qu'énonce le Principe suprême de Kant. L'être de l'étant, c'est la condition de possibilité, et la condition de possibilité, c'est celle produite et prescrite anticipativement par la

---

[24] *Critique de la Raison pure*; p. 162.

subjectivité fondative de l'homme. Que tous les objets doivent désormais «se régler» sur les conditions de la connaissance en général, et non plus l'inverse, cette décision résulte de la *révolution* transcendantale opérée par Kant. Car pour autant qu'on la rattache directement au phénomène de la libération hypokeimenale de l'homme, tel que nous l'avons analysé plus haut, la révolution transcendantale nomme ce retournement en soi, cette volte catégorique de la subjectivité qui, libérée de tout assujettissement extrinsèque, oblige l'étant en totalité à graviter autour d'elle sur des orbites *fixées* d'avance. Dans la perspective historiale où nous nous plaçons, cela veut dire que les catégories d'où procèdent les jugements synthétiques a priori, se sont approprié toute la puissance de recueil du λόγος grec, et que l'éclaircie conceptuelle s'est radicalement substituée à l'ἀλήθεια. En décidant que tous les objets doivent être «soumis aux conditions nécessaires de l'unité synthétique du divers de l'intuition dans une expérience possible»,[25] la révolution transcendantale fait dépendre la pose recueillante et l'éclaircie de l'étant de la seule puissance hypokeimenale de l'être de l'homme, et cela, même si Kant s'est refusé à reconnaître une valeur objective aux propositions synthétiques suprêmes de la Raison spéculative. C'est dire, somme toute, que la logique transcendantale a fait entièrement sien, en le réinterprétant, le principe métaphysique d'une juridiction du λόγος sur la φύσις, ce λόγος qui, amputé de son essence originaire, avait déjà servi de fil conducteur à Aristote pour la mise à jour des catégories de l'être. Le «Principe suprême de tous les jugements synthétiques» consomme la scission traditionnelle entre φύσις et λόγος. Mis en position à partir de soi, entré de soi-même en *fonctions*, l'homme se trouve désormais libre d'imposer, en toute certitude, sa logique à l'étant. Et avec sa logique, son ordre, ses raisons, ses conditions, sa justice.

9. Voilà donc éclairci l'apport essentiel de la philosophie transcendantale au cours du processus de formation historiale de la notion de valeur. Si Kant a directement préparé «le déploiement de la pensée selon les valeurs»,[26] c'est parce qu'il a été le premier

[25] *Ibid.*
[26] Cf. supra.

à désigner nommément l'étance comme condition de possibilité a priori de l'étant, et cela, en parfaite conformité avec la position fondamentale de la subjectivité cartésienne pour laquelle l'étance s'épuise dans la représentativité de l'objet. La possibilisation métaphysique de l'étant qu'assurait initialement l'ἰδέα de Platon devient maintenant, grâce aux décisions conjugées de Descartes et de Kant, la possibilisation de l'étant comme objet de représentation posé à l'encontre du Sujet. Du point de vue de sa détermination transcendantale, la vérité de l'étant se rassemble toute entière dans un système de conditions nécessaires immanent au «Je pense». On n'insistera jamais trop sur l'accord de cette métaphysique de la législation, de la juridiction souveraine, avec la vocation des Temps Modernes: Kant ne fait rien d'autre qu'accélérer le processus d'auto-libération de l'être de l'homme, il ne fait que précipiter ce mouvement insurrectionnel, déclenché en grande partie par la Réforme, à la faveur duquel l'homme parvient à disposer et de son être et de l'être-représenté des objets, en se posant au fondement de toute certitude. En articulant le système des catégories et des principes dans l'ego transcendantal, en démontrant que ces conditions aprioriques de l'expérience valent simultanément à titre de lois universelles de la nature, Kant a renforcé l'interprétation cartésienne de l'essence de la vérité. Sans doute, par le soin qu'il apporte à la détermination critique des limites de la subjectivité, Kant fait-il de l'homme, non pas la mesure de ce qui est en soi, mais seulement la mesure de ce qu'il se pro-pose. Il faudra attendre que Hegel porte la subjectivité à l'absolu pour que le Sujet soit véritablement tenu pour le centre de référence inconditionné de l'étant. Mais il n'en reste pas moins que la déduction transcendantale des catégories oeuvre à la manière d'une auto-justification du Sujet pensant, par le biais d'une légitimation de la représentativité. En résolvant la *quaestio juris* de la validité objective des formes catégoriales dans la sphère de l'expérience, la subjectivité se justifie et se confirme elle-même quant à sa relation possibilisante à l'étant. Et c'est pourquoi, en somme, toute l'entreprise critique de Kant conclut à la position impériale de l'être de l'homme, de cet homme qui inventorie en lui-même ses principes et ses «fins» et qui inclut, en sa subjectivité, la totalité des raisons possibles de l'étant. La *Critique de la faculté de Juger* entend élever l'homme au rang d'une fin dernière de la nature et donc, du système des fins naturelles constitué a priori par la Raison. Sans l'homme, déclaret-elle, appelé à fonder par sa rationalité pratique la chaîne des fins naturelles, «la création toute entière serait un simple désert sans objet et sans but».[27] Car

> s'il doit y avoir partout un *but final* (Endzweck) que la Raison doit indiquer *a priori*, il ne peut être autre que l'homme (tout être raisonnable du monde) sous des *lois morales*. En effet, et c'est ainsi que juge tout un chacun, si le monde se composait seulement d'êtres tout à fait dépourvus de vie, ou en partie d'êtres vivants, mais dépourvus de Raison, l'existence d'un tel monde n'aurait aucune valeur, parce qu'il n'existerait en lui aucun être possédant le moindre concept de valeur. S'il existait, en revanche des êtres raisonnables, mais dont la Raison ne serait capable de donner une valeur à l'existence des choses qu'à l'intérieur seulement du rapport de la nature à eux-mêmes (à leur bien-être), sans pouvoir se donner à elle-même une telle valeur originairement (dans la liberté), il y aurait bien alors des fins (relatives) dans le monde, mais il n'y aurait aucun but final (absolu), parce que l'existence des êtres raisonnables serait dépourvue de fin.[28]

Outre le fait qu'on puisse y lire l'acte de naissance d'une métaphysique de la valeur, ce texte n'illustre-t-il pas à merveille cette «Selbstsicherung» de l'humanité moderne dont parle, maintes fois, Heidegger? Est-il excessif de voir dans cette matrice de valeurs, dans cette volonté rationnelle détentrice du sens, à laquelle Kant donne licence d'imposer une finalité à la terre, la formule anticipée de la volonté de puissance créatrices de ses propres valeurs? En tout cas, il y a lieu de relever, dès Kant, la portée anthropologique de la notion de valeur, portée réglée sur le double souci d'une auto-libération et d'une autojustification de la subjectivité humaine. Nul doute que ces valeurs, jaillies pour l'heure du fond de la rationalité pratique, ne deviendront un jour «valeurs de civilisation», «et ces dernières, de façon générale, l'expression des buts suprêmes de l'activité humaine au service de l'auto-confirmation (Selbstsicherung) de l'homme comme *subiectum*.»[29]

10. Puisque ces dernières réflexions nous y invitent, il convient de remarquer que la méditation historiale de Heidegger dans le

[27] § 86.
[28] § 87, p. 255–256.
[29] L'époque des «conceptions du monde», in *Chemins*; p. 91.

«Nihilisme européen» (ainsi que dans tous les autres cours sur Nietzsche) passe complètement sous silence l'interprétation kantienne de l'essence de la subjectivité pratique. Sachant quelle place prépondérante la notion de valeur occupe dans le cadre de cette interprétation, nous pourrions être tentés de le déplorer. A tort, pourtant, car il suffit de garder en vue l'axe critique de la destruction heideggerienne de la notion de valeur : un examen du principe kantien de la détermination a priori de l'action morale apparaît tout à fait superflu, dans la seule mesure où la compréhension de l'être en termes de condition de possibilité a priori surgit d'abord, chez Kant, dans le domaine de la Raison théorique, avant de se donner carrière, mutatis mutandis, dans le domaine de la Raison pratique. Kant n'a pu projeter une fondation a priori de l'action morale que sur la base du projet transcendantal en général, lequel reçoit l'essentiel de ses conclusions, du point de vue de notre thématique, dès sa première réalisation sur le terrain de la subjectivité théorique. Ainsi a-t-il pu découvrir dans la pure forme d'une législation universelle le principe d'une détermination a priori, c'est-à-dire d'une possibilisation a priori de l'action morale. Ainsi a-t-il pu déployer la dimension de la véritable liberté hypokeimenale de l'être de l'homme, de cette royauté sans entraves, reposant en soi, qui pose les conditions a priori sous lesquelles l'action est rendue possible et moralement valable. Quant à la valeur proprement dite, elle ne constitue pas, en tant que telle, le principe ou la source de possibilisation (pour cela, il aurait fallu que Kant opère l'inversion que prendra à sa charge Nietzsche, à savoir placer la volonté inconditionnée au fondement de la loi, et non pas maintenir un rapport de soumission de l'une à l'autre) – mais bien plutôt le caractère de la conduite morale, pour autant que cette dernière est possibilisée entièrement a priori, à l'exclusion de tout autre type de conditionnement. Appelée à s'étendre à tous les domaines de la subjectivité transcendantale, nous voyons donc que la recherche des structures possibilisantes détermine le sens du concept kantien de valeur. Aussi bien, est-il compréhensible que Heidegger s'en tienne à l'examen de la décision kantienne, s'il est vrai que de la dispensation historiale de l'être sous les traits de la condition de possibilité a priori procède directement la notion nietzschéenne de valeur.

Cela dit, il serait pour le moins absurde de méconnaître la portée historiale de la conception kantienne de la subjectivité pratique, relativement au développement et au fonctionnement de la pensée moderne en termes de valeurs. Affirmer et démontrer que Nietzsche a été le seul à élever la notion de valeur au rang d'une appellation métaphysique fondamentale ne revient pas, pour autant, à biffer le jeu des influences historiales qui sont à l'origine des fonctions complexes assumées par cette notion dans les Temps Modernes. L'on serait bien en peine, par exemple, d'expliquer pourquoi la pensée scientifique et la technologie contemporaines autorisent, et même réclament des systèmes de valeurs, sans faire retour, justement, à la conception kantienne du *devoir* dans son rapport de filiation avec la figure platonicienne de l'ἀγαθόν. Si pareil retour excédait les limites de la méditation historiale du *Nietzsche*, il est clair que Heidegger n'en a pas fait l'économie dans son *Introduction à la Métaphysique*, et cela, dans le cadre d'une étude de la scission (Scheidung) traditionnelle entre l'être et le devoir.[30] Aussi, avant de montrer comment s'opère le passage de la condition apriorique à la valeur chez Nietzsche, est-il nécessaire de dégager la portée essentielle des trois courtes pages dans lesquelles Heidegger met à jour l'origine et les conséquences de cette scission.

Intarissable matière à interprétation, décidément, que cette doctrine platonicienne de l'ἀγαθόν. Heidegger le prouve encore ici, en faisant historialement dériver la primauté kantienne du devoir – tant sur la nature que sur la Raison théorique qui prescrit à la nature ses lois – de la transcendance critériale ou paradigmatique de l'ἀγαθόν dans sa relation à l'être conçu comme ἰδέα. En subordonnant l'être au devoir-être, la nature à la liberté, les principes physico-mathématiques aux principes pratiques, Kant, dans son espace historial, a réeffectué le geste de Platon. Ce geste, au moyen duquel l'ἀγαθόν est élevé au-dessus de l'οὐσία et devient son prototype, Heidegger le donne à considérer, ici, au titre d'un *geste compensatoire*. Ce que l'ἐπέκεινα τῆς οὐσίας compense, estime-t-il, c'est l'appauvrissement, la dégradation que subit fatalement l'essence originaire de l'être du fait de son éidétisation métaphysique. En surplombant l'ἰδέα et en lui servant de mesure, l'ἀγαθόν permet de pallier le déficit ontologique, la ré-

duction métaphysique de cette plénitude d'être qui était originairement dévolue à la φύσις. Cela ne veut pas dire, bien entendu,
que Platon ait ajouté à l'être, en guise de complément, quelque
chose de tout à fait extrinsèque à lui. Car si scission il y a, il faut
justement l'envisager comme une scission *de* l'être, comme une
auto-différenciation de son identité, et comprendre que la détermination limitative de l'οὐσία sous les espèces de l'ἰδέα enveloppe un rapport (Bezug) nécessaire avec quelque chose de différent, quelque chose dont la dignité paraît telle, en vérité, que
l'être même aspire à s'y égaler, telle que l'être *doit l'être.*

Dans la mesure où l'être même se durcit dans son caractère idéel, il
s'efforce de remédier à l'abaissement (Herabsetzung) qui en résulte pour
lui. Mais cela ne peut désormais être atteint que d'une seule façon: en
posant *au-dessus* de l'être quelque chose dont on peut dire à tout moment
que l'être ne l'est pas encore, mais *doit* l'être.[31]

Conjointement avec sa détermination métaphysique, il appartient à l'être de se scinder et de se dépasser vers ce qu'il *doit*
être, mouvement de différenciation qu'accomplit notamment
Platon au livre VI de la *République*, en présentant l'ἀγαθόν comme
la mesure (μέτρον) sur laquelle doivent se régler, pour être fondées
dans leur efficace et leur validité même, les Idées de Justice, de
Tempérance, etc.[32] Soudée à sa transcendance théologique, la
transcendance *déontologique* de l'ἀγαθόν – où perce déjà le principe d'une possibilisation sur le mode de la causation finale[33] –
sanctionne et rachète à la fois la détermination réductrice de
l'être en tant qu'ἰδέα. Pareille transcendance a donc pour effet
de soustraire l'être (scindé de l'être en tant qu'οὐσία) aux prises
logiques de la pensée, c'est-à-dire de libérer l'être de la clôture
des formes éidétiques qui se trouvent à la disposition d'un regard
bien orienté. Car, quoique s'y trouve également imprimé le
sceau de l'ἰδέα et de l'ὄντως ὄν, la figure de l'ἀγαθόν échappe en soi
au λόγος. Elle y échappe de façon à pouvoir étendre son règne
sur lui, non pas au détriment, mais à proportion même de la

[31] *Introduction à la Métaphysique*; p. 200.
[32] *République*; 504c. Vide supra 505a.
[33] *Ibid.*; 505d–e – tous les textes précités doivent être lus avec la plus grande attention pour bien saisir le sens de la critique heideggerienne. Faute de quoi on commettra
des contre-sens, on dira que Heidegger plaque sur la doctrine de Platon une «notion
bien ultérieure» et que tout «cela est extrêmement peu platonicien» (J. Wahl, in *Vers
la fin de l'ontologie*; p. 236.)

puissance fondative que s'est arrogée le λόγος. Si donc Platon, avec l'ἰδέα, pouvait établir le principe d'une juridiction du λόγος sur la φύσις, avec l'ἀγαθόν, il peut subordonner cette juridiction à une autre beaucoup plus considérable, qui lui impose, inconditionnellement, une mesure et une fin. Ainsi se trouve ménagée une ouverture dans le cercle des saisies noético-logiques de l'οὐσία. Ainsi se fait jour une conception équilibrée de l'être, indice de son déchirement interne. C'est là un phénomène très important, mais qui ne fera sentir tout son poids que lorsque surgira en pleine clarté la scission entre l'être et le devoir.

Chez Kant donc. Tant s'épuise l'être de la nature dans la représentativité, comme suite à la délimitation critique de la subjectivité de la Raison théorique, que la juridiction suprême est déposée entre les mains du devoir. Prescrit a priori par la Raison pratique, le devoir n'est pas astreint aux lois de l'entendement qui règlent l'enchaînement des phénomènes naturels. De l'être, des lois de la nature se scinde tout à fait le devoir, à tel point, d'ailleurs, qu'un conflit des facultés résulte immédiatement de cette scission et paraît compromettre l'*unité* de la subjectivité rationnelle en général. Mais cette unité se trouve alors préservée grâce au primat que Kant accorde à la juridiction pratique sur les autres intérêts de la Raison en général. Aussi souveraine soit-elle dans l'exercice de son pouvoir théorique, la Raison doit mettre au sommet d'elle-même le pouvoir pratique, le pouvoir qui impose «une mesure et un but».[34] Et bien que Heidegger ne parle pas du tout de ce point, il est clair, alors, que la doctrine kantienne du *but final*, telle qu'on la trouve formulée au terme de la *Critique de la Faculté de Juger*, consacre la subordination de la juridiction théorique de la nature à l'intérêt pratique, c'est-à-dire, en somme, la subordination de l'être au devoir en tant qu'elle a été rendue possible par leur scission. Tendre à la réalisation du but final, c'est là l'essentiel devoir que s'impose librement la subjectivité rationnelle, faute de quoi, souligne Kant, l'ensemble de ses travaux théoriques (et spéculatifs) ne saurait revêtir aucune *valeur*.[35] Ce n'est pas en elles, mais au-dessus d'elles que les synthèses physico-mathématiques trouvent leur valeur, non pas eu égard aux fins conditionnées, mais par référence à l'absoluité

[34] *Critique de la Raison pure*; p. 402.
[35] Cf. les citations précédentes in § 86, 87.

impérative du but final. Le concept de valeur se met nettement en avant ici, et son affiliation aux concepts de devoir et de but final témoigne assez de ce qu'il répond, comme eux, à un souci d'équilibre ontologique, à la nécessité de compenser l'effectivité, l'acquis, parfait en son plan, des synthèses scientifiques. La subjectivité ne saurait se limiter à la *stricte* détermination de l'étant dans la clarté froide des principes de l'entendement. Sa véritable «dignité» réside, bien plutôt, dans le pouvoir pratique, dans le pouvoir transcendant qu'elle détient d'évaluer ce qui est à l'aune de ce qui doit être. Jaillie du coeur chaleureux du devoir, pareille évaluation assume une double fonction essentielle: elle rappelle à la science sa destination morale et elle préserve la subjectivité du péril du *scientisme*.

A un tel péril la pensée du XIXe siècle devra résolument faire face, tant l'étant, comme objet d'expérience, acquiert alors «la préséance normative» (den massgebenden Vorrang) à proportion du développement et de l'accroissement des sciences. C'est à cette époque, estime Heidegger, que la valeur devient l'instrument manifeste de la sauvegarde du devoir et de l'équilibre ontologique:

> du fait de cette préséance de l'étant, le devoir se trouve en péril (gefährdet) dans son rôle normatif. Le devoir doit se maintenir dans ce qu'il exige. Il doit essayer de se fonder en soi-même. Ce qui veut témoigner de son exigence impérative doit s'y autoriser à partir de soi. Pareil devoir ne peut émaner que de ce qui, à partir de soi (von sich her), élève une telle exigence, de ce qui a en soi une *valeur*, de ce qui *est* soi-même une valeur. Les valeurs en soi deviennent maintenant le fondement du devoir. Or, comme les valeurs se dressent à l'encontre de l'être de l'étant, de l'être des faits, elles-mêmes, de leur côté, ne peuvent pas *être*. On dit donc: elles valent. Les valeurs sont pour tous les domaines de l'étant, c'est-à-dire du subsistant (des Vorhandenes), ce qui donne la mesure.[36]

Ce qui donne la mesure, c'est donc toujours le devoir, mais le devoir en tant qu'il s'est fondé en soi-même, en tant qu'il *s'est posé à partir de soi* sur sa propre valeur de façon à justifier son primat normatif menacé. La valeur vient à l'aide du devoir là où la force critériale du devoir défaille, là où l'absoluité de ce qu'il exige vacille sous les coups de boutoir de ce qui *est*, c'est-à-dire de ce qui est tenu pour véritablement *étant*, c'est-à-dire, donc, des mensurations scientifiques, souveraines en leur plan, de la tota-

---

[36] *Introduction à la Métaphysique*; p. 201 (trad. modifiée).

lité des objets d'expérience. Dès lors, se produit le phénomène suivant: la transcendance n'est plus tant celle du devoir, qui déterminait, chez Kant, ce qui vaut, que celle de la valeur elle-même, qui détermine, maintenant, ce qui doit être. La valeur arrive en première position, en sorte qu'elle en vient à constituer la mesure proprement inconditionnelle de l'étant, irréductible aux mesures sur lesquelles se règlent les représentations scientifiques. Et pas plus que Platon ne pouvait conférer à l'ἀγαθόν un statut ontologique qui soit ouvertement emprunté à l'οὐσία, il n'est maintenant permis de détrôner la valeur en la présentant comme quelque chose qui *est*, vu que la totalité de ce qui est doit se référer à la mesure transcendante de la valeur. Aussi dira-t-on simplement de cette dernière qu'elle *vaut*, à moins qu'on en vienne, malgré tout, à lui reconnaître un être, sous prétexte de la rendre indépendante de la subjectivité de l'homme. Dans ce dernier cas, estime Heidegger, on atteint «le comble de la confusion et du déracinement (Entwurzelung)». De la confusion, parce que les termes de la scission ne sont plus maintenus à l'écart l'un de l'autre, mais viennent à se confondre. Du déracinement, parce que la pensée qui étantifie les valeurs flotte pour ainsi dire dans l'air, dès lors qu'elle ne prend plus racine dans une compréhension *déterminée* du sens de l'être.

Ainsi développée dans l'*Introduction à la Métaphysique*, sur la base de la thématique de la scission de l'être, cette idée d'une fonction compensatoire de la valeur revêt une certaine importance dans le cours de la destruction heideggerienne. On la retrouve formulée, en des termes plus nets encore, dans une brève note faisant suite à «l'époque des conceptions du monde».[37] Après avoir relevé la nécessité du système dans la Modernité, cette note met l'accent sur l'inter-dépendance de la notion de valeur et de la saisie de l'étant en tant qu'objet de représentation. En un mot, si la pensée scientifique se met en quête de valeurs, c'est afin de dédommager l'étant de la perte de son être, de cette sorte de «privation» ontologique qui résulte inévitablement du processus d'objectivation. «Cette privation est ressentie de façon suffisamment vague et obscure pour être prestement comblée par l'administration, à l'étant interprété comme objet, d'une valeur et, de

---

[37] Nº 6, in *Chemins*; p. 90 sqq.

toute façon, par la mesure systématique de l'étant à l'aune des valeurs, ce qui fait des valeurs elle-mêmes le but de toute activité.»[38] La logique – pourtant «confuse» et «déracinée» – d'une telle axiologie compensatoire veut que la valeur jouisse d'un statut privilégié: celui d'un objet *en soi*, par contraste avec celui de l'étant-objet dont l'être *gît* entièrement dans la sphère de la subjectivité humaine. De là vient que les valeurs sont mises à très haut prix, qu'elles sont tenues pour «réelles», «objectives», comme si leur objectivité régnait, du haut d'on ne sait trop quoi, sur la sphère fondative de la subjectivité! «Les valeurs semblent exprimer que, dans la référence à elles, on pratique précisément ce qui a le plus de valeur: et pourtant, c'est justement la valeur qui n'est rien d'autre que l'impuissant et filandreux oripeau dont on pare l'objectivité de l'étant devenue de plus en plus plate par son manque d'arrière-plan.»[39] Il ne fait pas de doute que si la pensée moderne en vient à hypostasier les valeurs, c'est de manière à rendre plus efficace leur fonction compensatoire. Mais, en ce cas, la valeur passe pour ce qu'elle n'est pas, à savoir pour un fondement en soi, alors qu'elle ne constitue qu'une contre-partie dérisoire, élaborée par la subjectivité, du nivellement scientifique de l'étant. Que l'on croie, ainsi, redonner de la *profondeur* à l'objet en le faisant reposer sur des valeurs, que des parures superficielles puissent prendre l'apparence de fondements, c'est là le signe d'une illusion d'optique, d'un anthropomorphisme naïf et, plus encore, de la *platitude* d'une pensée qui se montre autant inconsciente de son essence hypokeimenale qu'impuissante à en supporter le poids. La subjectivité, dira Nietzsche, n'a pas la force d'assumer son absoluité du moment qu'elle l'aliène en la camouflant sous le voile fictif des «valeurs en soi». Dans cette perspective, nous pouvons estimer que la fonction compensatoire de la valeur est liée à une situation historiale intermédiaire: celle où la valeur ne s'est pas encore substituée à la représentativité (soit l'être des objets d'expérience), mais où elle désigne seulement l'ἐπέκεινα de la représentativité dont elle pallie la déficience ontologique. Valeur et représentativité sont bel et bien encore distinguées, ici, et la pensée évaluatrice reste naïvement en contrepoint de l'objectivation scientifique, sans qu'elle puisse encore se dévoiler comme son

[38] *Ibid.*; p. 91.
[39] *Ibid.*

essence même. C'est là un phénomène historial important dont notre réflexion devait rendre compte à la suite de l'examen des cadres de la subjectivité. Car nous voyons maintenant à quel point la fonction compensatoire, dont la pensée scientifique investit la valeur, trouve son origine dans l'élucidation kantienne de la subjectivité, soit donc aussi, dans la scission qu'elle opère entre l'être et le devoir.

11. Ces perspectives critiques étant examinées, reprenons le fil directeur de notre thématique.

Nous avons vu ce qu'il advient du «trait essentiel de l'ἰδέα»[40] à l'époque du soulèvement hypokeimenal de l'être de l'homme. Si la philosophie transcendantale de Kant a surtout retenu notre attention, c'est en raison de son apport tant médiat que décisif. Elle seule *libère* l'essence apriorico-possibilisante de l'être, tout en la frappant du sceau caractéristique de la Subjectivité. Si nous voulons mener à son terme le processus de formation historiale de la notion de valeur, il reste donc à montrer comment le *déchaînement* de cette essence ouvre l'ultime espace de décision dans lequel surgit l'appellation métaphysique propre à Nietzsche.

Cette dernière phase de *l'Erörterung* de la valeur n'est pas la plus facile à articuler dans la totalité de ses moments constitutifs. Elle met en jeu un grand nombre de traits historiaux dont l'entrelacement compose le visage de la métaphysique achevée. Il est vrai que de Kant à Nietzsche le passage est clair lorsque nous nous en tenons à une détermination formelle de la valeur, à savoir comme condition de possibilité apriorique posée par la subjectivité libre. Il est non moins vrai que nous avons plusieurs fois repéré le lien étroit entre le déchaînement futur de cette liberté hypokeimenale et le déchaînement de l'essence apriorico-possibilisante de l'être. Ne disposons-nous pas alors de tous les éléments nécessaires pour l'exposer au grand jour à présent? En suivant jusqu'au bout notre fil directeur, ne suffit-il pas d'examiner brièvement la manière dont l'auto-position préalable et fondative de l'homme est élevée à l'absolu? Pourtant, c'est en ce point précis que les choses se compliquent. Car si le mérite d'une telle éléva-

---

[40] *Ibid.*

tion revient à la philosophie spéculative de Hegel, il reste encore à déterminer en quel sens doit être interprétée l'absoluité de la subjectivité pour que les catégories logiques possibilisantes se convertissent en valeurs. Seul Nietzsche, et non pas Hegel, a pu opérer cette conversion. C'est donc qu'elle résulte d'une interprétation nouvelle de l'essence de la Subjectivité dans le cadre de son absoluité reconnue.

Cette interprétation, nous l'avons signalée pour la première fois lors de la délimitation du champ de la destruction heideggerienne. Nous avions vu alors qu'à la fin de la Métaphysique, point culminant de l'oubli de la vérité de l'être, Nietzsche conçoit l'être en tant que *volonté de puissance*. La volonté de puissance a pour caractère essentiel de poser à partir d'elle-même les conditions de possibilité de sa conservation et de son accroissement. A de telles conditions, Nietzsche donne le nom de *valeurs*. Si les conditions de possibilité aprioriques sont ainsi qualifiées, c'est bien évidemment en considération de ce qu'elles conditionnent, et non pas de leur seule nature envisagée formellement. «Un nom, dit Heidegger, recèle toujours une interprétation».[41] Dès le début de cette étude, il était donc clair que l'essence de la valeur resterait inélucidée – même après la mise à jour de ses lieux d'origine historiaux – tant que ne serait pas dégagé son rapport d'appartenance nécessaire à la volonté de puissance. Bien entendu, il ne s'agit pas encore pour nous de déterminer le mode de possibilisation propre aux valeurs, tel que l'exige la structure même de la volonté de puissance. Cette détermination fera l'objet principal du prochain chapitre. Mais il importe de montrer tout au moins pourquoi l'éclosion, le surgissement effectif de la notion de valeur ne pouvait avoir lieu que dans l'éclaircie historiale de l'être comme volonté de puissance. Or, jusqu'ici, nous n'avons pas encore rencontré, ou du moins explicitement reconnu, des traits susceptibles d'annoncer l'interprétation nietzschéenne de l'être. Si elle n'est pas une pure épiphanie, il nous faut donc repérer les origines de la doctrine de la volonté de puissance. Non pas qu'il s'agisse d'entreprendre à leur sujet une destruction complète : nous déborderions trop largement les limites de notre propre parcours. Mais il faut qu'une certaine tradition historiale soit indiquée pour que la ren-

---

[41] *Nietzsche II*; S. 233.

contre entre la volonté de puissance et cette essence de l'être dont nous avons suivi le développement depuis Platon n'apparaisse pas comme purement contingente. Pour le dire en un mot: nous devons déterminer les raisons historiales pour lesquelles la subjectivité absolue de la raison (Vernunft) devait finir par s'*inverser* en subjectivité absolue de la volonté. Nous demander donc: pourquoi la volonté devait-elle se mettre progressivement en avant dans les Temps Modernes et pourquoi Nietzsche devait-il parachever cette avancée irrésistible en supprimant le primat normatif du logique, tel qu'on le trouve consacré au plus haut point chez Hegel? Telle est la nouvelle question. Ce n'est qu'après l'avoir résolue, en l'articulant sur notre problématique directrice, qu'il nous sera possible de pénétrer réellement dans la métaphysique nietzschéenne de la valeur.

12. Souvenons-nous d'abord du moment où nous avons employé pour la première fois le concept de *réalité effective* (Wirklichkeit). C'était au cours de l'élucidation du sens du «Principe suprême de tous les jugements synthétiques».[42] Nous avions dit alors que ce Principe résumait la position métaphysique fondamentale de Kant, en tant qu'il place au fondement de la réalité (phénoménale) des objets les conditions aprioriques requises pour leur représentation. En énonçant ce Principe, la Métaphysique occidentale peut désormais faire passer la possibilité de la position effective des objets dans la présence sous la dépendance de leur représentativité. Dans le jour de ce Principe, filtrait donc l'idée d'une certaine *efficience* ontologique propre aux représentations effectuées par le Sujet, dans son rapport aussi bien à lui-même qu'à ce qu'il se pro-pose avec certitude. A vrai dire, ce n'est pas par hasard si nous n'avions fait qu'un bref usage du concept de *Wirklichkeit* en laissant totalement dans l'ombre sa signification intrinsèque. Car l'idée d'une auto-réalisation de la subjectivité par la représentation efficace et certaine d'objets avait beau percer alors, nous ne la voyions pas pourtant explicitement reconnue comme telle par Kant. De cet état de choses, il est inutile d'examiner ici les raisons. Qu'il nous suffise de dire que la distinction kantienne entre le phénomène et le noumène rendait

[42] Cf. p. 107.

impossible la vraie mise à jour de l'identité essentielle de la représentativité avec l'effectivité.[43] Mais cette identité, elle doit maintenant être prise en considération si nous voulons trouver la source d'une métaphysique de la volonté dans la terre historiale de la Modernité. C'est ce à quoi invite Heidegger lorsque dans son cours sur «le projet de l'être comme volonté de puissance», il en vient à circonscrire la signification intrinsèque du concept de *Wirklichkeit* avec les déterminations essentielles qu'il connote:

Mais la représentativité n'est-elle pas ce qu'elle est dans et par l'acte de représentation? L'acte de pro-poser n'est-il pas devenu visible comme l'essence fondamentale de la *subjectivité* du subiectum? Certainement; mais il ne l'est devenu dans la plénitude de son essence (vollwesentlich) qu'à partir du moment où nous avons reconnu dans quelle mesure la subjectivité devenait non seulement le fondement déterminant pour l'étant en tant qu'objectivité et représentativité, mais aussi, en même temps, le fondement d'essence de l'étant dans son effectivité. Ce n'est qu'à partir du moment où nous considérons l'étance en tant qu'effectivité que se manifeste une connexion avec l'acte d'effectuer, l'action efficace (das Wirken) et le fait de rendre effectif ou d'obtenir un effet (das Er-wirken); c'est-à-dire avec le fait de se rendre puissant en vue d'obtenir la puissance (mit dem Ermächtigen zur Macht), tel que cela constitue l'essence de la volonté de puissance. Par suite, il existe donc un rapport interne entre l'étance comme subjectivité et l'étance comme volonté de puissance.[44]

Ce rapport interne, il ne peut être mis en évidence, selon Heidegger, que si nous délaissons un instant le domaine de décision ouvert par la philosophie transcendantale pour considérer la doctrine leibnizienne de la *monade*. Notre destruction n'avait pas encore eu l'occasion de rencontrer Leibniz. Mais son apport historial doit maintenant être signalé, dans la mesure où, concourant de son côté à la libération de la subjectivité, il assigne à la volonté une fonction ontologique qui se fera de plus en plus prépondérante à partir de l'Idéalisme allemand. Avec Leibniz, en effet, vient au jour un singulier entrelacement de la représentation avec ce que la *Monadologie* appelle la *force* (vis primitiva activa). Cet entrelacement doit d'abord être référé à la signification équivoque que prend l'étance chez Leibniz: chaque étant est conçu comme sujet, monade, mais en même temps aussi comme objet de repré-

---

[43] Ainsi traduirons-nous dorénavant die Wirklichkeit pour lui garder son sens non équivoque de trait fondamental de l'effectif, du réel qui est effectivement (wirklich), de même que la représentativité nomme le trait fondamental de l'objet représenté.
[44] *Nietzsche II*; S. 236 f.

sentation. C'est là le coeur d'une position métaphysique fondamentale dont Heidegger affirme maintes fois dans ses cours la portée décisive pour la conquête de la Subjectivité. Sur la base de cette position, Leibniz élucide l'essence de l'étant de la manière suivante: chaque monade tend à se pro-poser l'étant en totalité à partir d'elle-même et ne devient réelle ou *effective* que par cette tendance à la représentation. Il appartient à l'essence de la monade de se rendre elle-même possible dans son effectivité, c'est-à-dire de s'effectuer elle-même en toute certitude en se pro-posant en chaque proposition, dans le sens du *cogito me cogitare*. Dans la langue de la *Monadologie*, la subjectivité monadique déploie l'efficace de sa force propre en unissant en soi les deux traits de la *perception* et de *l'appétition*. Le § 14 fait de la perception un «état passager». Cet état passager désigne donc chaque moment transitoire dans le processus d'auto-effectuation de la monade, la manière qu'à la monade de se rendre soi-même effective. Au § 15, Leibniz établit que le «principe interne» de la transition d'une perception à une autre est l'appétition. A quoi tend l'appétition? A accroître le degré de conscience, soit la force de la monade en la rendant apte à surpasser l'état perceptif à chaque fois atteint. «Il est vrai que l'appétition ne saurait toujours parvenir entièrement à toute la perception à laquelle elle tend, mais elle en obtient toujours quelque chose et parvient à des perceptions nouvelles.» D'après cela, il est clair que l'appétition nomme le nerf de la conscience, du *cogito*, le véritable pouvoir de la subjectivité qui rend son auto-réalisation possible. Ce qui va se dévoiler respectivement avec Schelling et Hegel comme volonté de l'amour et comme volonté de l'esprit n'a donc rien de commun avec une quelconque faculté psychologique. C'est bien plutôt une *puissance* ontologique qui assure au Sujet la possibilité d'une auto-effectuation autonome de son essence avec une efficacité toujours croissante. Est-il besoin de dire à quel point le principe d'une telle autonomie a rapport à la transformation cartésienne de l'ἀλήθεια en certitude? Il en est l'héritier direct. C'est d'ailleurs en vertu de ce pouvoir d'auto-détermination interne propre aux monades que Leibniz, outrepassant les époques, se croit autorisé à baptiser la subjectivité du nom d'*entéléchie* (§ 18). Pour Heidegger, l'annexion de l'appellation aristotélicienne fausse purement et simplement le sens grec du mot, dans la mesure où Leibniz l'appréhende dans le jour rétrospectif de la distinction scolastique de la *potentia* et de l'*actus*. Mais tout de même, cette annexion, pour aussi injustifiée qu'elle soit, indique qu'une véritable destruction de la doctrine de la volonté de puissance devrait régresser jusqu'au foyer des déterminations fondamentales que connote l'ἐνέργεια aristotélicienne. L'ἐνέργεια «ne signale-t-elle pas assez énergiquement la volonté de puissance»?[45] Quoiqu'il en soit, pour nous qui cherchons seulement la source de la doctrine nietzschéenne dans les Temps Modernes, il suffit de bien voir le lien entre l'appétition, trait fondamental de la représentation, et la co-essentialité de la volonté et du savoir, telle qu'elle va régner dans l'Idéalisme allemand. La portée de la métaphysique leibnizienne, c'est de faire éclore l'idée selon laquelle il est de la nature de la subjectivité de s'efforcer vers la pleine conscience d'elle-même en parcourant la série des moments successifs de la perception appétitive. L'appétition, la force, c'est ce par quoi la subjectivité, se pro-posant *à* elle-même en tout ce qu'elle se pro-pose, peut s'assurer inconditionnellement d'elle-même, et ainsi escompter l'accomplissement de son essence. On comprend alors pourquoi Heidegger peut invoquer la conjonction des métaphysiques kantienne et leibnizienne afin d'éclairer la fusion du savoir et de la volonté opérée par l'Idéalisme allemand:

Avec Leibniz, tout étant devient «d'espèce subjective», c'est-à-dire tendant à représenter (vorstellendstrebig) et ainsi efficace (wirk-sam). La métaphysique de Leibniz a déterminé directement ou indirectement (par Herder) l'«Humanisme» (Goethe) et l'Idéalisme allemand (Schelling et Hegel). Du fait que L'Idéalisme se fondait avant tout sur la subjectivité transcendantale de Kant, et pensait en même temps à la manière de Leibniz, il arriva que, par une fusion singulière et une accentuation poussée à l'extrême (durch eine eigentümliche Verschmelzung und Verschärfung ins Unbedingte), l'étance de l'étant fut pensée à la fois comme représentativité et comme efficacité (Wirksamkeit). L'efficacité (effectivité) est saisie en tant que volonté qui sait (savoir volontaire), c'est-à-dire comme *Raison* et *Esprit*.[46]

13. Voyons donc comment la promotion ontologique de la volonté, ainsi éclaircie en son origine, va s'accélérer grâce à la libération absolue de la subjectivité et permettre, finalement, le déchaînement de l'essence apriorico-possibilisante de l'être sous la forme de la valeur.

---

[45] *Nietzsche II*; S. 237.
[46] *Nietzsche II*; S. 238.

Comme nous l'avons fortement souligné, la révolution transcendantale de Kant – qui fait dépendre la mise en position de l'étant en totalité des conditions de son objectivation – va tout à fait dans le sens du mouvement insurrectionnel et d'auto-libération de l'homme moderne. Elle affranchit l'égoïté pensante de cette soumission à des normes extrinsèques, de cet asservissement à un λόγος transcendant, dont ne pouvait se dispenser le νοῦς de Platon, sous peine de perdre de vue la vérité de l'étant. Grâce à elle, la subjectivité de l'être de l'homme se voit investie du pouvoir positionnel, de la puissance de possibilisation métaphysique initialement dévolue à l'ἰδέα. Présupposées en toute pro-position conceptuelle, les formes catégoriales sont les conditions de possibilité de l'effectivité de l'objet, de l'objet en son effectivité même. C'est avec de telles conditions aprioriques que la subjectivité doit compter pour oeuvrer à la mise en position recueillante de l'étant.

Or il appert que la libération de la subjectivité ne saurait être absolue tant que la conscience, en effectuant ses représentations, croit se rapporter à un *autre* objet qu'elle-même. En un mot: tant que la mise en position efficace de l'étant en totalité ne lui apparaît pas réflexivement, c'est-à-dire dans une vue *spéculative*, comme l'effectuation même de son essence. Certes la subjectivité est libre: l'être de l'homme s'est posé de lui-même dans la présence, il s'est institué base possibilisante de la venue à stance de l'étant. Mais la liberté de la représentation chez Kant reste toujours *relative* à ce qu'elle pro-pose au Sujet, et, par là, d'une certaine manière, dépendante de ce qu'elle conditionne. Pour que la représentation puisse s'absoudre du rapport extrinsèque à l'objet, il faut donc que la subjectivité ne conditionne plus rien d'autre que soi, n'ait plus affaire qu'à soi, en inscrivant le système des déterminations catégoriales de l'étant dans le cercle de son rapport absolu à soi. De cette manière, la certitude propre à son *savoir* de la totalité de l'étant pourra devenir purement et simplement la certitude inconditionnée de la *conscience de soi*.

C'est avec la philosophie spéculative de Hegel que la subjectivité accède réellement à son absoluité, satisfaisant ainsi cette «poussée d'essence de l'être» (Wesensdrang des Seins)[47] à la-

---

[47] *Nietzsche II*; S. 298.

quelle la métaphysique kantienne résistait encore. Rien ne s'oppose plus alors à ce que la volonté, l'effectivité et la représentativité fusionnent en une unité essentielle d'où procède toute la puissance d'auto-possibilisation de l'être comme Sujet absolu. Pour Hegel, l'être, l'effectivité de l'étant, c'est la Raison qui se représente ou l'*Esprit*. Cela signifie ici: tout étant effectif, réel n'est rien d'autre que l'Esprit dans sa volonté de se rendre soi-même effectif en posant inconditionnellement les conditions de sa propre effectuation. Or, il tient à l'essence de l'Esprit qu'il se rende ainsi effectif *comme* la totalité de l'étant en se pro-posant volontairement à soi-même. En termes hégeliens: l'Esprit a pour essence de prendre conscience de soi. Par conséquent, le processus d'auto-effectuation de l'Esprit est identique au développement de son *savoir* représentatif, savoir qui est identique à la prise de *conscience* que l'Esprit veut avoir de soi. Pour lors, on comprend que Hegel fasse de sa philosophie spéculative le savoir absolu lui-même. Car le savoir absolu, c'est cette représentation ultime de l'Esprit en laquelle l'Esprit s'apparaît ou se pro-pose à lui-même comme ce qu'il *est*, c'est-à-dire comme l'effectivité absolue. Dans le savoir absolu, l'Esprit jouit de la certitude inconditionnée de son objet puisque cet objet n'est autre que l'Esprit. Ainsi la subjectivité est-elle complètement retournée en soi, délivrée de son aliénation à l'objet, ou plutôt de «d'apparence d'être entachée de quelque chose d'étranger qui est seulement pour elle et comme un autre.»[48]

La *Phénoménologie de l'Esprit* décrit le processus de l'auto-effectuation représentative de l'Esprit jusqu'au savoir absolu. La volonté de l'Esprit, c'est de parvenir au travers (διά) des différents moments de sa représentation ou figures de son effectuation à se recueillir (λεγεῖν) en la conscience de sa propre absoluité. Dès le commencement donc, la subjectivité absolue se trouve au fondement apriorique de ce qui apparaît dans l'éclaircie. Mais cette fondation πρότερον τῇ φύσει ne peut être reconnue πρὸς ἡμᾶς qu'au terme du parcours phénoménal où l'Esprit s'apparaît à lui-même et séjourne auprès (bei) de soi dans sa propre éclaircie.

Qu'en est-il alors des catégories possibilisantes? Si chez Kant

---

[48] *Phénoménologie de l'Esprit*, «Introduction»; p. 77.

les objets étaient soumis aux formes catégoriales produites par la subjectivité, il est nécessaire maintenant que les catégories désignent pour Hegel les conditions de l'auto-position ou effectuation de l'esprit. Les catégories deviennent le λόγος, l'être même en tant que Raison absolue. Hegel expose leur système dans la *Science de la Logique*. Cette science n'est rien d'autre que la conscience prise par l'Esprit des conditions de possibilité logiques de son développement phénoménal, et, donc, de l'effectuation de tout le réel. Par suite, «il ne s'agit pas, dans cette science, d'une pensée sur quelque chose qui lui serait extérieur, de formes qui ne seraient que de simples *signes* de la vérité, mais ces formes nécessaires et les déterminations propres de la pensée sont le contenu et la vérité suprême elle-même.»[49] Pour l'avoir amplement étudiée, nous n'avons plus besoin de montrer à quel point la juridiction du λόγος sur la φύσις – telle qu'elle a été établie par Aristote et intégrée à la sphère de la subjectivité par Kant – trouve ici son apogée.

14. Voilà donc la manière dont la subjectivité de l'être de l'homme parvient à absorber dans la certitude inconditionnée de soi la vérité de l'étant en totalité. Est-ce à dire que la métaphysique moderne ait épuisé ses dernières possibilités avec Hegel? En aucune façon. Car nous devons maintenant comprendre que le primat hégelien du logique limite comme de l'intérieur le déchaînement de la subjectivité possibilisante, pour cette raison précise qu'il ne permet pas à la volonté de s'exercer d'une manière absolument autonome. Ce n'est pas qu'il faille sous-estimer pour autant la considérable promotion ontologique que reçoit la volonté chez Hegel: la volonté n'est-elle pas cette essence dynamique de l'Esprit, ce qui pousse infatigablement l'Esprit à «outrepasser le limité», à se surpasser dialectiquement au cours de son effectuation? N'est-elle pas cette «violence» que subit la conscience, «violence par laquelle elle se gâte toute satisfaction limitée»?[50] En vérité, si l'Esprit peut surmonter chacune de ses aliénations phénoménales et parvenir à la vue souveraine de son essence, c'est grâce à la force interne de *sa* volonté. Et pourtant, aussi consubstantielle puisse être leur union, ce n'est pas la vo-

[49] *Science de la Logique*, «Introduction: concept général de la Logique»; p. 35–36.
[50] *Phénoménologie de l'Esprit*, «Introduction»; p. 71.

lonté qui *décide* de l'être de l'étant, mais l'Esprit, l'Esprit et sa rationalité. La subjectivité ne déploie pas la puissance de la volonté qu'elle recèle en vue de la pure puissance, mais en vue d'accéder à la conscience absolument certaine de soi. Par là, la volonté reste encore soumise à une juridiction extrinsèque et l'essence apriorico-possibilisante de l'être encore freinée. Telle est bien la raison pour laquelle la *Science de la Logique* devait nécessairement encore désigner du nom aristotélico-kantien de catégories les différents moments ou déterminations fondamentales du développement systématique du Concept.

La suite s'impose d'elle-même: pour que l'ultime possibilité de la Métaphysique soit réalisée, il faut que la subjectivité absolue de l'Esprit rationnel cède à son tour la place à la subjectivité absolue de la volonté. Il faut que la volonté détrône la rationalité, il faut qu'elle s'empare de l'essence inconditionnée de la subjectivité. Affranchie de toute détermination extrinsèque, que voudra alors la volonté? Rien d'autre qu'elle-même évidemment. Se vouloir soi-même, tendre à rendre effective sa propre absoluité, cela veut dire: s'autoriser (sich ermächtigen) uniquement à partir de soi-même (von sich aus) à l'exercice souverain d'une puissance toujours accrue; se donner soi-meme le pouvoir de commander, de maîtriser, de maintenir et d'accroître sa domination, en *s'assurant* des moyens et des voies les plus efficaces. Ainsi envisagée en son essence auto-télique, une telle volonté doit s'appeler: volonté de puissance (Wille *zur* Macht). La volonté de puissance est cette volonté qui s'est posée préalablement d'elle-même dans la présence, ne voulant plus que soi en voulant la puissance. Loin de supprimer les catégories logiques qu'elle a détrônées, pareille volonté peut maintenant les mettre à son service au titre de conditions de possibilité de son auto-effectuation. La rationalité, qui pour Hegel était «le royaume de la pensée pure», «le royaume de la vérité, telle qu'elle existe en-soi et pour-soi sans masque ni enveloppe»,[51] cette rationalité perd maintenant le masque de son absoluité et apparaît comme l'un des instruments efficaces du pouvoir de la volonté. Au même titre que tous les autres instruments, les catégories logiques possibilisantes doivent alors recevoir elles aussi une dénomination nouvelle en laquelle transparais-

---

[51] *Science de la Logique*; p. 35.

se la paternité qu'on vient de leur découvrir. Nietzsche les nomme donc *valeurs*.

Entre Hegel et Nietzsche, il y a toute la distance – non mesurable en années – qui sépare deux époques de l'Histoire de l'être. La philosophie spéculative n'épuisait pas toutes les possibilités de la métaphysique de la subjectivité. Il restait une «contre-possibilité (Gegenmöglichkeit)». Cette «contre-possibilité», Heidegger, dans un de ses cours de 1940 sur la «Métaphysique de Nietzsche», en parle en termes d'*inversion* (Umkehrung):

> Pour autant que dans la subjectivité inconditionnée de la Raison demeure exclue l'extrême contre-possibilité d'une souveraineté inconditionnée de l'essence de la volonté, qui à partir de soi commande à elle-même (des sich aus sich befehlenden Willens), la subjectivité de l'Esprit absolu est certes une subjectivité inconditionnée, mais pourtant inachevée encore par essence.
>
> Ce n'est qu'avec l'inversion, le retournement de celle-ci en subjectivité de la volonté de puissance que se trouve épuisée la dernière possibilité de l'essence de l'être en tant que subjectivité. En elle, inversement, la Raison représentative est certes admise, vu qu'elle s'est changée en pensée qui pose les valeurs (durch die Verwandlung zum wertsetzenden Denken), mais à seule fin d'être mise au service de la puissance qui se donne soi-même le pouvoir de se surpasser (in den Dienst der Ermächtigung der Übermächtigung). Avec l'inversion de la subjectivité de la représentativité inconditionnée en subjectivité de la volonté de puissance s'effondre le primat de la Raison comme voie directrice (Leitbahn) et tribunal (Gerichtshof) pour le projet de l'étant.[52]

L'effondrement de l'absoluité de la rationalité au profit de l'absoluité de la volonté donne enfin licence à la Métaphysique de parler en termes de valeurs. A ce tournant de l'Histoire de l'être, voici que surgissent en même temps les figures de la valeur et de la volonté de puissance, enlacées l'une à l'autre. Cette éclosion simultanée met fin à un long processus de formation historiale inauguré par la métaphysique de Platon. Ici se produit la dernière éclaircie époquale de l'être en Occident. Ici commence le déchaînement de l'essence apriorico-possibilisante de l'être: le jeu frénétique, violent, insatiable de l'institution et de la destitution des valeurs pour le seul triomphe de la subjectivité humaine; la rage de libération des individus et des peuples hors des normes et des contraintes traditionnelles pour accéder à la pleine maîtrise des possibilités essentielles que recèle l'exercice autonome de la

[52] *Nietzsche II*; S. 302.

puissance; l'éclatement de l'unicité de la vérité de l'étant en un nombre indéfini de «raisons» ou de «principes», de «buts» ou d'idéaux», bref de systèmes d'appréciation établis par des *puissances* plus ou moins *grandes* selon leur position, et qui vont se trouver nécessairement en rapport conflictuel en tant qu'elles visent chacune à la domination absolue.

Désormais, l'humanité se sent apte à assumer son propre destin au fil des royautés solitaires. Ce destin n'est rien d'autre que le destin de l'être. L'être qui refuse aux titans la vision de son essence en faveur du sentiment clairvoyant de leur force.

Comment se produit concrètement le déchaînement ludique de cette essence métaphysique de l'être ? En quoi consistent au juste les traits fondamentaux de la valeur dans leur rapport à la structure essentielle de la volonté de puissance ? Comment, du même coup, l'être *s'anéantit-il* dans l'oubli extrême ? C'est à une méditation sur la métaphysique nietzschéenne de la valeur qu'il appartient maintenant de prendre en charge ces questions.

CHAPITRE IV

LA MÉTAPHYSIQUE NIETZSCHÉENNE
DE LA VALEUR

1. Pour que se découvrent la manière dont les valeurs sont instituées ainsi que les modalités de leur possibilisation apriorique, il faut considérer attentivement l'essence de la volonté de puissance.

Nous venons de voir que la volonté de puissance est cette volonté inconditionnée qui ne veut plus rien d'autre qu'elle-même en exerçant souverainement la puissance. Qu'est-ce à dire? Cela veut dire que la volonté, une fois libérée de toute juridiction extrinsèque, se révèle justement comme volonté de *puissance*. Vouloir, c'est vouloir la puissance, *se* vouloir en tant que pure puissance. Pour Nietzsche, il s'agit là de «l'essence la plus intime de l'être»,[1] de l'étance, de la présence constante (οὐσία) fondative de l'étant présent. Comment la volonté absolue peut-elle être constamment présente? Tout simplement en étendant *constamment* sa domination ou le règne de sa puissance.

A la dernière époque de son éclaircie métaphysique, l'être (οὐσία) devient ainsi la constance du règne de la volonté, la constance d'une subjectivité absolue qui se rend soi-même effective dans la pure extension de sa propre puissance.

Mais comment une telle extension est-elle concrètement possible? Elle n'est possible que si la volonté *surpasse* (überwindet) sans cesse les degrés ou niveaux de puissance à chaque fois atteints afin *d'accroître* sa puissance. Elle n'est possible que si la volonté de puissance a pour essence de vouloir une puissance toujours accrue. L'accroissement, la croissance, le «devenir» (Nietzsche) de la puissance constitue ainsi le mode de déploiement de la volonté de puissance, c'est-à-dire la manière *méta-*

---

[1] *Der Wille zur Macht*; XVI, n° 693.

physique dont elle demeure (währt) constamment en sa propre absoluité.

La vie, dit Nietzsche, qui est pour nous la forme la plus connue de l'être, est spécifiquement une volonté d'accumuler de la force: tous les processus de la vie ont ici leur levier: rien ne veut se conserver (sich erhalten), tout doit être totalisé et accumulé. La vie, comme cas particulier (tirer de là une hypothèse touchant le caractère d'ensemble (Gesamtcharakter) de l'existence), tend à la sensation d'un maximum de puissance; elle est essentiellement une tension, une aspiration (ein Streben) vers plus de puissance; la tension n'est rien d'autre que la tension vers la puissance; cette volonté demeure (bleibt) ce qu'il y a de plus profond et de plus intime.[2]

Il est clair qu'au fondement de cette conception de la vie repose le principe originairement leibnizien du processus d'auto-effectuation de la subjectivité à travers les stades successifs de son appétition. Mais ici, nous le savons, la volonté n'est plus le nerf du développement de la conscience aspirant au savoir absolu. Elle n'est plus tendue ou ordonnée à autre chose qu'elle-même. Avec Nietzsche, le règne, la parousie de l'être devient le pur déploiement de la volonté de puissance. Cette volonté doit maintenant se surpasser en demeurant en soi, doit s'ouvrir extatiquement à un surcroît de puissance en in-sistant dans son essence. L'ouverture ex-tatique à soi en soi découle de la conquête de l'inconditionalité. Et cette conquête, la volonté de puissance doit en quelque sorte toujours de nouveau l'entreprendre, tant l'exercice de la puissance revient à l'accroître dans la continuité d'une quête autonome de soi. Mais par là se fait jour immédiatement le phénomène de l'*auto-commandement* de la volonté: car si la volonté de puissance est capable de se surpasser sans cesse, c'est qu'elle règne *sur* elle-même, c'est qu'elle étend sa domination au-dessus de soi en s'ordonnant ou en se commandant l'accroissement de sa force effective.

Ce phénomène est capital. Il faut d'autant plus le scruter que Nietzsche a présenté pour la première fois sa pensée de la volonté de puissance dans le chapitre d'*Ainsi parlait Zarathoustra* intitulé justement: «De la maîtrise de soi» (Von der Selbstüberwindung). A lui seul, le titre allemand ne désigne-t-il pas la connexion essentielle entre le fait de commander, d'être maître et

---

[2] *Ibid.*; n° 689.

le fait de se surpasser (über-winden)? Dans ce chapitre, Zarathoustra déclare: «là où je trouvais du vivant, je trouvais de la
volonté de puissance: et même dans la volonté du serviteur, je
trouvais la volonté d'être maître (Herr zu sein)». Et plus loin:
«Et voici le secret que la vie m'a révélé en propre: Vois, disait-elle,
je suis *ce qui doit toujours se surpasser soi-même* (ich bin das, was
sich immer selber überwinden musz)».³ Pourquoi ces deux décla-
rations sont-elles liées? Parce qu'être maître signifie commander
(befehlen) et que le commandement constitue l'essence de la
volonté en tant qu'elle veut constamment un surcroît de puissance. A qui la volonté commande-t-elle? Fondamentalement à
elle-même, du fait de son absoluité qui exclut toute dépendance
extérieure. Que se commande-t-elle? L'accroissement de la puissance et, par suite, la position des conditions qui sont propres à
assurer la possibilité d'un tel accroissement. Mais en quoi le commandement a-t-il son essence, demande Heidegger dans sa conférence de 1940 sur «La métaphysique de Nietzsche»?: «Commander, c'est être maître de disposer (des Verfügens) des possibilités, des voies, des manières et des moyens d'une action efficace. Ce qui est commandé dans le commandement, c'est l'exercice de ce pouvoir de disposition (ist der Vollzug dieses Verfügens). Dans le commandement, celui qui commande obéit à ce
pouvoir de disposition et, ainsi, s'obéit à soi-même. De la sorte,
celui qui commande a le dessus sur soi, se pose au-dessus de soi-
même (sich selbst überlegen) en tant qu'il se risque encore soi-
même (Befehlen ist Selbstüberwindung) ...».⁴ C'est dire qu'en
se maîtrisant, la volonté de puissance ne contient pas ou ne répri-
me pas l'instinct fondamental qui la pousse sans cesse à excéder
sa force. La volonté inconditionnée irait à l'encontre de son essence si elle aspirait d'elle-même à une limitation de pouvoir, à
une tempérance analogue à cette σωφροσύνη platonicienne dont
le livre IV de la *République* n'avait pu fonder la possibilité et
justifier la nécessité qu'en déterminant la φύσις de l'homme
comme un champ de tension entre des puissances *distinctes*.⁵
Dans la volonté de tempérance, de renoncement, de servitude, et
jusque dans la volonté du néant, selon Nietzsche,⁶ oeuvre encore

³ *Ibid.*; p. 238.
⁴ *Ibid.*; S. 265.
⁵ 430e–431a.
⁶ *Généalogie de la morale*; III, § 28.

l'instinct de domination. En se maîtrisant, la volonté de puissance ne nie donc pas son essence propre : elle se donne au contraire le droit, le pouvoir et les moyens les plus efficaces d'une auto-effectuation libre de son essence sur le mode de l'accroissement constant de puissance. Ici, la détermination autonome de la volonté – principe sur lequel Kant avait bâti sa doctrine morale – conquiert à la fois son absoluité et subit un changement radical d'essence : le commandement reste bien l'impératif contraignant qui permet à la volonté de se déterminer librement, mais il ne procède plus du tout d'une instance judicatoire suprême, de la souveraineté de la rationalité pratique, puisqu'il exprime purement et absolument le se vouloir-soi-même de la volonté de puissance. La volonté de puissance n'obéit plus qu'à son propre commandement et ce commandement ne vise qu'à rendre effective son essence. Si donc elle s'im-pose des contraintes, de «la discipline et du dressage» (Zucht und Züchtung), c'est afin de se *poser* au-dessus d'elle-même, superposition qui constitue le déploiement constant de sa subjectivité, soit donc de son auto-position préalable et fondative dans l'être. Cette capacité d'auto-commandement, nerf de la croissance, voilà selon Heidegger l'essence de la puissance en tant que *volonté* de puissance :

La puissance ne s'exerce (machtet nur) que dans la mesure où elle est maîtresse, où elle règne au-dessus du degré de puissance à chaque fois atteint (indem sie Herr wird über die je erreichte Machtstufe). La puissance n'est puissance et ne le reste qu'aussi longtemps qu'elle demeure accroissement de puissance et se commande le surplus (das Mehr) dans la puissance. Rien que la simple suspension dans l'accroissement de puissance, la stagnation à un niveau déterminé marque le début de l'impuissance. Il appartient à l'essence de la puissance de se surpasser elle-même. Ce surpassement provient de la puissance même du fait qu'elle est commandement et qu'elle se donne elle-même le pouvoir, en tant que commandement, de surpasser le degré de puissance à chaque fois atteint (sofern sie Befehl ist und als Befehl sich selbst zur Übermächtigung der jeweiligen Machtstufe ermächtigt). Ainsi la puissance est-elle constamment en chemin «vers» (zu) elle-même, non seulement vers un degré de puissance supérieur, mais surtout vers la prise de pouvoir de sa pure essence (sondern zur Bemächtigung ihres reinen Wesens).[7]

D'après la caractérisation provisoire et directrice que nous en avons toujours, la valeur doit avoir pour fonction essentielle de rendre possible la volonté de puissance sous le double rapport de

---

[7] *Nietzsche II*, «Nietzsches Metaphysik»; S. 266.

sa conservation et de son accroissement (Erhaltung und Stei-
gerung). Maintenant que la maîtrise de soi de la volonté a éclairci
sa capacité à se surpasser soi-même, capacité qui n'est rien d'autre que le pouvoir de sa subjectivité, reste donc la question de
savoir comment entre en ligne de compte le phénomène de la
conservation de la puissance. A première vue, il semble que ce phénomène ne ressortisse en rien à l'essence de la volonté de puissance : car si la volonté inconditionnée ne cesse de se commander
un surplus de puissance, et si l'accroissement constitue la manière
dont elle se déploie (west) purement en elle-même, ne faut-il pas
considérer comme tout à fait inessentiel (unwesentlich) l'effort
de conservation des vivants ? On pourrait le penser à une lecture
hâtive des fragments où Nietzsche s'en prend à toutes les doctrines «phtisiques» (Spinoza, Spencer, etc.)[8] qui n'attribuent au
vivant qu'une simple volonté de subsistance sans faire part à sa
perpétuelle tension vers la puissance. Mais à y regarder de plus
près, il apparaît au contraire que le phénomène de l'accroissement, loin d'exclure celui de la conservation, l'implique et que
c'est seulement au jour de leur *rapport nécessaire* que se révèle
toute la structure *complexe* de la volonté de puissance.

En effet, pour que se puisse produire l'auto-surpassement vers
un degré supérieur, il ne suffit pas que la volonté de puissance
donne libre cours à la poussée ascensionnelle ou à l'élan extatique
qui procède d'elle-même. Il lui faut encore et avant tout conserver, c'est-à-dire *maintenir* (erhalten) le degré de puissance
qu'elle vient immédiatement de conquérir de manière à ce qu'elle
dispose d'une base suffisamment ferme pour pouvoir s'élever. Si
la volonté ne conservait pas ses derniers gains de force, si elle ne
s'assurait pas d'une certaine quantité fixe de puissance, il lui
serait impossible de se *risquer* par-delà elle-même en vue d'accroître cette quantité. Tout nouvel élan extatique vers un surplus
de puissance exige préalablement de la volonté qu'elle se main-
tienne au niveau auquel elle est parvenue, et non pas qu'elle
refuse toute stabilisation au nom de la pure croissance. La stabilisation, la conservation a pour fonction de garantir à la puissance
une consistance appropriée à partir de laquelle elle puisse ex-ister
sur le mode de l'accroissement ou du devenir. Mais de la sorte,

[8] Cf. *Der Wille zur Macht*, XVI, nº 650, nº 651.

bien sûr, la conservation n'est jamais autotélique: elle n'est re-
quise qu'en tant qu'elle fournit à la volonté les points d'appui
indispensables à son élévation, points d'appui qui ne valent que
dans le temps de leur service. Sitôt qu'un niveau supérieur de
puissance est atteint, c'est lui qui réclame à son tour sa stabilisation, et cela au détriment du niveau précédent d'où la volonté
a pris son élan. Ainsi les niveaux de l'élévation de la puissance
ne sont-ils successivement maintenus que pour être dépassés, de
même que, chez Leibniz, chaque état perceptif constituait seulement un moment passager dans le processus d'auto-effectuation
de la monade. Se conserver pour un vivant, cela ne veut donc pas
dire s'en tenir à une certaine quantité de force sans plus chercher
à l'augmenter; cela veut dire au contraire sauvegarder la quantité déjà obtenue pour *l'accroître*, prendre véritablement possession de sa force actuelle *pour* en posséder davantage. Ce n'est
jamais dans l'intention de s'immobiliser dans un état actuel que
la puissance oeuvre à sa propre conservation: c'est pour se donner
cette consistance (Bestand) ou cette *stature* indispensable, sans
laquelle elle ne pourrait s'autoriser à l'élever au-dessus d'elle-
même.

Il n'est donc pas douteux que la volonté de puissance présente
une structure essentiellement complexe du fait de la conjugaison
en elle de ces deux phénomènes de la conservation et de l'accroissement, de la stabilité et du devenir. C'est pourquoi tous les
vivants selon Nietzsche, c'est-à-dire tous les «centres de force»
(Kraftzentren), tous les «centres de domination», ou encore toutes
les «formations de domination» (Herrschaftsgebilde) constituent
des «formations complexes à durée relative de vie à l'intérieur du
devenir».[9] La complexité n'est pas celle de la totalité des éléments
ou des matériaux qui peuvent entrer dans la constitution de ces
formations: c'est celle de leur durable tension extatique vers une
puissance toujours accrue qui commande d'elle-même, à chaque
nouvel accroissement, la garantie de sa conservation.

2. Pourquoi Nietzsche affirme-t-il qu'il ressortit à l'essence de
tout ce qui *veut* d'*apprécier* (schätzen)?[10] Qu'est-ce qui pousse la
volonté de puissance à instituer des valeurs si elle ne tend qu'à

---

[9] *Ibid.*; n° 715.
[10] *Ibid.*; XIII, n° 395.

l'accomplissement de sa subjectivité absolue? La réponse est
aisée: du fait que le commandement implique un pouvoir de disposition, pouvoir qui consiste d'abord à sélectionner, puis à uti-
liser les voies, les modalités ou les «moyens» comme dit Nietzsche[11]
d'une exécution efficace, la volonté de puissance doit nécessairement poser à l'avance et à partir d'elle-même les conditions de
possibilité de sa conservation et de son accroissement. De la position préalable de valeurs conditionnantes dépend la possibilité
de son déploiement (Wesen). La volonté de puissance, dit
Nietzsche, est «le principe de l'institution» des valeurs, valeurs
qui lui sont indispensables à la fois pour mettre en sûreté les
quantités de force acquises et pour tracer la voie de sa quête
ascensionnelle vers un surcroît de force.

D'après cela, la figure de la valeur annonce déjà quelques caractéristiques essentielles. En premier lieu, compte tenu de l'essence du principe de leur institution, les valeurs ne «valent» qu'en
fonction et que dans le temps de leur utilité. Loin d'être arrêtées
une fois pour toutes, à titre de conditions inconditionnées, im-
muables, elles varient à proportion de la quantité de puissance
atteinte ou envisagée par la volonté. Leur sort est essentiellement
lié au *devenir* de la volonté de puissance. C'est pourquoi Nietzsche
déclare que «les valeurs et leur changement se tiennent en relation
avec l'accroissement de puissance de celui qui pose les valeurs
(im verhältnis zu dem Macht-Wachstum des Wertsetzenden)».[12]
En conséquence de quoi, il appert que les valeurs représentent
en elles-mêmes des degrés ou des quantités déterminées de puissance qui trouvent place dans une «échelle de nombres et de
mesures».[13] Grâce à cette échelle quantifiée, grâce à ces «tables»
graduées de valeurs, la volonté de puissance peut se livrer à une
évaluation, c'est-à-dire à une estimation calculatoire de sa force
actuelle ou potentielle. Pareille estimation calculatoire, encore
une fois, ne constitue jamais pour la volonté de puissance une
activité possible parmi d'autres. Elle est au contraire son activité
essentielle, unique, indéfectible, la manière dont elle rend effectif
le déploiement de sa subjectivité dans la certitude inconditionnée
d'elle-même. A cet égard, pour qu'apparaisse clairement le rap-

---

[11] *Ibid.*; XVI, n° 675.
[12] *Ibid.*; XVI, n° 14.
[13] *Ibid.*; XVI, n° 710.

port entre l'institution des valeurs par la volonté et son caractère calculatoire, tous les cours de Heidegger sur Nietzsche présentent l'appréciation sous les espèces d'un *compte* (Rechnung): du fait qu'elle *compte sur* sa conservation et sur son accroissement, du fait qu'elle escompte une auto-effectuation efficace de son essence, la volonté de puissance doit *compter avec* des conditions de possibilité appropriées. Les valeurs, ce sont les conditions avec lesquelles la volonté doit compter afin que soit rendu effectif ce qu'elle escompte, c'est-à-dire afin que soit réalisé ce qu'elle se commande. Calculer, faire entrer en ligne de compte des valeurs conditionnantes dont dépend l'exécution convenable d'un commandement, cette activité se nomme, en un sens précis, *l'appréciation*. C'est ainsi que s'explique avant tout le caractère calculatoire de toutes les évaluations, corrélativement donc au fait que les valeurs, représentant des quantités déterminées de force, s'avèrent réductibles à des «nombres» et à des «mesures».

A la lumière de ces constatations se trouve confirmé, s'il en était besoin, le statut ontologique *essentiel* du conditionnement ou de la possibilisation apriorique propre aux valeurs. Pas plus que l'ἰδέα platonicienne ne se rapportait à l'étant sur le mode d'une simple condition d'existence ou d'épanouissement (φύσις) parmi d'autres, pas plus que la représentativité catégoriale n'aidait le Sujet à se pro-poser l'objet dans de «bonnes conditions», dans «de bonnes circonstances», les valeurs nietzschéennes ne sont des conditions occasionnelles grâce auxquelles la volonté bénéficierait d'une conjoncture extérieure favorable, propice à la réalisation de ses projets. Concevoir les valeurs comme des mesures de circonstances extérieures, ou plutôt comme ces circonstances mêmes, c'est pour le moins passer à côté de l'élucidation nietzschéenne de l'essence de la valeur, c'est ne pas voir à quel point cette élucidation est *métaphysique* et s'enracine dans la grande tradition *métaphysique* de l'Occident. A cet égard, les expressions de «moyens», d'«instruments», de «points d'appui», etc. dont use souvent Nietzsche pour désigner les valeurs ne doivent pas faire illusion: dans l'esprit de Nietzsche, les valeurs ont bel et bien le statut de véritables conditions ontologiques. Ce sont des conditions d'essence, des *fondements* que la volonté de puissance pose à partir d'elle-même pour rendre possible son déploiement, c'est-à-dire l'effectuation inconditionnée de son essence (Wesen). Ce statut ontologique ou métaphysique de la valeur, Heidegger l'a ratifié sans équivoque dans son cours de 1939 sur «La volonté de puissance en tant que connaissance»:

> Nietzsche conçoit la «valeur» comme une condition de la «vie». La condition n'est pas ici la puissance efficace (die Leistung) d'une *chose* qui, se produisant à l'extérieur de la vie, lui échouerait d'abord en tant que circonstance et occasion ou qui lui ferait défaut (das, ..., als Umstand und Gelegenheit diesem erst zufällt oder ausbleibt). Conditionner, être une condition, ce mot est synonyme de: constituer l'essence (das Wesen ausmachen). Pour autant que la vie a une essence, déterminée de telle ou telle manière, elle se tient à partir de soi (von sich aus) sous des conditions qu'elle pose et qu'elle garde en les faisant siennes, conditions avec lesquelles elle se pose et se garde elle-même (es setzt und bewahrt diese als die seinen und mit ihnen sich selbst). Conçoit-on comme Nietzsche ces conditions au titre de valeurs et les dénomme-t-on comme telles, cela signifie alors: en tant qu'elle satisfait à son essence (indem es seinem Wesen Genüge verschafft), La vie est en soi *institutrice de valeurs* (Werte-setzend). Il s'ensuit que l'institution de valeurs ne consiste pas en une valorisation que quelqu'un apporterait à la vie de l'extérieur (nicht eine von aussen durch irgendwen zum Leben hinzugetragene Bewertung). L'institution de valeurs, c'est le processus fondamental de la vie même, c'est la manière dont la vie accomplit et réalise son essence.[14]

3. Nous disposons à présent de tous les éléments nécessaires pour nous mettre à l'étude de la caractérisation nietzschéenne de la valeur comme *point de vue* (Gesichtspunkt). En regard de l'enracinement de la pensée en termes de valeurs dans la tradition métaphysique, cette caractérisation est capitale. Dans tous ses cours sur Nietzsche, Heidegger l'examine en se référant à un aphorisme de la dite *Wille zur Macht* qui date de 1888. Au début de cet aphorisme, Nietzsche déclare:

> Le point de vue de la «valeur» est le point de vue des conditions de conservation, d'accroissement eu égard (in hinsicht auf) à des formations complexes d'une durée relative de vie à l'intérieur du devenir.[15]

Ce dont la valeur est le point de vue, nous n'avons pas besoin de l'expliciter davantage. Remarquons simplement avec Heidegger[16] que l'absence de «et» dans la locution «der Gesichtspunkt von Erhaltungs-, Steigerungs-Bedingungen» atteste bien l'indissolubilité des deux formes d'auto-conditionnement relatives à la conservation et à l'accroissement de la volonté de puissance.

---

[14] *Nietzsche I*; S. 544.
[15] *Wille zur Macht*; XVI, n° 715.
[16] Cf. «Le mot de Nietzsche «Dieu est mort», in *Chemins*; p. 188.

Pour que la caractérisation nietzschéenne livre tout son sens et toute sa portée, rendons-nous attentifs à ceci: depuis le début de ce chapitre, nous avons fait usage d'une certaine terminologie. Nous avons dit de la volonté de puissance qu'elle *aspire*, qu'elle *tend*, qu'elle *s'ordonne* à la croissance et, dernièrement, qu'elle *escompte* l'extension quantitative de sa force. A la place de ces termes, nous pouvons dire maintenant: la volonté de puissance *vise* à la croissance, elle *a en vue* l'auto-effectuation de son essence sur le double mode de la conservation et de l'accroissement. Le fait de tendre extatiquement au surplus de puissance (et, *pour ce faire*, de maintenir l'acquis), c'est là l'essentielle *visée* de la volonté inconditionnée.

En quoi consiste au juste cette essentielle visée? Elle consiste en la recherche et en la détermination des *possibilités* futures de croissance ou d'effectuation, possibilités qui doivent chaque fois être anticipativement envisagées pour que la volonté puisse en commander la réalisation. Cela veut dire que le déploiement, l'avancée extatique de la volonté dans *son* devenir ne pourrait avoir lieu si celle-ci ne *pro-spectait* d'abord cet a-venir, ne jetait d'abord un regard (Blick) *pro-specteur* (explorateur) et *pro-spectif* (prévoyant) sur l'ad-venue de quantités supplémentaires de force. Semblable prospection anticipatrice ouvre une *per-spective* sur les possibilités d'accroissement. Elle permet à la volonté d'avoir en vue un avenir, d'avoir quelque chose en perspective. C'est en ce sens que Nietzsche parle constamment du caractère *perspectiviste* de la volonté de puissance lorsqu'il traite du rapport de la volonté à l'étant, *c'est-à-dire* du rapport absolu de la volonté à elle-même. «*En soi*, explique Heidegger, la volonté de puissance est le fait de viser à plus de puissance (Absehen auf Mehr-Macht); le fait de viser à ... est la voie, la ligne de *visée et de percée* propre à la volonté de puissance: la per-spective (das Absehen auf ... ist die in den Willen zur Macht gehörige *Seh- und Durchblicks*-bahn: die Per-spektive)».[17] La perspective, c'est la manière dont la volonté de puissance vise à l'avance le surplus de puissance auquel elle doit parvenir et dont la conquête exige la conservation des quantités déjà obtenues. Pour être tout à fait rigoureux, c'est *d'abord*

---

[17] «Der europäische Nihilismus, Wertsetzung und Wille zur Macht», in *Nietzsche II*; S. 104.

l'échappée (Ausblick), la percée (Durchblick), la ligne de visée[18] qui ouvre la volonté à ses possibilités d'avenir, puis, par extension – en un second sens – ces possibilités elles-mêmes que la volonté s'ordonne de réaliser. Or, justement, pour que leur réalisation ait lieu, il ne suffit pas qu'elles soient simplement *visées* et que soit exécuté le commandement. Il faut encore que la vision perspectiviste aboutisse à la position de *points de vue* sous ou dans lesquels puisse se produire le *remplissement* de sa visée. Ces points de vue, ce sont donc les conditions de possibilité de l'ad-venue de la puissance, les conditions de l'ad-venue *à* la puissance d'un surcroît de puissance:

La vaste échappée (der weite Ausblick) sur le devenir est une prospection et une percée (Vor- und Durchblick) dans la puissance que doit exercer la volonté à partir (aus) de son unique intention (Absicht) d'«être» en tant que telle. Mais cette percée, qui fournit une échappée dans la volonté de puissance, n'est que le fait de la volonté elle-même (Dieser ausblickende Durchblick in den Willen zur Macht gehört aber zu ihm selbst). Pour autant qu'elle se donne le pouvoir de surpasser sa propre puissance (als Ermächtigung *zur* Übermächtigung), la volonté de puissance est pro-spectante et per-spicace (vor- und durchblickend) – Nietzsche dit: «perspectiviste». Seulement, la «perspective» ne reste jamais une simple voie de percée (Durchblicksbahn) sur laquelle quelque chose est aperçu; c'est bien plutôt une échappée qui, en opérant une percée (das hindurchblickende Ausblicken), prend en vue des «conditions de conservation, d'accroissement».[19]

Il importe donc de ne pas confondre le point de vue avec la perspective. Le point de vue, c'est le point qui se trouve «ponctué» lors d'une visée perspectiviste et qui, au titre d'un point de repère, est destiné à rendre possible son remplissement. C'est toujours la production d'une perspective (au sens fondamental du mot) que s'est ouverte la volonté de puissance sur ses possibilités d'avenir, production dont ont besoin les possibilités visées, dont ont besoin les perspectives (au second sens) envisagées pour être réalisées.

[18] Il est difficile de traduire autrement Durchblicksbahn (ou Sehbahn, in N. II, S. 102), mais à condition alors d'employer ce mot dans un sens général, non technique, pour ne pas être tenté de la confondre avec le point de vue – ce qui constituerait une grave faute d'interprétation. Par «ligne de visée», nous entendons seulement ici l'échappée, l'ouverture ménagée par la percée du regard (Durch-blick), la visée elle-même au fond, en tant qu'elle fraye une *voie* (Bahn) pour le regard – et non pas la *ligne de mire*, *l'axe* déterminé de ce regard lors de son acte perceptif *effectif*. Comme Heidegger identifie le «Durchblicksbahn» et la perspective, le meilleur équivalent français de ce mot serait peut-être *l'optique*.
[19] «Nietzsches Metaphysik», in *Nietzsche II*; S. 269.

Sans les points de vue, l'ouverture extatique de la volonté de puissance en resterait à l'état de pure visée, de visée non-remplie. Sans eux, la volonté inconditionnée ne donnerait pas satisfaction à son essence et la croissance intentionnée – pour parler comme Husserl – ne serait pas effectivement *donnée*. Sous peine de confusion, on ne présentera donc pas le point de vue comme un *centre* de perspective: car dans cette désignation, il est clair que le mot perspective perd le sens fondamental que Nietzsche lui accorde pour revêtir le sens vulgaire d'une vue *effective* sur quelque chose. Cela dit, il ne faut pas s'étonner si dans le texte nietzschéen on trouve fréquemment le mot point de vue à la place du mot perspective et vice versa. Car la raison et la légitimité d'une telle substitution tient au fait que toute perspective (prospection) *implique* nécessairement la position de points de vue. En toute rigueur, cependant, il faut dire que les points de vue sont les résultats des perspectives opérées par la volonté de puissance en vue de son auto-effectuation.

A la lumière de cette définition, il importe de reconnaître fermement le fait suivant: il n'y a pas de valeurs déjà en place, il n'y a pas de valeurs déjà constituées *avant* les actes de prospection de la volonté de puissance. Il n'y a pas de valeurs «en soi», de valeurs absolues préétablies sous le point de vue desquelles devrait se placer la volonté pour que lui soient fournis à l'avance les buts et les modalités de son exercice. Les valeurs, ce sont des conditions essentiellement *relatives* aux «principes» de leur institution (les formations complexes); ce sont des conditions qui ne valent que pour les puissances qui les ont posées et que dans le temps de leur service. A l'origine des valeurs, il y a toujours une certaine volonté. Une certaine volonté de puissance qui doit instituer des valeurs pour son propre compte et qui ne tient compte de ces valeurs que dans la *perspective* utilitaire – déterminée uniquement à partir d'elle-même – de son accomplissement.

4. En caractérisant ainsi la valeur comme un point de vue, Nietzsche n'accomplit-il pas le dernier geste de la métaphysique moderne de la Subjectivité? Tout notre examen précédent du processus de formation historiale de la valeur l'atteste. Car comment la proposition (Vor-stellung), c'est-à-dire la *vue* noétique de l'objet était-elle rendue possible chez Kant? Elle était rendue

possible grâce à la pure lumière ou à *l'éclaircie* catégoriale de conditions d'avance proposées au regard du Sujet. Dans le sillage de la conversion cartésienne de l'ἰδέα en *perceptio*, la condition de possibilité apriorique était devenue le *champ visuel* toujours déjà circonscrit de la représentativité, champ visuel avec lequel le regard pouvait et devait compter en toute certitude pour se proposer l'étant comme tel. Et que s'était-il passé avec Hegel? Avec Hegel, un grand pas avait été fait: la vue noétique de l'objet était devenue le regard spéculatif que la subjectivité absolue porte sur son essence, la venue à la présence de l'étant l'ad-venue de l'Esprit à la conscience transparente de soi. En quoi consistait alors le savoir absolu? Le savoir absolu, c'était cette *vue* (wissen = videre) ultime de l'Esprit, en laquelle l'Esprit percevait enfin son absoluité, sa véritable essence, après avoir parcouru du regard toute la série des figures finies de son apparition. C'était la pleine satisfaction, le dernier remplissement de l'absolue *visée* spéculative de l'Esprit. Et qu'était-ce alors que le système des catégories logiques? C'était le système des champs visuels dans l'éclaircie desquels se donnait à voir, d'une manière chaque fois *déterminée*, la rationalité de l'Esprit. Avec cette interprétation hégelienne de l'étance, la métaphysique de la Subjectivité touchait son point culminant. L'épanouissement efficace de toutes les possibilités d'essence, le libre accomplissement de soi, l'exercice souverain du pouvoir, voilà quelle serait désormais la seule perspective de la subjectivité de l'être de l'homme et, partant, de toute subjectivité en général. La voie était libre pour l'interprétation du champ visuel de la représentativité dans le sens du point de vue de la valeur. Mais, pour ce faire, ne fallait-il pas qu'une décision métaphysique nouvelle élevât la subjectivité de la volonté à l'absolu et lui donnât comme unique visée l'accroissement constant de sa propre puissance?

Ce n'est pas tout. Il faut encore signaler le fait suivant: loin de constituer une pure épiphanie dans la pensée de Nietzsche, cette doctrine du point de vue avait déjà percé sous une forme discrète mais décisive, au cours de l'Histoire moderne de la Subjectivité. Où donc? Chez Leibniz. Aux yeux de Leibniz, on l'a vu, l'activité représentative de la monade faisait un avec son processus d'auto-effectuation et avait pour véritable principe ce que le § 15 de la *Monadologie* nomme *l'appétition*. «Principe interne» de la transi-

tion d'un état perceptif à un autre, l'appétition déterminait l'étant
à se pro-poser, lui *commandait* de se mettre en vue. Or justement,
pour qu'une telle mise-en-vue soit possible, il fallait, selon Leibniz,
que la subjectivité monadique puisse disposer d'un certain point
de vue. Dans le cinquième des opuscules adressés à Clarke,
Leibniz établit cette connexion entre la perception et le point de
vue en comparant la monade avec un *miroir*: «Chaque substance
simple, déclare-t-il, en vertu de sa nature est, pour dire ainsi, une
concentration et un miroir vivant de tout l'univers suivant son
point de vue.»[20] La même comparaison se retrouve aux § 56 et 57
de la *Monadologie* et fournit la base de la même théorie du point
de vue perceptif. Pour Leibniz, c'est nécessairement grâce au
point de vue que peut se produire la «réflexion», le miroitement,
la re-présentation *concentrée* de la totalité de l'étant dans le miroir
de la subjectivité. Ce que *vise* l'acte perceptif sous la poussée de
l'appétition se donne toujours à voir sous une forme synthétique
dans l'éclaircie d'un point de vue particulier. La ponctuation du
point de vue est donc bien fondamentalement le fait de l'appétition. La ponctuation, et aussi la transition d'un point à un autre
puisque la monade a pour visée essentielle d'accroître son degré de
conscience. C'est pourquoi Leibniz reconnait comme loi à la subjectivité de passer constamment d'un point à un autre en fonction
de sa *perspective* déterminée.

Tant s'en faut certes, que Leibniz aille jusqu'à interpréter ces
points de vue comme des valeurs. Mais n'est-il pas manifeste que
se trouve ici préfigurée la caractérisation nietzschéenne dans son
rapport nécessaire à la théorie du perspectivisme? Ce perspectivisme «au moyen duquel chaque centre de forces – et pas seulement l'homme – construit *à partir de soi* (von sich aus) tout le
reste du monde, c'est-à-dire le mesure à sa propre force, le tâte,
le façonne ...».[21]

5. Une question doit être réglée: est-il permis de référer, en un
geste rétrospectif, le statut apriorique de la valeur chez Nietzsche
à la détermination platonicienne de l'ἰδέα comme πρότερον τῇ
φύσει? La réponse est oui. On commettrait une grave erreur si
l'on interdisait cette référence en arguant du double fait que les

[20] Gerh., VII, 411, n° 87; cité in *Nietzsche II*, S. 439.
[21] *Der Wille zur Macht*; XVI, n° 636.

valeurs *résultent* de prospections opérées par la volonté et que leur sort dépend du devenir de cette volonté. Toutes nos analyses précédentes de l'essence de la valeur ont au contraire rendu évidente son apriorité, mais en montrant aussi que cette apriorité est toujours *relative* à un certain état perspectiviste de la volonté de puissance. Autrement dit : bien que les valeurs ne soient jamais *posées* sans et avant une visée institutrice catégorique, bien que leur destin, après avoir fonctionné, est d'être destituées, il reste qu'elles se tiennent toujours dans un véritable rapport apriorique avec la volonté, c'est-à-dire avec la conservation et l'accroissement *déterminés* de puissance qu'elles ont pour fonction de possibiliser. On peut donc bien dire que le point de vue est πρότερον τῇ φύσει. On peut le dire, mais sans jamais oublier qu'à la différence de l'ἰδέα le point de vue ne vient pas en position à partir de lui-même (von sich her). Le point de vue, c'est ce que la vue de la volonté de puissance *se* pro-pose à l'avance de manière à ce que puisse effectivement se présenter ce qu'elle *vise*. Les valeurs, ce sont les conditions de possibilité conditionnées qui adviennent d'abord, qui viennent d'abord à la présence en regard et en vue de la présentation aposteriorique (de l'afflux effectif) d'une *certaine* puissance conservée ou/et accrue. Par conséquent : de même que la mise-en-vue préalable de l'ἰδέα rendait possible le dévoilement ou la venue à la présence des φύσει ὄντα, de même la position apriorique du point de vue garantit (gewährt) la possibilité de la croissance ou de l'épanouissement (φύσις) de la volonté de puissance. En se mettant en vue d'avance, l'ἰδέα ouvrait un champ de présence et de visibilité dans lequel l'étant pouvait être rendu présent et visible comme tel. En se pro-posant inconditionnellement des points de vue au terme de ses prospections, la volonté de puissance ouvre maintenant des champs visuels dans lesquels peut advenir la puissance visée (l'étant). A l'ultime époque de la métaphysique de la Subjectivité, c'est donc bien la volonté qui projette à partir de soi l'éclaircie préalable au sein de laquelle elle se déploie (west). L'éclaircie, l'ἀλήθεια, Nietzsche l'appelle «point de vue». Le point de vue est a priori. Quel sens faut-il donner à ce mot ? Le sens fondamental que nous lui avions découvert chez Kant : ce qui pro-vient du Sujet en advenant de prime abord à lui.

Mais de ce fait, la distance, toute la distance historiale entre la pensée grecque et la métaphysique nietzschéenne de la valeur ne

se laisse-t-elle pas mesurer? Car si le statut apriorique de la catégorie kantienne en constituait déjà un «tardif écho»,[22] ne faut-il
pas penser que l'apriorité du point de vue est une résonnance
encore plus faible, encore plus exténuée du «sens authentique»[23]
du πρότερον? Incontestablement. A preuve: notre examen préliminaire de l'interprétation platonicienne du πρότερον τῇ φύσει.
Mais peut-être aussi qu'une distance beaucoup plus considérable se
fera jour au cours du dernier chapitre lorsque nous nous mettrons
à l'étude de l'élucidation heideggerienne de l'essence *propre* de la
présence.

6. Reste à observer ceci: bien qu'il se présente d'avance à la
vue du Sujet dans l'ordre de la φύσις, τῇ φύσει, le point de vue de
la valeur n'est pas nécessairement appréhendé comme tel par une
vue *thématique*. L'origine, le statut et la fonction essentielles du
point de vue peuvent très bien être dissimulés au regard perspectiviste qui le ponctue. A la puissance institutrice peut faire défaut
la conscience de son essence. Par là, nous retrouvons la distinction
fondamentale entre le πρότερον τῇ φύσει et le πρότερον πρὸς ἡμᾶς.
Où cette distinction fondamentale joue-t-elle par excellence
dans la métaphysique nietzschéenne? A coup sûr dans la critique
rétrospective que le penseur de la volonté de puissance fait des
«suprêmes valeurs traditionnelles» (der bisherigen obersten
Werte), valeurs qui ont été instituées dans l'ignorance de leur
principe et qui, pour cette raison, n'ont pas été reconnues *comme
telles*. Ces suprêmes valeurs ou *catégories* ont bien été posées par
avance, à la faveur de visées déterminées, mais ni leur origine, ni
leur statut, ni leur fonction possibilisante n'ont été vus de manière explicite. De quelle sorte sont ces suprêmes valeurs? Parmi
elles, pour ne pas dire à leur tête, se trouve justement la figure de
l'ἰδέα. Qu'est-ce que l'ἰδέα selon Nietzsche? *L'inverse* de ce qu'en
a pensé Platon. C'est-à-dire: non pas une instance judiciaire externe, un ὑποκείμενον souverain auquel la volonté humaine devrait se soumettre (en allemand: sich unter-stellen), mais un instrument de domination conçu et fabriqué de toutes pièces par
une subjectivité humaine libre. Non pas un fondement métaphysique inconditionné, un fondement qui se serait posé à partir

[22] Cf. p. 102.
[23] *Ibid.*

de lui-même, qui imposerait du dehors à l'homme une mesure et une fin, mais une condition de possibilité conditionnée qu'une certaine volonté de puissance a posée à partir d'elle-même en vue d'une certaine domination. Non pas une lumière perpétuelle, une constante éclaircie qui jaillirait du ciel intelligible et que le regard noétique de l'homme devrait s'efforcer d'avoir toujours en vue, mais un point de vue, relatif et passager, qu'un centre de domination a fixé pour voir affluer la puissance visée. En un mot : non pas la «Vérité», mais une valeur. Platon, par conséquent, n'a pas été *conscient* du caractère de valeur de la catégorie ou de la détermination fondamentale de l'étant qu'il a ex-posée. Il n'a pas thématiquement conçu, ce qui, aux yeux de Nietzsche, constitue le véritable πρότερον τῇ φύσει. Par la faute d'une sorte d'illusion d'*optique*, il a cru que la lumière préalable de l'ἰδέα advenait d'elle-même à son regard alors que celui-ci, en fait, l'avait d'abord projetée *devant* lui pour satisfaire sa visée autonome. Dans le langage de Nietzsche, pareille illusion d'optique s'appelle une *naïveté hyperbolique*.[24] Sous l'empire de la naïveté, la volonté de puissance de Platon projetait en dehors et au-dessus d'elle (ὑπερ-βάλλειν) les conditions de possibilité de son exercice, puis se masquait cet acte d'institution, et donc sa subjectivité propre, en tenant les ἰδέαι pour des vérités en soi, pour des inconditionnés. L'institution naïve des conditions opérait ainsi un recouvrement, un camouflage, une falsification de leur origine et de leur destination réelles.

La fausseté (das Unwahre), explique Heidegger, Nietzsche la voit dans le fait que ces valeurs (les suprêmes catégories traditionnelles) se trouvent posées, se trouvent déposées au-dehors (hinausverlegt werden) dans un district «qui est en soi» à l'intérieur duquel et à partir duquel (aus dem her) elles doivent valoir en soi et inconditionnellement, alors même qu'elles n'ont leur origine et leur domaine de validité que dans une forme déterminée de la volonté de puissance.[25]

Mais alors, que peut bien exprimer la naïveté hyperbolique, sinon, au fond, l'*impuissance* de la volonté à se vouloir inconditionnellement elle-même en visant le surcroît de puissance ? Que peut bien traduire le fait pour la subjectivité de projeter au-dehors les conditions de son déploiement et de les frapper du

---

[24] *Der Wille zur Macht*; XVI, n° 12 B.
[25] *Nietzsche II*, «Der europäische Nihilismus»; S. 89.

sceau de l'aséité, sinon la faiblesse de son *état*, sinon l'inaptitude à se commander, sinon l'incapacité de prendre sciemment en charge son essence? Et tel est, en effet, le diagnostic fondamental à l'appui duquel Nietzsche entreprend toute sa critique des suprêmes valeurs traditionnelles, c'est-à-dire des productions *nihilistes* du Platonisme. Le Platonisme, c'est cet état maladif dans lequel s'est enfoncée la volonté de puissance en Occident et à cause duquel elle n'a jamais vraiment pu jouir de son absoluité. C'est l'incapacité pathologique pour l'homme occidental de se poser de soi-même dans sa propre lumière et, sur la base de cette auto-position préalable, d'instituer librement les conditions indispensables à la plus forte croissance. Le Platonisme, c'est le renoncement inconscient de la volonté de puissance à véritablement vouloir. Pour lors, il n'y a qu'une radicale *transvaluation* (Umwertung) des valeurs, selon Nietzsche, qui puisse restituer à l'homme occidental la subjectivité absolue qu'il s'est aliénée. En quoi consiste une telle transvaluation? A instituer de nouvelles valeurs dans la pleine clarté thématique du savoir de leur principe, de leur statut et de leur fonction essentielles. Au niveau le plus fondamental: à interpréter l'être dans le sens de la subjectivité inconditionnée de la volonté de puissance. Grâce à cette interprétation, le point de vue de la valeur sera thématiquement vu comme le πρότερον τῇ φύσει, comme la condition préalable de la croissance, posée par un être en croissance, en vue de sa seule croissance. Ainsi la subjectivité pourra-t-elle se proposer sciemment ses points de vue et détruire sa naïve croyance (habituelle et immédiate πρὸς ἡμᾶς) en leur statut inconditionné.

7. Marquons un temps d'arrêt pour mesurer dès maintenant la portée critique des analyses précédentes.

De l'élucidation de l'essence de la valeur en regard de la position métaphysique fondamentale de Nietzsche se dégage avant tout la conclusion suivante: les valeurs sont toujours des conditions aprioriques *conditionnées*, relatives tant à l'état qu'aux perspectives utilitaires de celui qui les fixe et non pas, et jamais des conditions absolues. Il faut s'en tenir à la position nietzschéenne: loin de constituer des entités transcendantes ou des principes universels de connaissance et d'action appréhendés *sub specie aeternitatis*, les conditions de possibilité de la croissance

émanent à chaque fois des centres de domination et ne sauraient
valoir en dehors de leurs perspectives déterminées.

> ... les valeurs ne sont pas des choses subsistantes en soi au préalable,
> en sorte qu'à l'occasion elles pourraient devenir aussi des points de vue.
> La pensée de Nietzsche est suffisamment claire et nette (hell und offen)
> pour que l'on soit à même de préciser que le point de vue n'est «ponctué»
> comme tel que par la «ponctuation» de la vision. Ce qui est valable ne vaut
> pas (das Geltende gilt nicht) parce qu'il est une valeur en soi, mais la va-
> leur *est* une valeur parce qu'elle vaut (weil er gilt). Elle vaut parce qu'elle
> est posée comme valable.[26]

De ce fait, sachant l'absolu *déchaînement* de la subjectivité chez
Nietzsche, la pensée ne peut être autorisée à brandir la notion
de valeur tout en visant de prétendus idéaux ou fondements inconditionnés. Elle ne peut être autorisée à donner dans l'illusion
des «Valeurs», à proclamer, à défendre ou à imposer «l'objectivité»
de tel ou tel jugement de valeur et donc à discriminer parmi les
jugements de cette sorte lesquels ont légitimement droit ou non
au titre de «jugements de réalité». Elle ne peut être autorisée à
décréter «valeurs immortelles» certains idéaux traditionnels ou
présentement en vigueur et, au nom de ce décret, à fixer un sens
unique à l'histoire. L'autoriserait-on, l'on cautionnerait le règne
envahissant de la confusion, de l'irréflexion et de la mauvaise
violence. Car si elle accomplit tous ces gestes, la pensée pervertit
immanquablement l'essence de la valeur, elle arrache la notion
nietzschéenne au domaine de décision originaire d'où elle est issue. En un mot: elle fait passer la valeur pour ce qu'elle ne peut
être. Naïveté suprême? Falsification délibérée? Eclectisme
brouillon? Lorsqu'on jette un coup d'oeil sur la foule des doc-
trinaires modernes qui s'ébattent avec le plus grand sérieux au
milieu de leurs valeurs hypostasiées, on a bien du mal à trancher.

Aussi est-ce avec une extrême fermeté que Heidegger rejette
comme nulles et non avenues toutes les «conceptions du monde»
(Weltanschauungen) qui s'élèvent sur la base chimérique de «valeurs en soi». «Dès qu'entre en jeu la pensée en termes de valeurs»
(Wo einmal der Wertgedanke aufgekommen ist), déclare le
Nietzsche, «il faut que l'on admette également que les valeurs ne
«sont» que là où l'on calcule (wo gerechnet wird), de même qu'il
n'y a d'«objets» que pour un «Sujet». Parler de «valeurs en soi»
est soit de l'irréflexion, soit du faux-monnayage, ou bien les

[26] *Ibid.*; S. 102.

deux à la fois. La «valeur» est par essence un «point de vue». Il n'y a de point de vue que pour une vision qui ponctue et qui calcule nécessairement d'après des «points».[27] La même dénonciation se retrouve dans «La lettre sur l'Humanisme» lorsque Heidegger déclare que la pensée de la vérité de l'être doit congédier la notion de valeur du fait de son enracinement dans la métaphysique de la Subjectivité: «Je veux dire que l'appréciation de quelque chose ne donne cours à ce qui est valorisé que comme objet de l'évaluation de l'homme ... Toute évaluation, la même où elle évalue positivement, est une subjectivation. Elle ne laisse pas l'étant: être, mais le fait uniquement, comme objet de son faire – valoir. L'étrange application à prouver l'objectivité des valeurs ne sait pas ce qu'elle fait.»[28]

En dénonçant ainsi l'imposture de ceux qui usurpent la notion nietzschéenne et lui confèrent un sens contradictoire, il est clair que Heidegger entend respecter et faire respecter la vérité, l'originalité irréductibles de la position métaphysique de Nietzsche par rapport aux autres positions historiales. Comment pouvait-il en être autrement, dès lors que la destruction entreprise avait mesuré les distances historiales entre chacun des lieux d'origine de la valeur tout en dégageant leurs rapports d'appartenance mutuelle? Seulement, il faut voir maintenant que c'est au nom du même respect que la critique heideggerienne peut se retourner, en un second moment, contre Nietzsche et son assimilation rétrospective de toutes les déterminations traditionnelles de l'étance à des valeurs. Cette critique, nous l'avions déjà signalée en étudiant Platon. Nous avions vu alors pourquoi Heidegger se trouvait fondé à s'élever contre la réduction des ἰδέαι à des valeurs.[29] Selon Heidegger, pareille réduction avait purement et simplement pour effet d'étouffer la voix propre de la compréhension platonicienne du sens de l'être. Elle rendait encore plus évidente la teneur *métaphysique* de la pensée nietzschéenne, de cette pensée qui avait élaboré une doctrine de l'histoire en laissant complètement dans l'oubli l'historialité de l'essence de l'être. Toutefois, s'il s'était avéré possible de présenter le sens général de la critique heideggerienne dès cette première phase de la destruction, il s'en fallait

[27] *Ibid.*
[28] In *Questions III*; p. 130. Cf. aussi *Questions II*; p. 162.
[29] Cf. p. 56 sq.

encore de beaucoup pour que nous fussions à même d'en reconnaître le bien-fondé et d'en mesurer l'exacte portée puisque nous ignorions tout de l'élucidation nietzschéenne de l'essence de la valeur. Grâce aux analyses précédentes, cette lacune est maintenant comblée : en réduisant l'ἰδεῖν grec à la vue de la subjectivité inconditionnée de la volonté et l'ἰδέα platonicienne à un simple point de vue pour un centre de force qui visait perspectivement sa propre croissance, Nietzsche a bien outrepassé la distance historiale qui sépare sa pensée de celle de Platon. Il a bien jeté un regard métaphysique, inconscient de sa visée métaphysique, sur l'apparition époquale de l'être dans la figure de l'ἰδέα. C'est là sans conteste son regard meurtrier sur l'être, et c'est aussi un regard *naïf* à sa manière, un regard d'une hyperbolique ingénuité, puisqu'il a emprunté au fond son éclat et sa force à la vision première de l'étance dont il fausse et récuse la visée. Car quel artisan avait dès l'abord forgé les armes qui, à la fin de la philosophie occidentale, allaient se retourner contre lui, sinon Platon lui-même ?

Nous avons suffisamment scruté l'essence de l'ἰδέα et l'essence de la valeur en tant que condition de la volonté inconditionnée pour nous dispenser d'insister davantage sur ce point. En dernier lieu toutefois, il n'est pas inutile de relever un court passage du *Principe de Raison* dans lequel Heidegger distingue fermement la notion grecque d'ἀξίωμα de la notion moderne de principe ou de proposition fondamentale (Grundsatz). L'intérêt et l'originalité de ce passage – par rapport aux développements du *Nietzsche* notamment – c'est que, tout en réaffirmant l'enracinement de la pensée de la valeur dans la métaphysique de la Subjectivité, il montre en quel sens les Grecs pouvaient *considérer* ou tenir quelque chose en *estime* sans pourtant *l'apprécier*. Plus exactement, en quel sens les Grecs pouvaient attacher à quelque chose une considération qui ne soit point une appréciation. Est-ce à dire que les Grecs s'en tenaient naïvement au pôle objectif de la représentation comme l'affirmait Hegel ? Nullement ; car il n'y avait pour eux ni objet ni sujet, au sens moderne de ces mots. Qu'y avait-il alors ? il y avait un rapport originaire à l'être dans lequel l'être se présentait de lui-même à la vue en apportant avec soi la lumière de sa *considération* propre :

Le grec ἀξίωμα est dérivé de ἀξιόω, j'estime quelque chose (ich würdige etwas). Seulement, que veut dire «estimer quelque chose»? Nous autres modernes avons vite en main la réponse: estimer, cela veut dire évaluer quelque chose (etwas werten), en apprécier la valeur (in seinem Wert schätzen). Mais nous voudrions savoir ce que les Grecs entendaient par estimer, par ἀξιοῦν. Nous devons considérer le sens que pouvait avoir «estimer» dans l'esprit des Grecs; car ceux-ci ne connaissaient ni la notion d'évaluation ni la notion de valeur.

Que veut dire «estimer quelque chose», conformément au sens du rapport originaire de l'homme grec à ce qui est? Estimer veut dire: faire apparaître quelque chose dans la considération (in dem Ansehen) où elle se tient et l'y conserver. L'axiome montre ce qui se tient en la plus haute considération, et cela, non pas à la suite d'une appréciation qui viendrait de l'homme et qui serait attribuée (erteilt) par lui. Ce qui se tient en la plus haute considération apporte avec et de soi-même cet égard (diese Ansicht). Pareille considération repose dans sa propre mise-en-vue (Aussehen). Ce qui à partir de soi (von sich her) se tient dans la plus haute considération ouvre une visée, une échappée (Aussicht) vers (in) cette hauteur dont l'apparition est telle qu'à partir d'elle toutes les autres choses (alles andere) reçoivent leur mise-en-vue et possèdent leur considération.[30]

C'est dire que le statut proprement *axiomatique* de l'ἰδέα se trouve méconnu si on la fonde rétrospectivement sur un acte d'appréciation naïf. Entre la très haute (höchste) considération dont jouit aux yeux de Platon ce qui brille et resplendit de soi-même, dans une lumière jaillie de soi, et la suprême (oberste) valeur qu'attribue telle ou telle puissance souveraine à ce qui conditionne au mieux sa croissance, il y a une distance irréductible qu'aucune pensée n'a le droit d'annuler. Si l'ἰδέα s'avère au plus haut point digne d'estime, ce n'est jamais parce qu'un Sujet la tient librement pour valable, mais parce qu'elle se tient d'elle-même dans la plus haute considération qui soit. Le νοῦς platonicien ne porte pas à son gré une considération à l'ἰδέα, puisque l'ἰδέα a toujours déjà apporté avec soi la considération qui la rend estimable. Etre considérable, détenir la considération (Ansehen), cela signifie littéralement ici: *être en vue*. Dans quelle mesure l'ἰδέα est-elle ce qu'il y a de plus en vue? Dans une mesure (μέτρον) qui ne peut être celle d'un Sujet inconditionné, d'un νοῦς *affranchi* qui aurait érigé l'ἰδέα en point de vue pour satisfaire une visée autonome. Mais bien plutôt: dans la mesure où l'ἰδέα s'est toujours déjà mise en vue à partir d'elle-même et où le puissant rayonnement de sa lumière accorde aux φύσει ὄντα leur visibilité et leur éclat propres. De même que l'*axiome* d'Aristote se pro-posera (vor-legen) à la base des raisonnements sans

[30] *Principe de Raison*; p. 67–68 (trad. modifiée).

devoir sa position à la représentation préalable d'un *cogitare*, de même l'ἰδέα manifeste une puissance et une gloire qui ne sauraient procéder de la force institutrice de la subjectivité de l'homme. L'ἀξίωμα de l'ἰδέα, c'est ici le corrélat de sa subjectivité absolue, c'est le resplendissement de la lumière métaphysique de l'être qui advient de prime abord au νοῦς en *forçant* son respect. Mais en quoi consiste précisément ce respect, cette estime, cet égard du regard noétique pour l'être? Il consiste en un accueil et en une sauvegarde du plus dévoilé de tous les phénomènes. Estimer consiste à laisser être, à laisser paraître le phénomène métaphysique dans toute la splendeur de son ἀλήθεια, et cela contre son voilement, contre le règne aveuglant de la δόξα que captive le seul et immédiat éclat des φύσει ὄντα. L'appréhension respectueuse des brillants aspects dans lesquels se lève et resplendit la φύσις, voilà l'essence de l'ἀξιοῦν philosophique qui ne se distingue pas au fond du νοεῖν. Faut-il alors montrer que c'est l'ἰδέα elle-même qui *ouvre* l'échappée ou la perspective dans laquelle la voit le νοῦς? La vision de son inaltérable splendeur ne peut pas résulter d'une prospection, d'une anticipation inconditionnée, consciente ou non, franche ou non, de possibilités d'essence les plus valables. L'ouverture extatique du νοῦς à l'essence, elle trouve au contraire sa possibilité dans l'altitude, dans la *hauteur* de l'essence *même*, telle qu'elle s'est posée à partir de soi et telle qu'elle repose en soi. Cette hauteur royale de l'ἰδέα, qui prescrit impérativement au νοῦς son essentielle visée, de quel droit l'identifierait-on donc avec la suprématie d'une valeur, avec la prévalence d'une condition instituée en secret par un Sujet qui n'aurait visé qu'à l'*élévation* de sa propre puissance?

Ce point étant réglé, la position critique de Heidegger n'est pas encore à l'abri d'un important soupçon: sommes-nous vraiment sûrs que *toutes* les approches grecques de l'ἀξίωμα, de l'ἀξία, de la δόξα de l'être présentent les mêmes traits fondamentaux que ceux qu'on vient d'exposer? En nous bornant à la doctrine de l'ἰδέα pour rendre évidente l'absence d'une pensée des valeurs dans le monde grec, n'avons-nous pas plutôt opéré une généralisation abusive qui ne résisterait pas à l'examen de toutes autres et non moins originaires expériences? Notre souci constant d'enraciner la valeur dans l'ἰδέα τοῦ ἀγαθοῦ ne nous a-t-elle pas finalement voilé des parentés, voire des fraternités beaucoup plus importantes? La haute stature de Platon n'aurait-elle pas éclipsé les vrais précurseurs de l'anti-platonicien moderne?

Ce soupçon s'éveille avec particulièrement de force dès que nous évoquons la position métaphysique fondamentale du sophiste Protagoras. Aux yeux des historiens de la philosophie, ce célèbre adversaire de Socrate passe généralement pour le promoteur du «subjectivisme» ou du «relativisme». N'a-t-il pas en effet affirmé que «l'homme est la mesure de toutes choses»? Dirigée contre la théorie des essences absolues, cette déclaration résume à n'en pas douter le sentiment de la Modernité. De la modernité, c'est-à-dire surtout de Nietzsche. Car que constate-t-on à la lecture du *Théétète* de Platon? On constate une étonnante identité entre les vues fondamentales de ce sophiste et celles de Nietzsche. On s'aperçoit notamment que l'homme de Protagoras mesure ou estime le prix des choses en fonction de leur *utilité* (ὠφέλημα).[31] Ici l'ἀξίωμα des choses n'est pas du tout référé à l'absoluité de leur essentiel visage, mais au calcul utilitaire propre à chaque égoïté et à son état. Nietzsche dira-t-il autre chose quand il fera dépendre la «validité» des conditions des perspectives particulières à chaque fois ouvertes par le Sujet? Découvre-t-on encore chez Protagoras l'identification de l'ἐπιστήμη et de l'αἴσθησις, la réduction de l'εἶναι au φαίνεσθαι (au δοκεῖν), et surtout l'affirmation d'origine héraclitéenne de l'universel γίγνεσθαι, alors rien ne peut s'opposer à ce que l'on situe la pensée nietzschéenne dans la descendance directe de la doctrine du sophiste. C'est en cette doctrine que la pensée en termes de valeurs trouve sa véritable origine.

Aux yeux de Heidegger, il s'agit là d'un énorme malentendu. Cette affiliation rétrospective a autant de vérité que la transformation des ἰδέαι en valeurs. Elle repose purement et simplement sur une totale incompréhension du sens de la doctrine protagoracienne. Non contente d'ignorer l'abîme qui sépare deux ἐποχαί de l'être, elle entremêle leurs voix en concluant de l'identité apparente des concepts à l'identité des positions philosophiques. Brouillage aberrant, qui trahit l'irrespect avec lequel les historiens peuvent parler des doctrines sans les avoir écoutées et approcher les textes sans la moindre conscience de l'historialité de

---

[31] *Théétète*, 177d–179b.

leur *lieu* herméneutique. Au fond, l'affiliation rétrospective de Nietzsche à Protagoras consacre bel et bien la violence insoupçonnée du règne de la Métaphysique, quoique sous une forme banale et dégradée où ne subsiste plus rien de la clairvoyance des grands penseurs. Car remarquons, à tout le moins, que la «funeste illusion»[32] dont les historiens sont ici les victimes tranche avec la lucidité supérieure de celui qui se savait très loin des Grecs et qui n'a jamais reconnu Protagoras ni aucun sophiste pour père.

C'est à cette funeste illusion que s'en prend Heidegger dans le chapitre du *Nihilisme européen* intitulé: «La proposition de Protagoras» (der Satz des Protagoras). A quelques différences près, la même approche critique se retrouve dans la huitième des notes complémentaires faisant suite à «L'époque des conceptions du monde». Le cadre général et le motif de l'approche sont fournis par l'examen de la fondation cartésienne de la métaphysique de la Subjectivité. Pour Heidegger, il s'agit de montrer que la saisie de l'essence de l'homme comme Sujet n'a eu lieu qu'au seuil des Temps Modernes et ne pouvait concorder avec l'expérience grecque de l'être. Dans cette perspective, l'interprétation du véritable sens de la proposition de Protagoras est de la plus haute importance. Dégageons-en l'essentiel pour écarter définitivement le soupçon qu'on vient d'évoquer.

Que dit cette proposition? Proprement traduite, ceci: «L'homme est (à chaque fois) la mesure de toutes choses (à savoir des choses qu'il a autour de lui en usage et par usage et qui l'entourent donc constamment – χρήματα, χρῆσθαι); des choses présentes, en sorte qu'elles sont présentes *comme* elles se présentent, mais aussi des choses auxquelles il demeure refusé d'être présentes, en sorte qu'elles ne se présentent pas.»[33] Manifestement, c'est de l'étant dont parle Protagoras, de l'étant tel que, d'ordinaire, il se présente ou ne se présente pas dans le cercle de vision utilitaire de l'homme. Comme le relève Socrate, l'«homme» ne désigne pas la nature humaine en général, mais l'ipséité, l'*égoïté*. C'est en qualité d'ἐγώ que l'homme constitue la mesure pour la présence et la non-présence. Il s'ensuit que l'οὐσία est à chaque fois relative à l'ἐγώ qui l'appréhende (thématiquement ou non) et à sa constitution propre. L'opposition à Platon est donc bien nette. Mais est-ce à

---

[32] *Nietzsche II*; S. 136.
[33] *Nietzsche II*; S. 135.

dire que l'ἐγώ acquiert ici le statut et les pouvoirs d'un ὑποκείμενον ? Qu'il se pose et s'impose de lui-même comme la mesure inconditionnée de toute estimation ? Qu'il projette de prime abord l'éclaircie au sein de laquelle il peut se proposer l'étant en toute certitude ?

Le soutenir reviendrait à couper la pensée de Protagoras de son sol natal, c'est-à-dire de l'expérience grecque de l'ἀλήθεια. Car ici encore, il se trouve que l'ἀλήθεια procède du jet de l'être même, tel qu'il advient de prime abord à l'ἐγώ, et nullement du pouvoir de constitution de la subjectivité humaine. Si l'ἐγώ peut saisir les choses environnantes *comme telles* – à savoir dans la figure de leur utilité propre – ce n'est pas parce qu'il a tracé et circonscrit lui-même le cercle (Umkreis) d'une éclaircie; c'est parce qu'un tel cercle lui a été originairement *imparti* (zugeteilt) au titre de son lieu de séjour. Fondement de toute ouverture possible à l'étant, l'ouverture apriorique de l'ἐγώ à l'être s'origine dans la révélation (Offenbarung) apriorique de l'être à l'ἐγώ. Cette révélation apriorique n'est pas un don adventice: ferait-elle défaut, l'ἐγώ ne pourrait pas *se tenir* au sein de l'étant en totalité et soutenir avec lui un rapport utilitaire. En recevant en partage une ἀλήθεια, l'ἐγώ reçoit en fait la dimension, la *mesure* de son essence même. Pas plus que pour Platon, la vérité ne saurait donc avoir aux yeux de Protagoras le visage de la certitude. Comment pourrait-elle avoir un tel visage, dès lors que la dispensation préalable de l'ἀλήθεια ouvre et impose à l'ἐγώ le champ de sa vision noétique, interdisant ainsi l'accomplissement d'actes représentatifs libres ? En quel sens alors l'ἐγώ est-il la mesure de toutes choses ? Au sens où il limite la portée de son appréhension de l'étant au cercle d'éclaircie qui lui a été assigné. Au sens où il garde la juste mesure dans chacune de ses relations avec l'étant, mesure dont l'*adjudication* originaire (δίκη) a toujours déjà garanti la justesse ou la justice. En modérant (mässigend) son pouvoir noétique, l'ἐγώ se restreint à ce qui peut se présenter ou se déployer sur le mode de l'absence dans le cercle familier de son habitat. La démesure à l'inverse, ou l'*excès*, consiste précisément à viser ce qui ne saurait jamais être accessible, d'une manière ou d'une autre, dans ce cercle. S'il se laisse emporter par l'excès, s'il perd le respect de son essence propre, l'ἐγώ injuste subit l'infortune de l'errance. C'est de ce point de vue qu'il faut comprendre la déclaration de Protagoras, d'après laquelle il n'est pas *en mesure* de décider de l'être des dieux en retrait.[34] «La manière, dit Heidegger, dont Protagoras détermine la relation de l'homme à l'étant est seulement une restriction poussée (betonte) du non-voilement au cercle de l'expérience du monde qui se trouve chaque fois imparti (auf den jeweiligen Umkreis der Welterfahrung).»[35] La restriction, la modération dont il s'agit ici n'a rien de commun avec une réduction volontaire des pouvoirs absolus de la subjectivité, et encore moins avec une délimitation calculée des horizons comme c'est le cas chez Nietzsche. Garder la juste mesure, cela signifie au contraire: sauvegarder le séjour imparti et *insister* dans son cercle sans jamais l'excéder. Sommes-nous loin de l'expérience de l'être que mettent en scène les tragédies grecques? Rien n'est plus grec, en tout cas, que cette doctrine de la modération qui enseigne à l'homme à s'en tenir à la lumière qu'il a reçue en partage. «L'homme est à chaque fois la mesure de la présence et du non-voilement par la manière dont il garde la juste mesure et se limite (durch die Mässigung und Beschränkung) à l'Ouvert le plus proche, sans pour autant nier le plus lointain voilé (das fernste Verschlossene), ni s'arroger le droit d'une décision au sujet de la présence et de l'absence de celui-ci. Il n'est dit nulle part ici que l'étant comme tel doit se régler (sich zu richten) sur un Je-Sujet posé sur soi, que ce Sujet est le juge (der Richter) qui règne (über) sur tous les étants et sur leur être, et qu'en vertu de cette juridiction il décide de l'objectivité des objets avec une certitude absolue.»[36]

On voit ainsi combien la saisie de l'οὐσία ou de l'ἀλήθεια sous la forme de la valeur pouvait être étrangère à Protagoras, tout autant qu'elle le fut à Platon. Même s'il diffère selon les ἐγώ, le cercle d'éclaircie n'a rien d'un point de vue et son ouverture préalable rien d'une prospection inconditionnée. Ce n'est pas en vertu d'une libre appréciation, mais en considération du lumineux visage qu'il lui offre que l'ἐγώ estime l'étant présent. Ce lumineux visage a beau apparaître à chaque ἐγώ sous des traits spécifiques, il n'en resplendit pas moins à partir de lui-même sans devoir son éclat à une représentation glorifiante. Δόξα,[37] ἀξίωμα, ces mots

[34] Fragmente der Vorsokratiker; B, 4.
[35] *Nietzsche II*; S. 139.
[36] *Ibid.*; S. 140.
[37] «δόξα veut dire considération, à savoir la considération en laquelle est (steht)

désignent la considération de l'étant qu'accueille respectueuse-
ment l'homme dans le cercle égoïstique de son séjour. Ici encore,
la possibilité de l'estimation se fonde sur le δοκεῖν de l'étant, à
cette différence près qu'un tel apparaître se produit toujours dans
une lumière relative à chaque ἐγώ. Souvent placé dans la bouche
du sophiste par Socrate, le verbe δοξάζειν ne signifie donc pas :
tenir pour valable, juger valable, apprécier, mais essentiellement :
laisser paraître et garder dans sa gloire propre ce qui, à partir de
soi, s'est rendu présent dans le cercle d'éclaircie particulier imparti à l'ἐγώ.

Quel contre-sens alors ne commet-on pas, lorsqu'on proclame
que Protagoras avait déjà soutenu dans l'antiquité des thèses
pragmatistes ou utilitaristes, et, notamment, le principe nietzschéen d'une auto-détermination du comportement d'après des
buts inconditionnés! Loin de connoter une quelconque promotion
ontologique de l'être de l'homme, l'identification de l'ἀγαθός et
de l'ὠφέλιμος s'accorde parfaitement avec le véritable statut de
l'ἐγώ, tel qu'on vient de le découvrir. Le primat de l'ὠφέλημα ne
signifie pas que l'homme fait usage des choses et les estime en
fonction de perspectives utilitaires qu'il aurait d'avance et inconditionnellement arrêtées. Il signifie que l'homme noue des
rapports d'usage avec l'étant *dans* le cercle d'éclaircie qui a été
imparti à son égoïté et pour l'épanouissement de celle-ci. Seule
l'adjudication originaire d'un destin (du *projet* inhérent à l'égoïté)
détermine les visées utilitaires, circonscrit le champ de la praxis ;
seule elle fournit la lumière dans laquelle l'étant peut se présenter
comme tel, c'est-à-dire présenter son *utilité* propre aux yeux de
l'ἐγώ. Ainsi, lorsque Protagoras (explicité par Socrate) affirme
que la cité institue les lois dans la seule mesure où «elles lui sont
très utiles» (ὡς ὠφελιμωτάτους ἑαυτῇ τίθεται),[38] et qu'elle n'a pas
d'autres «visées» (βλέπουσα) en légiférant, il n'établit pas un constat empirique ni ne reconnait le droit aux puissances communau-
taires d'une auto-législation souveraine. Cette νομοθέτησις n'a rien
à voir avec la mise en position inconditionnée de conditions jugées
indispensables à la vie de la cité. La νόμος n'est pas utile parce

---

quelqu'un. Lorsque cette considération, conformément à ce qui se montre en elle, est
excellente, δόξα signifie éclat et gloire.» *Introduction à la Métaphysique*; p. 111. Cf.
aussi le sens de δόξα chez Héraclite in *Nietzsche I*, S. 505.
[38] *Théétète*; 177e.

que la cité l'a posée librement comme telle, mais en tant qu'elle *apparaît* ainsi dans la clarté du projet politique *dévoilé* et co-essentiel à la cité. De quelque ἐγώ qu'il s'agisse, le commerce utilitaire avec l'étant implique toujours l'octroi d'un champ d'orientation préalable, prédéterminant le mode de présentation de l'étant. Dans la langue de *Sein und Zeit*, cela revient à dire que la préoccupation pratique et utilitaire du *Dasein* ne peut effectivement accéder aux étants disponibles, aux *outils* (πράγματα) que si elle bénéficie par avance du cercle d'éclaircie d'un monde ambiant (Umwelt). Car quoique non thématique d'ordinaire, c'est ce monde ambiant qui constitue le séjour essentiel du *Dasein* et qui fixe à chaque étant son usage, son «ustensilité» en l'insérant dans un réseau de relations finalisées.[39] Un tel monde, Protagoras l'avait implicitement en vue quand il avait référé la présence de l'étant à la mesure particulière du séjour égoïstique. Mais l'aurait-il thématiquement exploré, jamais il n'aurait pu en fonder la constitution apriorique sur la subjectivité de l'homme. Car encore une fois, telle n'était pas la manière de fonder des Grecs.

---

[39] Notons à cette occasion que le § 21 de *Sein und Zeit* critiquait l'idée selon laquelle l'homme aurait de prime abord affaire à des étants subsistants et, par la suite seulement, à des objets d'usage grâce à l'adjonction de prédicats de valeurs (S. 99). D'après Heidegger, de tels prédicats restent en fait des déterminations «subsistantes» qui recouvrent encore plus l'*ustensilité* originaire (l'être disponible) de l'étant. Basée sur l'ontologie cartésienne du monde, la théorie de la complémentarité axiologique perd ainsi complètement de vue le phénomène du monde ambiant. Elle sanctionne et trahit tout à la fois la *mutilation* dont est victime l'étant lorsqu'on l'arrache au complexe finalisé qui est le sien et qu'on lui découvre après coup la subsistance comme sens d'être fondamental.

Annoncée dès le début de l'approche phénoménologique du monde (S. 64, S. 68), cette critique de la valeur a évidemment un statut bien particulier. Elle ne recoupe nullement la destruction ultérieure de la métaphysique nietzschéenne puisqu'elle porte seulement sur l'interprétation de la valeur comme complément ontologique de la substance, interprétation que Nietzsche a balayée en saisissant l'être, c'est-à-dire *tout* sens d'être en tant que valeur. Si l'on veut pourtant déterminer sa place dans le parcours heideggerien, il faut la rattacher directement à l'examen de la situation historiale intermédiaire dont il a été question lors du précédent chapitre (cf. p. 116–117). Ce rattachement est d'autant plus justifié que le § 21 de *Sein und Zeit* vise nommément Lotze (S. 99). On ne manquera pas d'observer, toutefois, que ce paragraphe parle du complément de la valeur, dans la mesure où il a pour fonction (non déclarée) de retrouver un sens d'être beaucoup plus immédiat que celui éclairci par Descartes, et non pas précisément de la fonction compensatoire dont la métaphysique de la Subjectivité investit la valeur (sous la forme du devoir-être, de l'idéal pratique) dès qu'elle ressent les méfaits de la réduction de l'être à la représentativité. Cela dit, on est en droit d'estimer que l'élucidation heideggerienne de cette fonction compensatoire fournit, pour l'essentiel, la réponse à la quatrième question que soulevait la fin du § 21 (S. 100), question dont aurait traité la troisième section de la première partie de *Sein und Zeit*. Mais on sait que Heidegger n'a pas poursuivi son oeuvre après les deux premières sections publiées.

8. Dans la mesure où elles entendaient sauvegarder la distance entre deux époques extrêmes de l'Histoire de l'être, les réflexions précédentes ont pu invoquer la forme *générale* de l'expérience grecque de l'ἀλήθεια sans se préoccuper de la tournure décisive qu'elle a prise avec Platon. Il leur importait uniquement de montrer que les penseurs grecs n'avaient jamais compris l'être dans le sens de la valeur, parce qu'aucun d'entre eux n'avait déposé la source de l'éclaircie dans la subjectivité de l'être de l'homme. L'examen du cas le plus douteux de Protagoras en a fourni la preuve. Le tournant opéré par Platon n'avait pas à entrer en ligne de compte ici.

Il n'en va évidemment pas de même si l'on veut dégager au contraire l'héritage platonicien de Nietzsche, et non plus l'irréductibilité de sa position historiale. Car dans cette perspective, la subjugation ou la mise en condition métaphysique de l'ἀλήθεια doit être envisagée comme le phénomène *capital* par excellence. Nous le savons: en plaçant la possibilité du non-voilement *sous* la condition de la mise-en-vue autonome de l'étance, Platon a donné la première caractérisation métaphysique de la vérité. Cette caractérisation a-t-elle infléchi de manière brutale le cours de l'expérience grecque? Le tournant fut-il *catégorique,* ou a-t-il seulement amené au jour ce qui reposait à l'état virtuel dans les fragments des premiers penseurs grecs? Seule la lecture appropriée de ces fragments permettrait évidemment d'en décider. Mais il n'est pas douteux que la subjugation de l'ἀλήθεια a ouvert l'espace de jeu de toutes les élucidations occidentales de la vérité. Nous la retrouvons intacte au fondement de la métaphysique nietzschéenne de la valeur. Car du fait de son absoluité, la volonté de puissance *doit* se déployer dans un Ouvert qu'elle a ouvert et délimité elle-même. Cet Ouvert est l'éclaircie préalable qui garantit la réalisation des possibilités d'essence. Cet Ouvert est le point de vue de la valeur dont dépend la possibilité du déploiement, de l'épanouissement, bref de l'ἀλήθεια de la volonté de puissance. Ainsi Nietzsche répète-t-il le geste inaugural de Platon. Sous ce rapport, Heidegger était bien en droit de présenter Nietzsche comme le «platonicien le plus débridé».[40]

Mais jusqu'à quel point? Jusqu'à quel point Nietzsche reste-t-il

[40] Cf. p. 78.

dans l'orbite de la conception platonicienne de la vérité? La subjugation métaphysique de la vérité que perpétue la théorie de la
valeur implique-t-elle aussi le primat de l'ὁμοίωσις? Ne faut-il pas
penser au contraire que ce primat s'est effondré avec le surgissement de l'être dans la figure du devenir? Car si l'étant représenté
ne peut plus faire, par essence, l'objet d'une saisie constante,
comment serait-il encore possible de concevoir la vérité sur le
modèle de la rectitude ou de la justesse du savoir? Tout de même,
il se pourrait bien que nous retrouvions l'ὁμοίωσις au plan d'une
relation non-noétique et sans doute plus originaire entre chaque
centre de domination et son monde en devenir, en sorte que la
saisie platonicienne aurait toujours cours chez Nietzsche en dépit
d'une profonde et extrême transformation. Si c'était le cas, il est
évident que nous devrions examiner aussi comment l'ὁμοίωσις
nietzschéenne *compose* avec la certitude de la subjectivité absolue
de la volonté, soit avec la figure moderne de la vérité dont
l'émergence a coïncidé avec la libération ontologique du *subiectum*
humain. Mais plus important encore est ceci: sachant le lien
étroit entre la juridiction du λόγος sur la φύσις et la théorie de
l'ὁμοίωσις, ne peut-on pas estimer que l'effondrement du règne de
la rationalité a libéré quelque chose de l'essence *propre* de
l'ἀλήθεια, ou du moins ouvert la voie à sa remémoration? Est-ce
que le détrônement du *concept*, de la représentation conceptuelle
n'a pas redonné au dernier métaphysicien le sens de la *poiétique*
indisponible et imprévisible de la φύσις, et ce, nonobstant la *certitude* fondamentale dont jouit la volonté de puissance dans l'auto-
production d'elle-même? Tout en dégageant la pleine appartenance de l'oeuvre nietzschéenne à la tradition, ne faudrait-il donc
pas signaler chez elle certaines lignes de fracture inattendues,
certaines surprenantes *échappées* dont l'ouverture *devait* peut-être
avoir lieu à la point extrême de la Métaphysique occidentale?

Cette problématique doit être prise très au sérieux. On peut
bien dire que son élucidation constitue l'une des tâches les plus
décisives de la critique de la notion de valeur. Pas seulement en
regard de l'important travail déconstructif qui fut mené précedemment et sur la base duquel doit se poursuivre notre approche
de Nietzsche. Mais surtout, et essentiellement, parce que l'avenir
de la pensée et de ses décisions se joue plus que jamais dans l'examen de la dernière saisie métaphysique de la vérité, parce que,

comme le dit Heidegger, la fin de la métaphysique «*est* la nécessité de l'autre commencement».[41]

Tout d'abord, il convient d'examiner comment Nietzsche interprète l'essence du savoir représentatif à la lumière de sa position métaphysique fondamentale. Car ce savoir est traditionnellement, selon lui, ce par quoi l'homme a accès ou prétend avoir accès à l'*étant*, c'est-à-dire au *vrai*. La vérité désigne à la fois le pôle objectif de la connaissance et le caractère même de la connaissance en tant qu'elle atteint effectivement *ce qui est*. Quand nous parlons d'«adéquation» et de «certitude», nous visons donc précisément l'essence de la vérité en laquelle repose la vérité du savoir.

La première et évidente conséquence qui découle de toutes les considérations précédentes sur l'absoluité de la volonté de puissance, c'est que le savoir représentatif, dans le sens du *percipere* cartésien, a perdu son primat traditionnel avec Nietzsche et est passé au rang d'instrument ou de condition conditionnée de la croissance. L'activité représentative n'est plus autotélique. Elle ne constitue plus l'essence *propre* de l'auto-effectuation de l'être (Leibniz, Hegel). Elle trouve maintenant son fondement dans une volonté à chaque fois déterminée qui compte *avec* elle et avec ses productions pour déployer son règne. Le savoir est maintenant au service de la volonté absolue, et non plus la volonté au service du savoir absolu. La volonté vise perspectivement sa propre satisfaction, rien d'autre, et c'est à cette fin qu'elle se rapporte à l'étant et qu'elle met en place les conditions catégoriales de sa représentation (nous parlons ici de la volonté propre aux centres de domination qui se trouvent *au sein* de l'étant en totalité, et non pas, bien sûr, de la volonté en général). En termes nietzschéens: tout acte représentatif, quel que soit son objet – que cet acte pro-pose de prime abord la représentativité ou qu'il pro-pose l'étant à la lumière de celle-ci – est une *appréciation*. En appréciant sur le mode du savoir, la volonté tient pour valable quelque chose apte à la conditionner efficacement. Et comme l'étant représenté n'a de valeur et n'*est* donc comme tel que s'il entre en ligne de compte dans le calcul utilitaire de la volonté, il s'ensuit que cette appréciation, ce tenir-pour-valable équivaut à un tenir-pour-étant ou à un *tenir-pour-vrai* (für-wahr-halten). Seul se tient

---

[41] *Nietzsche I*, «Der Wille zur Macht als Erkenntnis»; S. 657.

en position à titre de *Gegen-stand* ce qui est librement et impérativement tenu-pour-vrai par la volonté appréciatrice. Comment Nietzsche appelle-t-il ce tenir-pour-vrai? A plusieurs reprises, il lui donne le nom de *croyance* (Glauben). «L'essence de la vérité», déclare le fragment 507 de la *Volonté de Puissance,* c'est cette *appréciation*: «Je crois que ceci et cela est ainsi.» De même le fragment 531: «Le jugement est notre plus ancienne croyance, notre manière la plus habituelle de tenir-pour-vrai ou de tenir-pour-faux, d'affirmer ou de nier, la certitude qu'il en est ainsi et pas autrement, la croyance que l'on «connaît» alors réellement, ...». Tout acte de représentation est donc en son fond un acte de croyance, un acte d'assentiment à ce que l'on tient pour vrai en toute certitude. Savoir, c'est toujours croire, croire qu'«il en est ainsi», que «c'est vrai», même si cette croyance a trait à l'évidence la plus rationnelle qui soit. Lorsque nous examinerons plus loin la relation fondamentale qu'entretient chaque centre de force avec son monde en devenir, nous saurons combien cette identification du savoir et du croire est un geste capital de la part de Nietzsche. Car il ne suffit pas de constater que le concept de croyance se déleste ici de ses significations ordinaires.[42] Il faut encore montrer pourquoi Nietzsche emploie précisément le concept antithétique traditionnel du savoir pour désigner le savoir lui-même, pourquoi il détruit le rapport hiérarchique que la philosophie avait de toute antiquité institué entre πίστις et ἐπιστήμη, entre foi et savoir.

Si l'acte représentif, une fois référé à l'absoluité de la subjectivité de la volonté, montre le visage de l'appréciation, si le jugement de «réalité», une fois appréhendé en regard de l'auto-effectuation inconditionnée de celui qui l'arrête, se dévoile en tant que jugement de valeur, alors surgit immédiatement la question de savoir *en vue de quoi* les centres de force *veulent* la «vérité» et, sous cette impulsion née d'eux-mêmes, se pro-posent l'étant. La volonté de vérité est fondamentalement volonté de puissance; le rapport noétique à l'étant rapport absolu de la volonté à elle-même; la possibilisation de l'objet possibilisation de soi: quelle visée la représentation de l'étant est-elle donc commise à remplir? En quoi consiste au juste la fonction possibilisante de la vérité?

---

[42] *Nietzsche I*; S. 513–514.

Bref, quelle est la *valeur* de la vérité, attendu que «la question des valeurs est plus fondamentale que la question de la certitude» et que «cette dernière n'acquiert son sérieux qu'à la condition que soit résolue la question de la valeur».[43]

Ce point est vite éclairci si nous nous rappelons le *statut* essentiel que reçoit l'étant objectivé et si nous le mettons en rapport avec le phénomène de la *conservation* de la puissance, tel qu'il a été examiné au § 1 de ce chapitre. Qu'est-ce que l'acte représentatif du Sujet accorde en effet à l'étant? Il lui accorde (gewährt) de se déployer (wesen) comme tel, c'est-à-dire de se tenir ou de se maintenir (währen) en position stable. Il lui garantit la *constance* de sa présence, et cette présence constante (οὐσία) n'est rien d'autre que son être, que son étance, que sa représentativité, que sa *vérité*.[44] Or justement, du fait qu'en toutes ses représentations la volonté absolue ne peut viser que son exécution efficace, il appert que cette constance lui est *nécessaire* afin d'assurer la conservation de sa propre puissance, c'est-à-dire du degré de puissance qu'elle atteint chaque fois. Se pro-poser l'étant, le tenir-pour-vrai, tel est l'acte d'appréciation essentiel au moyen duquel chaque centre peut s'assurer du *maintien* (Erhaltung) de sa force. Tel est le moyen grâce auquel il peut disposer en toute certitude de sa puissance actuelle, effective, *présente*. Pour autant qu'il garantit la stance ou la stabilité de son objet, le savoir représentatif constitue par conséquent l'instrument de la stabilisation de la puissance.

La conservation du degré de puissance chaque fois atteint par la volonté, explique Heidegger, consiste en ceci que la volonté s'entoure d'un cercle de présence où elle peut puiser en toute sûreté et à tout moment pour y assurer sa sécurité. Ce cercle délimite le stock, le fonds constant de présence immédiatement disponible pour la volonté (Dieser Umkreis umgrenzt den für den Willen unmittelbar verfügbaren Bestand an Anwesendem) (οὐσία, dans l'acception quotidienne de ce mot chez les Grecs). Or, ce fonds n'est vraiment quelque chose de permanent, c'est-à-dire quelque chose de toujours disponible, que s'il a été porté à stance par un acte positionnel (durch ein Stellen). Cet acte positionnel a le caractère de la production re-présentante (des vor-stellenden Herstellens). Le fonds ainsi constitué est ce qui demeure (das Bleibende). Et Nietzsche, fidèle à l'essence de l'être qui se déploie dans l'Histoire de la Métaphysique (être = la présence se maintenant), appelle cette constance «l'étant».[45]

[43] *Der Wille zur Macht*, XVI; n° 588.
[44] Vide chapitre précédent, p. 98.
[45] Le mot de Nietzsche «Dieu est mort», in *Chemins*; p. 197 (trad. modifiée).

Evidemment, le cercle de présence constante dont parle Heidegger désigne l'ensemble des points de vue dans l'ouverture préalable desquels la volonté peut maintenir son acquis, c'est-à-dire *se* maintenir au niveau des possibilités d'essence déjà réalisées. Lorsqu'il traite de la «vérité», de l'«étant», de l'«être»,[46] Nietzsche vise donc tout ce qui est *tenu-pour-constant*, qu'il s'agisse de l'objet représenté ou des conditions aprioriques de son objectivation. Car ce n'est pas seulement la représentativité d'avance représentée qui conditionne le maintien de la puissance, mais c'est la représentation, le savoir en général qui pose ou qui constitue les points de vue propres à cette fonction. Quelle que soit leur origine ou leur contenu, toutes les représentations font apparaître quelque chose de constant, et cette apparition est *produite* perspectivement par la volonté pour rendre consistante sa force effective.

Mais dans la mesure, à vrai dire, où ils apparaissent de prime abord à la vue et fondent la possibilité de l'objectivation empirique, les catégories et les principes peuvent prétendre au titre de *valeurs* par excellence. L'étance (la constance) qu'ils proposent ne garantit-elle pas fondamentalement la mise en sûreté et la libre disposition des quantités acquises de puissance? L'originalité de l'élucidation nietzschéenne de l'essence du savoir consiste justement à mettre à jour le caractère de valeur de ces déterminations aprioriques et, du coup, à leur reconnaître une *fonction* bien plus fondamentale que leur fonction noétique ou judicatoire apparente. Ainsi, parlant des jugements synthétiques a priori, Nietzsche affirme que la question kantienne de leur possibilité doit être supplantée par la question de leur utilité ou de leur *valeur*. La logique transcendantale s'est naïvement efforcée de déterminer les modalités et les sources théoriques de leur production, alors qu'il fallait rechercher *pourquoi* ou dans quelle perspective utilitaire la volonté absolue, inhérente au *cogitare*, les avait produits. Mais pour ce faire, il fallait évidemment déceler dans l'institution préalable des principes la volonté de *vérité*, le besoin de stabilité, la quête d'une assurance nécessaire, au lieu de rattacher leur force conditionnante à la fiction d'une subjectivité transcendantale pure.

[46] XVI; n° 517, n° 581.

... de telles réponses relèvent de la comédie et il est temps enfin de remplacer la question kantienne: «Comment les jugements synthétiques *a priori* sont-ils possibles?» par cette autre question: «Pourquoi la croyance en de tels jugements est-elle *nécessaire*?». Il faut comprendre, en effet, que c'est pour la conservation d'êtres de notre espèce que ces jugements doivent être *crus* vrais, ce qui n'empêche pas, bien entendu, qu'ils puissent être *faux*. Ou pour le dire plus clairement, d'une manière plus grossière et plus radicale, les jugements synthétiques a priori ne devraient pas du tout «être possibles»; nous n'avons aucun droit sur eux, dans notre bouche ce sont autant de jugements faux. Toutefois, la croyance en leur vérité est nécessaire, car il s'agit là d'une croyance de façade, d'une apparence (Augenschein) qui ressortit à l'optique perspectiviste de la vie.[47]

Qu'est-ce à dire? De quel droit Nietzsche peut-il déclarer *faux* les jugements aprioriques de Kant et donc, à travers eux, les déterminations noétiques en général, tout en les tenant pour indispensables à la vie? Réponse: du droit que lui confère sa position métaphysique fondamentale qui a éclairci l'être de l'étant en totalité comme volonté de puissance. Comme volonté de puissance, c'est-à-dire comme croissance, comme accroissement, comme extension constante[48] de domination; en un mot: comme *devenir*. La métaphysique de la subjectivité absolue de la volonté a mis à jour l'effectivité du réel dans la figure du devenir. Le réel est ce qui devient. Il ne peut jamais se figer, se stabiliser, s'immobiliser dans un état définitif. De la matière inorganique à l'espèce vivante la plus évoluée, ce réel modifie sans cesse son état pour gagner en force. La réalité n'offrant ainsi rien de constamment présent, Nietzsche est en droit de dire qu'il n'y a pas d'«étant», qu'il n'y a pas de «vérité», qu'il n'y a pas d'«être». Par suite, si le savoir représentatif fait apparaître chaque fois et nécessairement quelque chose d'«étant», il est évident que cette apparition (Erscheinung) ne constitue qu'une pure apparence (Scheinbarkeit) et ne correspond nullement à l'essentielle mobilité du réel. Aucune représentation ne peut être adéquate à ce qu'elle vise, car ce qu'elle vise n'est jamais constamment présent. Pro-posant des formes et des propriétés constantes, identiques, régulières, la connaissance opère ainsi une *fixation* (Festmachung) falsificatrice et illusoire du devenant. Elle fixe en simplifiant,

---

[47] *Par delà le Bien et le Mal*; I, 11.
[48] Cette constance du déploiement de la volonté sur le mode du devenir – dont il a été d'ailleurs question dès le début de ce chapitre – ne doit évidemment pas être confondue avec la constance de la «vérité», même si elle entretient un rapport essentiel avec cette dernière, ainsi que l'établira le § 10.

en *schématisant* le «chaos»,[49] en lui imposant certains rythmes et formes (ἰδέαι) directeurs grâce auxquels le centre de force peut disposer en sécurité d'un monde d'objets. Au reste, cette fixation fictive n'est pas seulement l'oeuvre des déterminations catégoriales: elle a déjà lieu au niveau élémentaire de la sensation dans la mesure où celle-ci anticipe toujours la structure essentielle des phénomènes et les simplifie lorsqu'ils affluent. Si subtils soient-ils, en effet, les sens n'ont *jamais* affaire à des données immédiates: ils *savent* toujours à quoi s'attendre, ils accueillent toujours ce qui advient dans l'horizon préalable d'un *sens,* sens qu'ils se sont *incorporés* par la force des habitudes perspectivistes. La falsification propre à la sensation relève ainsi des intentions de signification préalables, des visées herméneutiques aprioriques que les sens portent en eux. La perception d'un arbre, par exemple, – arbre «qui est à chaque instant une chose neuve» – est inévitablement fausse et falsifiante parce qu'elle fige ce phénomène dans une forme déterminée et stable dont – ce point est capital – elle avait déjà *prévu* la composition ou la structure générale.[50] Ce ne sont donc pas seulement les principes mathématiques kantiens qui fixent a priori la quiddité des data sensibles: ce sont toutes les significations constantes, toutes les «vérités» que les organes des sens se sont assimilées à des fins de conservation.

Dans ces conditions, on comprend que Nietzsche parle de l'appareil noétique en général comme d'un appareil de falsification[51] qui s'est constitué sous la pression des besoins vitaux.[52] Le développement des organes des sens, des instincts, de la mémoire, de l'imagination, l'institution des principes, des catégories, des règles, etc., ont lieu en vue de la conservation des centres: toute cette production répond à la nécessité pour les vivants de se maintenir en vie au niveau de leur force effective. Pour être fausses, les représentations stabilisantes n'en sont donc pas moins nécessaires: peut-être même sont-elles d'autant plus nécessaires qu'elles sont plus fausses, s'il est permis de parler ici de degrés dans la falsification du devenir.[53] Mais dans tous les cas, elles procèdent de la volonté de puissance qui *croit* en leur vérité pour

---

[49] Cf. XVI, nos 508, 515, 517, 521.
[50] XII, no 56. Cf. aussi XIII, no 396 et XIV, nos 80, 92, 95.
[51] XIV, Ire partie, no 69.
[52] XVI, no 503, no 507.
[53] *Par delà le Bien et le Mal*; I, 4.

pouvoir disposer d'une puissance stable. Le savoir culbute ainsi dans la croyance, c'est-à-dire dans l'assentiment à des fantasmes: il n'est plus la *vision* certaine et adéquate de *ce qui est*. La science *rejoint* l'opinion: elle ne connaît pas, elle ne voit pas mieux qu'elle.

La volonté de vérité est la volonté de *rendre fixe* (ein Fest-machen), de *rendre vrai, durable*, d'escamoter (ein Aus-dem-Auge-schaffen) ce caractère faux, de le transformer en lui donnant le sens de l'*étant*. La «vérité» n'est donc pas quelque chose qui serait déjà là et qu'il s'agirait de trouver, de découvrir, mais quelque chose qu'il faut produire (schaffen) et qui fournit un nom pour un processus indéfini; mieux: un nom pour une volonté qui veut indéfiniment règner en maître. Imposer la vérité, par un processus in infinitum, par une *détermination active*, ce n'est pas devenir conscient de quelque chose qui serait fixe (fest) et déterminé (bestimmt) en soi. La volonté de vérité, c'est bien plutôt l'un des noms pour la «volonté de puissance».[54]

Mais alors, si la «vérité», une fois confrontée au devenir du réel comme devenir, se dévoile comme une «nécessaire erreur»,[55] dans quelle direction faut-il rechercher maintenant la «véritable» vérité, la *vérité*? Si la connaissance ne produit que du faux-semblant, vers quel type d'appréciations faut-il se tourner qui soient susceptibles de faire apparaître du devenant comme tel?

La réponse nous est donnée par la simple observation suivante: pour que la «vérité» se révèle comme erreur, il a fallu montrer que toute position d'une constance est inadéquate au réel. Mais ce faisant, on a présupposé que la vérité consiste justement dans l'accord avec le réel. La «vérité» en tant que fixation n'a pu être taxée d'erreur que si l'on a d'abord compris la vérité dans le sens de l'accord avec le devenir. A l'évidence, il y a là ce que «La volonté de puissance en tant que connaissance» appelle «une singulière ambiguïté du concept de vérité»[56] qui s'ancre dans la conception platonicienne de l'ὁμοίωσις: loin de l'anéantir, la critique de la rectitude noétique suppose et maintient la possibilité d'un accord authentique avec le réel, à ceci près, certes, que l'ὁμοίωσις perd ici le sens d'un rapport de conformité constante avec l'«étant». Pour lors, où faut-il rechercher la possibilité d'un tel accord? Les valeurs de conservation se regroupant toutes sous le signe de l'er-

[54] XVI; n° 552.
[55] *Ibid.*; n°ˢ 493 et 535.
[56] *Nietzsche I*, «Die Wahrheit und der Unterschied von «wahren und scheinbaren Welt»; S. 619.

reur, cette possibilité ne peut plus se trouver maintenant qu'au plan des valeurs qui sont instituées par la volonté pour accéder à un surcroît de force. Ces valeurs d'accroissement, Nietzsche les appelle les valeurs de l'*art*.

9. Le concept nietzschéen de l'art ne s'applique pas seulement au domaine particulier des productions esthétiques, mais, d'une manière générale, à toutes les *productions originaires* (ποίησις) par lesquelles et dans lesquelles la volonté rend effective des possibilités d'essence supérieure jusqu'alors *voilées*. «L'oeuvre d'art, là où elle apparaît *sans* artiste, par exemple en tant que corporation, en tant qu'organisation (le corps des officiers prussiens, l'ordre des Jésuites). Dans quelle mesure l'artiste n'est qu'un stade préliminaire.»[57] Du fait que la volonté de puissance a pour essence d'éclore, de se déployer, de se pro-duire (sich hervorbringen) à partir d'elle-même dans sa propre ouverture, l'action ou le pouvoir efficace (Wirkung) de l'art et de ses oeuvres (Werke) doit être mis directement en rapport avec l'effectivité (Wirklichkeit) du réel (Wirkliche). Les valeurs de l'art doivent leur nom au fait qu'elles conditionnent originairement, c'est-à-dire de manière *appropriée*, l'auto-production perspectiviste des centres en croissance. Conformément à la saisie du trait fondamental de l'étant comme volonté de puissance, Nietzsche peut ainsi envisager «le monde» à l'image d'«une oeuvre d'art s'engendrant elle-même».[58]

L'élucidation qui a été faite plus haut de l'essence de l'accroissement et des modalités perspectivistes de sa possibilisation a déjà dégagé implicitement le statut de l'art. L'art exalte, *transfigure* (verklärt) la volonté en lui procurant une effusion de force nouvelle. Il accomplit l'élan extatique du centre vers une domination accrue. «L'art, dit Nietzsche, est la grande condition de possibilité (die grosse Ermöglicherin) de la vie, la grande excitation (die grosse Verführerin) à la vie, le grand stimulant de la vie».[59] Et dans la mesure où la volonté se manifeste *le plus* immédiatement en l'homme sous la forme des affects et des impulsions, à savoir comme *corps*, l'art est «un excédent et une ef-

---

[57] XVI, n° 796.
[58] *Ibid.*
[59] XVI, n° 853.

fusion de florissante corporéité (von blühender Leiblichkeit) dans le monde des images et des désirs».[60] Grâce à cette «florissante corporéité», grâce à ce lever, grâce à cette éclosion (φύσις) radieuse, le réel renaît sous des formes transfigurées: la fixation crépusculaire et fictive du devenant accomplie par la «vérité» fait place à une exhubérante vitalité, le monde déclinant des objets à un monde matinal d'oeuvres. La volonté s'éveille de nouveau à son propre jour, puise de nouveau à la source inépuisable de son essence. En regard de la cristallisation, de la mise à mort transitoire de la vitalité de la vie qu'entreprend nécessairement le savoir, l'art préserve ainsi les centres de la dégénérescence que sanctionne toujours une conservation trop longue des quantités de force disponibles. «Nous avons l'art, déclare Nietzsche, pour ne pas périr de la vérité.»[61]

En tant qu'elle permet à la volonté d'accéder à des possibilités d'essence supérieures, la force transfiguratrice de l'art ne *déforme* donc pas ce qui existe déjà mais *fait apparaître* originairement le réel dans une lumière neuve. Ce qui apparaît à la volonté artiste est toujours un jaillissement imprévu: il ne pouvait être anticipé par la volonté de vérité, puisque cette dernière fixe après coup des phénomènes qui ont initialement surgi par la force de l'art. Par là, on peut dire de l'art qu'il est la manière dont la volonté se *sur-prend* elle-même: au sens, d'abord, où elle advient à elle-même en s'appropriant une puissance plus intense, et au sens, ensuite, où, abandonnant la sécurité de son état, elle s'ouvre à des possibilités d'essence qui ne surgissent pas dans la lumière d'avance projetée de la «vérité». L'art révèle de l'inattendu dans une lumière inattendue, dévoile un monde de formes et de rythmes, d'images et de significations qui déconcertent et récusent les *prises* des représentations familières. L'art oeuvre à l'origine et met en oeuvre l'origine, attestant par sa puissance transfiguratrice que le réel, dans le fond, *est* toujours le *possible*, que le réel est toujours l'apparition imprévisible et neuve. Mais alors, est-ce que Nietzsche, en libérant la pleine essence *poiétique* de la volonté à l'encontre de la *fixation* traditionnelle de l'être, n'a pas redécouvert quelque chose du sens originaire de l'ἀλήθεια? Nietzsche reste-t-il toujours «de platonicien le plus effréné» lors-

[60] XVI, n° 802.
[61] XVI, n° 822.

qu'il ôte au regard philosophique la sécurité d'une saisie constante de l'ὄντως ὄν pour le plonger dans l'irréductible abîme de l'inconnu? «La métaphysique de Nietzsche» reconnaît bien que «l'interprétation de l'art dans le sens de l'apparence transfigurante revient à requérir insciemment l'ouverture et le fait de porter-dans-l'Ouvert en tant que détermination conductrice»,[62] mais décrète, en même temps, que cette ἀλήθεια demeure ici «changée, pervertie, défigurée et ainsi inconnue.»[63] Aussi justifié soit-il cependant, en regard de l'approche heideggerienne de l'ἀλήθεια, on peut se demander si ce décret ne fait pas la part trop mince à la vision méridienne, et sans doute insoutenable, que Nietzsche *devait* avoir de sa propre *position* métaphysique dès lors que s'annonçait à lui l'essence poiétique de l'être. Car si l'art transit tout le réel, la détermination de l'être comme volonté absolue devait être nécessairement considérée par son auteur comme *une* oeuvre, c'est-à-dire comme une production perspectiviste qui, loin d'épuiser le sens de l'être, loin de révéler la «vérité», serait un jour *submergée* par l'ad-venue imprévisible de l'être en retrait. La «folie» qui frappa Nietzsche à la fin de sa vie ne peut-elle pas être rattachée à cette vision d'abîme? Abîme qui n'est pas «la parfaite absence de sens»[64] propre à l'ère technique, mais la source inépuisable et insaisissable du sens? Le présent travail entend laisser la question ouverte.

Revenons à la question directrice de nos derniers développements: à la différence de la «vérité», l'art fait-il apparaître dans ses oeuvres le devenant comme tel? L'art permet-il aux centres de force de bénéficier d'un véritable accord avec le réel? L'apparence poiétique fait-elle transparaître le réel dans la plénitude de son effectivité?

On aurait pu le penser au premier abord, mais la réponse est non. L'art ne dévoile pas la vérité du réel pour cette simple raison que ses oeuvres, une fois *réalisées*, fixent immédiatement elles aussi le devenant sur des possibilités déterminées. Déjà impos-

---

[62] *Nietzsche II*; S. 318.
[63] *Ibid.*; S. 319.
[64] «Die ewige Wiederkehr des Gleichen und der Wille zur Macht», in *Nietzsche II*; S. 20. A ce propos, notons que dans «Le dépassement de la Métaphysique» Heidegger voit dans les concepts nietzschéens de la vérité et de l'art des «appellations détournées» de la technique et de la création culturelle (in *Essais & Conférences*; p. 94, p. 105). Cf. aussi «Pourquoi des Poètes» in *Chemins*; p. 237.

sible au plan des valeurs de la «vérité», l'adéquation au devenant ne peut pas davantage se produire avec la surrection matinale d'oeuvres.

Ce qui est posé dans l'ouverture transfiguratrice, explique Heidegger, a le caractère de l'*apparence* (Schein). Ce mot doit être conservé ici dans son essentielle ambiguïté: apparence au sens de luire et de paraître (le soleil paraît) et apparence au sens de paraître comme, de sembler (le buisson sur des chemins nocturnes paraît être un homme et n'est pourtant qu'un buisson). Celle-ci est l'apparence en tant qu'*apparition* (Aufschein), celle-là l'apparence en tant que *semblance* (Anschein). Mais dans la mesure aussi où l'apparence transfiguratrice en tant qu'apparition fixe et stabilise chaque fois la totalité de l'étant sur des possibilités déterminées, elle demeure du même coup une simple apparence qui n'est pas adéquate au devenant (der dem Werdenden nicht angemessen ist). Ainsi l'essence de l'art comme volonté d'apparence originaire (als der Wille zum aufscheinenden Schein) s'avère-t-elle en connexion étroite avec l'essence de la vérité, pour autant que cette dernière est saisie comme l'erreur nécessaire à la stabilisation, c'est-à-dire comme pure apparence, comme semblance.[65]

C'est dire que le monde dévoilé par l'art n'est pas le monde *vrai* (die wahre Welt) par opposition au monde purement apparent (die scheinbare Welt). L'inversion nietzschéenne du rapport hiérarchique que Platon avait instauré entre l'ἐπιστήμη et la poiétique de la τέχνη ne veut pas dire que, désormais, l'art sera la vérité et que la «vérité» sera l'erreur. Certes, l'apparence poiétique est la plus éclatante: en elle s'illuminent les possibilités d'essence de la vie jusqu'alors inconnues, en elle surgissent des formes (ἰδέαι) neuves. Mais justement ces formes, du fait qu'elles *se* fixent, *voilent* en même temps l'essentielle mobilité de ce qu'elles découvrent. Conclusion: les apparitions poiétiques du devenant, pour ressortir *moins* à la semblance (Scheinbarkeit, Anschein) que les phénomènes noétiques, sont elles aussi fictives. Ces apparitions sont elles aussi des fantasmes illusoires, même si elles portent au jour le réel sous des formes éclatantes, même si elles lèvent un monde dans son éclat originaire. Aussi bien, après avoir été rigoureusement distingués à partir de l'unité de l'essence perspectiviste de la volonté,[66] les phénomènes de l'art et les phénomènes de la «vérité» doivent-ils se regrouper sous la même enseigne, celle de la pure apparence, celle de la semblance.

[65] «Nietzsches Metaphysik, die Gerechtigkeit», in *Nietzsche II*; S. 317.
[66] Qui est précisément le faire-apparaître, le se porter dans l'Ouvert, comme le confirme «Der Wille zur Macht als Kunst» in *Nietzsche I*, S. 247 ff.

Il n'y a pas de vérité, il n'y a qu'un monde apparent (scheinbare), tout ce qui apparaît aux centres de force n'est que du faux-semblant plus ou moins *brillant*. «... Qu'est-ce qui nous force à admettre, écrit Nietzsche en 1886, qu'il y ait une antinomie essentielle entre le «vrai» et le «faux»? Ne suffit-il pas d'admettre des degrés dans l'apparence (Stufen der Scheinbarkeit) et, pour ainsi dire, des nuances et des harmonies plus ou moins claires, plus ou moins sombres, – des *valeurs* diverses, pour parler comme les peintres? Pourquoi le monde *qui nous concerne* ne serait-il pas une *fiction*?»[67] Mais, dans ces conditions, ne faut-il pas à nouveau inverser le rapport hiérarchique entre l'art et la «vérité» et déclarer que la volonté de «vérité» *réussit* mieux dans la production des apparences que la volonté délibérément artiste? Tout compte fait, la «vérité» ne serait-elle pas le comble de la falsification artistique?[68]

Mais peut-on en rester là? L'attribution d'un caractère fictif à la totalité des phénomènes perspectivistes n'est-elle pas plutôt un geste contradictoire? Dire que le monde de la volonté est un monde *faux*, n'est-ce pas encore énoncer une «vérité»? Bien mieux: la fausseté du monde phénoménal peut-elle être affirmée sans que référence soit faite, même implicitement, à un critère absolu de vérité? Il faut bien reconnaître que non: de même que l'identification de la «vérité» comme erreur avait présupposé la possibilité, ou, tout au moins, l'idéal d'un accord authentique avec le devenant, de même on a continué ici de présupposer un monde vrai en soi. Mais puisque cet en soi échappe, par définition, aux prises perspectivistes, comment pareille présupposition pourrait-elle encore se faire valoir? Comment pourrait-on comparer chaque apparence à un *ton* plus ou moins *dégradé* si l'on ignore le *ton* fondamental, s'il n'y a pas de ton fondamental? Comment l'inconnu, qui est ici l'inconnaissable, pourrait-il tenir lieu de norme ou de mesure suprême?

En prenant conscience de cette impossibilité, estime Heidegger, Nietzsche a fait le pas décisif devant lequel il a longtemps hésité.[69] Et en effet, c'est seulement en 1888 que la doctrine de la fiction universelle a été à son tour rejetée. Pour être la consé-

---

[67] *Par delà le Bien et le Mal*; II, 34.
[68] Cf. XVI; n° 542.
[69] *Nietzsche I*, «Der Wille zur Macht als Erkenntnis»; S. 625.

quence *logique* d'une prise de position initiale, ce rejet n'en exi-
geait pas moins une rupture tragique avec le souci métaphysique
de fonder l'apparence. Aussi Nietzsche déclare-t-il dans le décisif
fragment 567:

«Il ne reste plus une ombre de *raison* (Recht) de parler ici
d'*apparence*...

«L'antinomie du monde apparent et du monde vrai se réduit à
l'antinomie du «monde» et du «néant.»

Quelques mois après la rédaction de ce fragment, Nietzsche
sombrait dans la «folie». Heidegger ne s'interroge pas sur la portée
de la dernière antinomie. Il semble tenir pour évident le sens du
mot «néant».[70] Mais s'agit-il vraiment ici du concept métaphysique du non-être? De quel néant s'agit-il qui se «pose» ici à l'encontre (Gegensatz) de la phénoménalité, *c'est-à-dire* à l'encontre
de la pensée? En dehors de la pensée métaphysique du non-être
et de la pensée de la non-étance de l'être comme tel, n'y a-t-il pas
de place pour une certaine «folie»?

Quel néant Nietzsche voit-il en 1888? *Quelle* «folie» s'abattra
sur lui?

Pour la méditation historiale de Heidegger, l'évanouissement
du caractère fictif du monde de la volonté ne *saurait* signifier la
dissolution de *toute* vérité. La résorption de l'antinomie entre le
«vrai» et l'«apparent», puis la suppression de ce couple conceptuel
ne doivent pas égarer. «Il *faut*, déclare le *Nietzsche*, que l'essence
de la vérité ait changé dans l'intervalle.»[71] Pourquoi le faut-il?
Parce que, selon Heidegger, l'expérience niétzschéenne repose
nécessairement d'un bout à l'autre sur une certaine compréhension de l'essence de la vérité. Parce que cette compréhension *doit*
aller dans le sens du projet métaphysique de Nietzsche, et parce
que l'examen historial de ce projet oblige à «présumer» qu'il cul-
mine «à la pointe extrême de la pensée métaphysique».[72] «Qu'est-
ce qui arrive (was wird), demande Heidegger, une fois que se
trouve abolie la distinction entre un monde vrai et un monde
apparent?»[73] On pourrait commencer par répondre que Nietzsche

---

[70] *Ibid.*; S. 625.
[71] *Ibid.*
[72] *Ibid.*; S. 626.
[73] *Ibid.*; S. 630.

entre dans le noir de la folie. Mais cela veut dire pour Heidegger: «Que devient l'essence métaphysique de la vérité»?[74]

L'indication de la réponse, Heidegger la trouve au dernier paragraphe de ce morceau du *Crépuscule des Idoles* intitulé: «Comment le «monde vrai» finit par devenir fable. Histoire d'une erreur.» Nietzsche y écrit:

«6. Nous avons supprimé le monde vrai: quel monde reste alors? Le monde apparent, peut-être?... Mais non! *avec le monde vrai, nous avons aussi supprimé le monde apparent*! (Midi; instant de l'ombre la plus courte; fin de la plus longue erreur; point culminant de l'humanité; INCIPIT ZARATHOUSTRA.)»

L'«INCIPIT ZARATHOUSTRA» fait signe vers l'ouvrage, bien entendu, mais surtout vers l'époque de la rédaction d'*Ainsi parlait Zarathoustra*, à savoir les années 1882–1885. Quelle conception de l'essence de la vérité perçait alors? Aux yeux de Heidegger, Nietzsche appréhendait alors la vérité dans la figure de la *Justice* (Gerechtigkeit).

10. La pensée de la Justice, en laquelle Heidegger voit s'accomplir «l'extrême changement de la vérité métaphysiquement conçue»,[75] a ceci de particulier qu'elle a à peine été thématisée par Nietzsche. Quoique «poétifiée» dans *Ainsi parlait Zarathoustra*, on ne la trouve nettement exposée que dans deux courtes esquisses non publiées de l'année 1884. Après 1885, force est de constater sa totale occultation. Cette situation particulière rend-t-elle hypothétique la valeur de la démarche heideggerienne? En aucun cas, pourvu, évidemment, que restent comprises la visée et les méthodes irréductibles de la méditation historiale. Tout au plus interdit-elle de considérer la notion de Justice comme l'un des *titres* principaux de la métaphysique nietzschéenne.

La première esquisse de 1884 s'intitule «Les chemins de la liberté». A coup sûr, il s'agit de la libération absolue du Sujet humain. Mais quelle est la forme de cette libération, quelle est la forme de ce déchaînement inconditionnel que seule a pu *gagner* la métaphysique de la volonté de puissance?

Justice en tant que manière de penser constructive, éliminatrice, anéan-

---

[74] *Ibid.*
[75] *Ibid.*; S. 625.

tissante, à partir des appréciations: *suprême représentant de la vie même.* (XIII, 42)

La Justice constitue la manière essentielle dont la volonté de puissance pense, c'est-à-dire re-présente ou pro-pose. La proposition ne désigne pas ici la saisie noétique de l'«étant»: il s'agit bien plutôt de cette pro-position par laquelle la volonté absolue se rend elle-même présente au sein de sa propre ouverture. Une telle volonté construit en tant qu'elle s'établit à un niveau de puissance toujours plus élevé. Elle élimine, en tant qu'elle discrimine (ausscheidet) parmi les matériaux ceux qui sont propres ou impropres à assurer cette élévation. Elle anéantit, en tant qu'elle détruit tout ce qui l'appesantit ou l'abaisse.

Déterminant ainsi de manière souveraine ses visées et les conditions de possibilité de leur remplissement, la subjectivité de la volonté ne peut évidemment comparaître que devant son propre tribunal. Elle n'a pas à rendre compte de ses actes perspectivistes devant une autre instance judiciaire qu'elle même, puisque ces actes sont *justes*, sont *droits* du seul fait qu'elle les a commandés, rendus possibles et exécutés. Ses pro-positions ne peuvent se *conformer* à des normes juridiques extrinsèques, puisqu'elle est à la source de toute norme. Aucune des catégories qu'elle produit ne saurait donc l'obliger, car si elle se soumettait à leur juridiction après l'avoir *assise*, elle ne serait pas absolue, mais resterait sous la dépendance de la rationalité comme chez Kant ou Hegel. Dès lors, il est clair que *tout* ce que la volonté de puissance rend effectif s'avère parfaitement et du même coup justifié, juste, correct, *vrai*.

C'est aussi et seulement à partir de l'essence de la nouvelle justice que se décide le genre de justification qui lui est conforme. Celle-ci consiste ni dans la conformité à ce qui est déjà donné (an Vorhandenes) ni dans la référence à des lois intrinsèquement valables. Toute revendication d'une justification de ce genre reste sans fondement et sans écho dans le domaine de la volonté de puissance. La justification consiste bien plutôt en ce qui seul suffit à l'essence de la Justice en tant que «suprême représentant de la volonté de puissance». A savoir la représentation. Du seul fait qu'un étant se produit dans le district de la puissance en tant qu'une forme de la volonté de puissance, cet étant est déjà dans le droit (ist es schon im Recht), c'est-à-dire dans la volonté qui se commande à elle-même de surpasser sa propre puissance.[76]

C'est dire que la Justice constitue le véritable nom propre de la *certitude* inconditionnée de la volonté de puissance. Certitude de

[76] «Nietzsches Metaphysik, die Gerechtigkeit», *Nietzsche II*; S. 328.

soi, qui permet à la volonté de disposer à son gré de toutes les conditions nécessaires et suffisantes à son propre épanouissement. Nul doute que le processus de libération de l'homme moderne trouve ici son absolue satisfaction.

Ainsi Nietzsche intègre-t-il à sa position métaphysique fondamentale la détermination de l'essence de la vérité comme certitude. Mais quel sort se trouve alors réservé à la théorie de l'ὁμοίωσις? Après qu'eut été constatée la destruction conjointe du monde apparent et du monde vrai, peut-on encore concevoir un *accord* entre les centres de force et leur monde à la lumière de la notion de Justice.

A cette question, «La volonté de puissance en tant que connaissance» répond par l'affirmative. Pour Heidegger, l'élucidation de l'essence de l'art a indubitablement révélé sa fonction de stabilisation: du fait qu'elles fixent le devenant, les productions de l'art assurent aussi la constance du vivant. Mais du coup, cette constance ne peut pas être assurée seulement par la fixation noétique du devenant ou seulement par la transfiguration poiétique, mais par leur action conjointe. «Or, déclare Heidegger, les deux ne font qu'un par essence: à savoir assimilation (Eingleichung) et assignation (Einweisung) du chaos à la vie humaine.»[77] Il est évident que seul un examen approfondi du concept nietzschéen de chaos permettrait d'expliciter ce phénomène d'assimilation. Mais qu'il suffise de noter brièvement que Heidegger peut mettre la notion de Justice en rapport avec la notion d'ὁμοίωσις dans la mesure où cette dernière désigne ici une accomodation, une adaptation ou un *ajustement* du chaos au vivant (au sens d'un rapport de convenance produit *par* le *subiectum*).

Tournons-nous rapidement aussi pour finir vers la seconde esquisse de 1884 qui expose le sens de la Justice:

«Justice, en tant que fonction d'une puissance qui regarde loin alentour (einer weitumherschauenden Macht), qui voit par-delà les petites perspectives du Bien et du Mal, qui a ainsi un plus vaste horizon de l'*avantage* (einen weiteren Horizont des Vorteils) – soit l'intention (Absicht) de conserver quelque chose qui est *plus* que telle ou telle personne.» (XIV, 80)

La Justice, c'est ici la fonction, soit le fonctionnement, l'effectuation de la volonté de puissance, telle qu'elle jette un regard

---

[77] «Der Wille zur Macht als Erkenntnis», *Nietzsche I*; S. 636.

perspectiviste au-delà du cercle de visée traditionnel. Cette pro-spection ex-cédante lui permet d'accéder à «un plus vaste horizon de l'*avantage*», donc de circonscrire un cercle visuel qui soit véri-tablement, cette fois, à la mesure de son essence. Le mot avantage (Vorteil) ne signifie pas le profit, l'utilité ou l'intérêt, mais la partie (Teil), la part qui est impartie ou *adjugée* au préalable, avant (Vor) que l'on procède à un partage et à une répartition. Il s'agit naturellement de l'acte d'appréciation qui institue à l'avance les conditions de l'exécution efficace de la volonté. Dans quelle perspective (au second sens du mot) la *Justice* dispose-t-elle ces points de vue préalables? Dans la perspective de «conserver quelque chose». Ce «quelque chose» qu'il importe au plus haut point de conserver, plus que telle ou elle personne, plus que telle ou telle forme transitoire de la volonté, c'est la *constance* du déploiement de la volonté, c'est la *constance du devenir*.

La volonté de puissance veut se conserver comme telle sur le mode de l'accroissement constant. Cette conservation de l'essence forme la Justice et l'auto-justification suprêmes. «Le dernier métaphysicien» peut ainsi «imprimer au devenir le caractère de l'être»: il se donne ainsi le droit d'assurer à la volonté son perpé-tuel déploiement sur le mode de *l'éternel retour de l'identique*.[78]

Aux yeux de Heidegger, l'adoption incritiquée de ce primat de la constance enfonce la Métaphysique achevée dans l'oubli le plus complet de la vérité de l'être.

Cela veut dire: l'interprétation initiale de l'être comme constance de la présence est désormais mise à l'abri de tout questionnement.

La question de savoir en quoi se fonde la vérité de cette première et dernière interprétation métaphysique de l'être, la question de savoir si ce fondement pourra jamais se laisser éprouver à l'intérieur de la Métaphy-sique, cette question-là est désormais si loin de toute préoccupation qu'-elle ne peut même pas être posée en tant que telle. Car, désormais, l'es-sence de l'être semble saisie de manière si large et si essentielle qu'on la croit définitivement proportionnée au devenant, à la «*vie*» et à son con-cept.[79]

---

[78] XVI; nº 617.
[79] «Der Wille zur Macht als Erkenntnis», in *Nietzsche I*; S. 656–657.

CHAPITRE V

LA VERITE DE L'ETRE DANS SON
RAPPORT AUX TRAITS PLATONICIENS
DE L'ESSENCE DE LA VALEUR

1. En jetant les bases d'une transvaluation radicale de toutes les valeurs, Nietzsche avait espéré que l'homme occidental parviendrait à ressaisir et à assumer sciemment sa véritable essence par-delà toutes les formes aliénantes de son rapport traditionnel à l'étant. Quelques décennies plus tard, alors que la seconde guerre mondiale battait son plein, Heidegger expliqua longuement dans ses cours à quel point cette espérance lui semblait l'espérance la plus nihiliste. Pour aussi révolutionnaires qu'en furent et qu'en seront les réalisations, le projet nietzschéen hérite sa visée et sa configuration essentielle de la tradition métaphysique de l'Occident. Loin de s'en affranchir, il n'est que l'oeuvre ultime d'une pensée de la vérité de l'étant pour laquelle il n'en a jamais *rien* été de la vérité de l'être comme tel. A l'époque où la promotion ontologique de la volonté atteint son point culminant avec la proclamation de son inconditionalité, l'être reste enfoui, c'est-à-dire *anéanti* dans l'oubli où l'a laissé tomber le début de la pensée occidentale. Nietzsche pouvait bien s'en prendre aux fondements traditionnels de l'étant; il pouvait bien montrer à quel point leur instauration avait procédé d'une volonté à la fois naïve et débile, d'une volonté incapable de reconnaître et d'assumer sa propre absoluité: le fait d'avoir rétrospectivement converti ces fondements en valeurs, et d'avoir exhorté les centres de domination à promouvoir de nouvelles valeurs au su de leur principe trahit indubitablement son *attachement* à la visée fondative de la pensée métaphysique. Non moins que Platon, Nietzsche n'a pris en considération l'être qu'en regard de ce qui est, qu'eu égard à la fondation onto-théo-logique de l'étant en totalité. Pour autant qu'elle rend compte du fondement possibilisant de l'étant, la pensée de la volonté de puissance, tout de même que celle, corrélative, de

l'éternel retour, est fille de la Métaphysique. A l'heure extrême où la rationalité perd sa souveraineté en passant aux ordres de la subjectivité absolue de la volonté, l'être sombre dans l'extrême oubli au profit de la prépondérance de l'étant. Sa vérité disparaît dans l'auto-justification de ces volontés conscientes de leur souveraineté, de ces volontés qui ne reconnaissent plus d'autre tribunal que celui de leur propre puissance. De l'éclaircie de l'être, l'homme ne connaît plus maintenant que les champs de vision multiples délimités par les points de vue des centres de domination, points de vue posés à chaque fois par ces centres au seul service de leur domination. Au fil de ces points de vue, la subjectivité obtient certes une perspicacité ou une lucidité croissante quant aux moyens les plus propres à surélever sa puissance. Mais cette lucidité est en elle-même aveuglante: elle dérobe à la vue de l'homme la véritable source de lumière qui lui advient en lui faisant croire qu'il la projette à partir de lui-même sur l'étant. Avec sa théorie des appréciations perspectivistes, Nietzsche consacre la visée fondative de la pensée traditionnelle en jetant le dernier regard métaphysique possible sur l'être. D'où procède ce dernier jet? Non pas de la subjectivité solitaire de Nietzsche, mais de l'être même, tel qu'il advient au terme de son destin occidental. C'est là, selon Heidegger, l'unique état de fait (Sachverhalt) dont il faut mesurer l'ampleur et élucider le sens. Ici, la pensée de la vérité de l'être rencontre l'énigme inhérente à l'essence de l'être elle-même: l'énigme de l'être qui se rend manifeste à la vue métaphysique en lui refusant la vision de son essence la plus propre.

Afin de mettre en évidence la teneur métaphysique du projet nietzschéen d'une transvaluation de toutes les valeurs, Heidegger a opéré, dans le cadre de sa «méditation historiale», une déconstruction complète de la notion de valeur. Cette déconstruction occupe une place centrale dans le *Nihilisme européen*. Elle aboutit à la mise à jour du domaine de décision originaire en lequel ont surgi les traits essentiels dont Nietzsche a hérité à son insu pour composer la figure métaphysique de la valeur. Selon Heidegger, et compte tenu des indications fondamentales données par Nietzsche lui-même, ces traits sont au nombre de deux: il s'agit du trait de *l'apriorité* et du trait de la *possibilisation* (Ermöglichung). Leur surgissement simultané et leur accouplement, ainsi que leur déve-

loppement au cours de l'Histoire de la Métaphysique, constituent
le phénomène capital à la lumière duquel peut être révélé le processus de formation historiale de la notion de valeur. Bien qu'ils
n'aient fait l'objet d'une élucidation thématique qu'à l'époque de
la Subjectivité chez Kant, Heidegger estime que ces deux traits
sont venus initialement au jour dans la métaphysique platonicienne de l'ἰδέα, à la faveur, notamment, de la clarification de
l'essence de l'ἰδέα comme ἀγάθον. Si Nietzsche a conçu les valeurs
au titre de condition de possibilité préalables de l'exercice de la
volonté inconditionnée, c'est parce que sa pensée s'est secrètement
enracinée, au plus profond, dans la compréhension platonicienne
de l'être au sens de la possibilisation apriorique de l'étant. Cette
compréhension est le véritable lieu d'origine, c'est-à-dire le véritable lieu de rassemblement de l'essence de la valeur. Elle innerve
la critique rétrospective que fait Nietzsche des principes et des
comportements de l'homme traditionnel et, consécutivement,
toute l'élaboration du projet de la transvaluation. Certes, il ne
s'agit pas de sous-estimer pour autant l'importance des apports
historiaux de la Modernité: la destruction heideggerienne s'est
efforcée de montrer, au contraire, à quel point les déterminations
métaphysiques issues des différentes époques de la Subjectivité
ont permis à Nietzsche – et ceci indépendamment encore de *sa*
position métaphysique fondamentale – d'assigner aux valeurs un
mode de fondation apriorique qui soit approprié à la subjectivité
absolue de la volonté de puissance. Il n'est pas douteux, notamment, que seul l'examen de la conjonction des apports leibnizien,
kantien et hégélien a pu expliquer pourquoi la volonté, sur la
lancée de sa promotion ontologique, devait nécessairement en
venir à se rendre elle-même possible en posant d'avance et inconditionnellement les conditions nécessaires à son propre exercice. Autant que la notion de valeur comme telle, le principe d'une
auto-effectuation de l'être ne pouvait surgir que dans l'espace
historial de la Modernité. Et c'est visiblement sous la pression du
désir de libération absolue de l'homme moderne que la métaphysique nietzschéenne a *déchaîné* l'essence apriorico-possibilisante
de l'être. Mais, cela dit, il reste qu'un tel déchaînement n'aurait
pu se produire si Platon, dans la lumière ambiguë d'une première
expérience métaphysique, n'avait pas éclairci l'être en tant que
condition de possibilité a priori. C'est là un phénomène originaire

capital. La méditation historiale de Heidegger a attaché une grande importance à l'élucidation de son sens implicite. Car de cette élucidation dépend non seulement la compréhension du destin de l'être dans les Temps Modernes, mais aussi, et surtout, la possibilité d'un surpassement des appréhensions métaphysiques de l'être en vue d'une mise à jour de son essence la plus cachée.

2. L'importance de cette phase de la destruction heideggerienne étant rappelée, nous voudrions maintenant développer quelques considérations touchant le rapport entre la pensée de la vérité de l'être et la saisie métaphysique de l'être sous les traits du fondement possibilisant apriorique. Vu l'ampleur et la difficulté de leur sujet, ces considérations finales s'avèreront nécessairement insuffisantes. Leur ambition se bornera ici à soulever une problématique essentielle et à signaler les voies incontournables de son traitement.

Chaque fois que Heidegger qualifie de métaphysique une détermination historiale de l'être, c'est dans la mesure où celle-ci n'a été conçue et thématisée qu'*en vue* de la fondation de l'étant. En l'occurence, il faut dire des deux traits précités de l'être (Züge) qu'ils ont immédiatement revêtu un caractère métaphysique lorsque Platon s'en est *saisi* pour élucider le rapport (Be-zug) fondatif de l'étance à l'étant. Au titre de la mise-en-vue constante *de* l'étant, l'être comme ἰδέα est d'abord ce qui rend possible l'étant comme tel, ce qui accorde à l'étant le pouvoir de se rendre visible et de se rendre présent. L'être est l'étance possibilisante de l'étant. Cette essence, Platon l'a mise en évidence dans la figure transcendante de l'ἀγαθόν. De la sorte, l'être n'est appréhendé qu'en tant qu'il met-en-vue l'étant, qu'en tant qu'il rend la φύσις apte à être, et non pas en considération de son essence propre. De plus, bien que nécessairement soudé à son trait possibilisant, l'être se voit attribué un statut apriorique dont la thématisation n'est pas moins faite en référence à l'étant: l'ἰδέα est proclamée πρότερον τῇ φύσει parce qu'elle s'est *posée* avant l'étant dans l'éclaircie et qu'elle doit être toujours déjà survenue à lui pour qu'il puisse se déployer (wesen) comme tel. Quant à sa possibilité ontologique, la position de l'étant procède donc de l'apriorité de la position métaphysique de l'étance. Si l'être ne régnait

pas de prime abord au-dessus de lui en survenant à lui, jamais
l'étant, selon Platon, ne pourrait venir à la présence. De là découle l'idée d'une hiérarchie, d'un ordre ontologique où l'ἰδέα
occupe nécessairement la première place (Stelle), le poste de commande souverain, inconditionné, par rapport à la position dépendante, et en ce sens aposteriorique de l'étant sensible. L'ordre
de ces positions ontologiques respectives – chacune étant déterminée en regard de l'autre – exprime la différence entre l'être et
l'étant, telle que Platon l'appréhende métaphysiquement. Puisque l'ἰδέα prête à l'étant le pouvoir de se mettre-en-vue, c'est-à-
dire de se rendre manifeste au regard noétique de l'homme, la
différence entre l'être et l'étant implique un rapport de correspondance fondamentale entre l'être et le νοῦς: l'étant ne pourrait
pas être accessible comme tel, selon Platon, si l'homme n'avait
pas toujours déjà vu son étance, si l'être, donc, ne s'était pas
toujours déjà manifesté au νοῦς. Encore qu'elle ne puisse pas être
d'emblée thématique, πρότερον πρὸς ἡμᾶς, la vue préalable de l'ἰδέα
suppose une co-appartenance apriorique de l'être et du νοῦς sans
laquelle aucune relation familière avec l'étant ne serait possible.
Tel est bien le sens du lien de parenté entre l'oeil et le soleil que
relève Platon au livre VI de la *République*. Du fait que la possibilité de l'ἀλήθεια dépend maintenant de la position apriorique de
l'ἰδέα, Platon conçoit cette co-appartenance sur le modèle d'une
relation privilégiée entre le νοῦς et l'ὄντως ὄν sans se soucier de son
sens et de sa dimension implicites. Dès lors, le principe de l'apriorité constitutive du savoir de l'ἰδέα tend à connoter l'idée d'une
juridiction du νοῦς sur l'ἀλήθεια: cette juridiction n'est pas encore
celle de la subjectivité du *cogito* moderne, mais elle en dessine le
contour, comme l'atteste la doctrine de la réminiscence par laquelle les «Idées», sans rien perdre de leur transcendance, sont
intériorisées au νοῦς et en deviennent la propriété constante.

3. Entreprendre une expérience non-métaphysique de la vérité
de l'être, c'est la tâche que Heidegger a proposée à la pensée et
dont il a montré la nécessité à partir du constat suivant: en *dé-
voilant* l'être sous les traits du fondement possibilisant apriorique, Platon a *recouvert* son essence propre (sein Eigenes). Dévoilé
comme ἰδέα, l'être *comme tel* reste voilé parce que les traits qui
lui sont attribués ne servent qu'à élucider son rapport métaphy-

sique à l'étant. Soucieux de rendre compte de la possibilité de la présence, de la mise-en-vue, c'est-à-dire de l'éclaircie de l'étant, Platon s'est trouvé dans l'impossibilité de *voir* l'être dans son éclaircie propre. Selon Heidegger, cette impossibilité rend d'autant plus problématique l'essence de l'être même: elle ne sanctionne pas une sorte de mauvaise vue dont aurait souffert Platon et qu'il faudrait corriger sur le tard; encore moins l'oubli, l'ignorance coupable d'un point de vue philosophique exceptionnel. Bien plutôt faut-il en chercher l'origine dans l'énigme de l'éclaircie de l'être, telle que la signale le mot ἀ-λήθεια. Si l'être a soustrait à la vue métaphysique ce qu'il recèle de plus propre (sein Eigenstes), c'est essentiellement parce que, dans l'ouverture du champ de vision qu'il a *lui-même* accordé, il s'est présenté à cette vue sous les seuls traits de la présence fondative de l'étant présent. C'est parce qu'il s'est désapproprié (enteignet) de telle manière que la pensée n'a pu regarder sa venue ou sa présentation qu'à partir de l'étant et qu'eu égard à sa fondation apriorique. A vrai dire, en signalant ainsi la λήθη de l'ἀλήθεια, Heidegger ne cherche pas à «décharger» la pensée de la responsabilité du retrait du propre de l'être: se représenter de cette manière l'ἀλήθεια de l'être, c'est annuler toute son énigme et recouvrir le rapport d'appartenance mutuelle, la co-responsabilité (die Zusammengehörigkeit) de l'être et de la pensée sous des distinctions conceptuelles inappropriées. La pensée de l'ἀλήθεια doit s'efforcer d'élucider au contraire la possibilité de *sa vue* métaphysique traditionnelle en montrant que cette vue a été la vue *de* l'être dans les deux sens inséparables du génitif. L'inséparabilité de ces deux sens doit être *vue* à partir de l'identité essentielle de l'être et de la pensée, identité qui n'est pas l'égalité, ou la fusion dans l'indistinct des deux, ni même, comme chez Hegel, le rapport de l'être à soi au sein de son auto-différenciation. Dès lors, si elle veut percer le mystère de l'essence de l'ἀλήθεια, la pensée doit abandonner le don qui lui fut fait. Elle doit délaisser son champ de vision traditionnel en lequel l'être s'est éclairci sous des traits métaphysiques. A la faveur d'un tel abandon, il lui faut s'efforcer de laisser paraître l'être en son propre, c'est-à-dire, donc, «sans avoir égard au trait de l'être qui le porte à l'étant (ohne Rücksicht auf die Beziehung des Seins zum Seienden)».[1] Mais, ce faisant, les deux

[1] «Zeit und Sein», in *Zur Sache des Denkens*; S. 25 – trad., p. 67.

traits fondamentaux de l'ἰδέα ne peuvent pas être purement et simplement rejetés comme illusoires: la pensée de la vérité de l'être doit au contraire s'interroger maintenant sur leur sens implicite, non thématisé, ainsi que sur la dimension essentielle en laquelle ils sont apparu et qui s'est voilée dans leur apparition même. Loin d'être de fausses apparences, ils ont bien été les phénomènes de l'être, l'être en tant qu'il s'est historialement manifesté à la vue métaphysique de Platon, venant ainsi remplir son intention fondative. A la pensée qui se met en état d'accueillir l'être comme tel dans une vue phénoménologique appropriée, il appartient donc de délaisser la thématisation métaphysique de ces phénomènes pour que vienne au jour leur origine propre. Tel est le sens de cette brève remarque sur l'apriorité que l'on trouve formulée dans «La détermination du Nihilisme en regard de l'Histoire de l'être» (die seinsgeschichtliche Bestimmung des Nihilismus):

> Aussi longtemps que l'être de l'étant est pensé comme a priori, cette détermination elle-même empêche de méditer l'être en tant qu'être et, par là, d'éprouver peut-être avant tout dans quelle mesure l'être en tant qu'être s'engage dans ce rapport, dans ce trait apriorique qui le porte à l'étant (in diese Apprioribeziehung zum Seienden eingeht): si ce rapport échoit seulement et s'attache à l'être, ou bien si l'être est lui-même ce rapport, et ce que veulent dire, alors, être et rapport. Que toute métaphysique, y compris celle qui retourne le Platonisme (auch die Umkehrung des Platonismus), pense l'être de l'étant comme a priori, cela atteste seulement que la Métaphysique comme telle laisse l'être impensé.[2]

4. Du fait qu'elle doit abandonner les deux traits métaphysiques de l'être qu'avait saisis Platon pour pouvoir s'adonner à l'expérience du propre de l'être comme ἀλήθεια, et qu'elle entend, *en même temps*, élucider leur provenance à partir de ce domaine de l'ἀλήθεια, la démarche heideggerienne se trouve placée sous le signe d'une *ambiguïté* irréductible. Le risque est grand, une fois relevée cette ambiguïté, de s'en emparer, de la mettre en avant de manière hâtive pour y trouver matière à suspecter autant l'originalité que la portée effective de la pensée heideggerienne. Comme nous allons le voir, le risque de l'incompréhension croît d'autant plus que les derniers textes heideggeriens eux-mêmes s'y prêtent, dans la mesure où ils sont contraints de dire leurs

---

[2] *Nietzsche II*; S. 347.

vues phénoménologiques sur un *ton* nécessairement inapproprié en recourant toujours à la langue de la Métaphysique. Mais raison de plus, alors, pour reconnaître cette ambiguïté, c'est-à-dire pour s'interroger sur son essence, si l'on veut déterminer aussi proprement que possible le statut de l'expérience heideggerienne en regard de la tradition.

Cette ambiguïté, elle s'offre nettement au regard si nous considérons l'approche qu'entreprend Heidegger de l'énigme de l'ἀλήθεια au cours de sa conférence de 1964 sur *La fin de la philosophie et la tâche* (Aufgabe) *de la pensée*. Dans ce texte, Heidegger expose l'affaire (die Sache) à laquelle doit s'adonner (auf-geben) maintenant la pensée *à partir de* celle qui a requis la philosophie moderne, lors de sa dernière phase, sur la lancée de la compréhension initiale du sens de l'être en termes de présence fondative de l'étant présent. Cette affaire de la philosophie moderne, c'est la subjectivité absolue. Bien que leurs méthodes respectives soient différentes, les phénoménologies de Hegel et de Husserl ont pris toutes deux *à tâche* de rendre manifeste l'essence de l'être au titre de la subjectivité inconditionnée de la conscience. Dans les deux cas, il s'est agi d'obtenir une vue thématique de cette présence souveraine qui, de soi-même, s'est fondée préalablement en soi. Chez Hegel, cette vue s'appelle le savoir absolu, savoir dans lequel l'Esprit s'apparaît à lui-même tel qu'il *est*; chez Husserl, elle se nomme l'évidence ultime en laquelle est rendue manifeste la constitution transcendantale des objets opérée par la subjectivité de la conscience. Cette visée métaphysique commune étant relevée, voici alors ce qu'avance Heidegger : dans la mesure où elles ont dévoilé l'être en regard de l'étant présent et eu égard à sa fondation possibilisante apriorique, ces deux recherches phénoménologiques ont laissé impensée la vérité de l'être comme tel au sens de l'ἀλήθεια. Elles ont bien dévoilé l'absoluité de la présence comme la *lumière*, comme la clarté préalable dans laquelle l'étant peut être présent et visible comme tel, mais, ce faisant, elles n'ont pas été en état de porter leur vue sur la *clairière* (Lichtung) de l'ἀλήθεια. Par unique égard pour la lumière, pour la présence toujours illuminante du présent, la phénoménologie moderne, héritière de la visée métaphysique de Platon, n'a pas laissé paraître la clairière, ne l'a pas thématiquement reconnue comme *le* phénomène le plus propre qui puisse être donné à *voir*. Quelle est cette clairière? En prévenant qu'il ne s'agit pas d'«extraire» du mot *Lichtung* de «pures représentations»,[3] Heidegger rappelle qu'il désigne concrètement l'espace libre, ouvert, désencombré d'arbres au sein d'une forêt. Dans ce lieu d'ouverture, *distinct* de la masse compacte et hermétique d'arbres environnants, la lumière rayonne librement et se répand sur les choses qu'elle rend ainsi visibles. On serait immédiatement porté à croire que le mot *Lichtung*, compte tenu de sa consonance phonétique, se rapporte à l'adjectif *licht* (clair, lumineux); mais en fait, souligne Heidegger, c'est à un autre *licht* qu'il faut le référer. Celui qui résonne dans *lichten*, dans *licht machen*, et qui est identique à *leicht*: léger, dégagé, et donc, libre, ouvert. Cette distinction sémantique, selon Heidegger, est capitale:[4]

> il faut y prendre garde eu égard à la différence (*für die Verschiedenheit*) entre *Lichtung* et *Licht*. Toutefois, la possibilité existe d'une interdépendance essentielle – qui a trait à l'affaire en cause – des deux (*Gleichwohl besteht die Möglichkeit eines sachlichen Zusammenhangs zwischen beiden*). La lumière peut en effet faire irruption (*einfallen*) dans la clairière, dans son Ouvert, et laisser jouer en elle le clair avec l'obscur. Mais ce n'est jamais la lumière qui produit d'abord la clairière; c'est au contraire celle-là, la lumière, qui présuppose (*setzt... voraus*) celle-ci, la clairière. La clairière cependant, l'Ouvert n'est pas libre seulement pour la clarté et pour l'obscurité, mais aussi pour l'appel qui retentit et son écho mourant, pour ce qui sonne et sa résonance mourante (*für den Hall und das Verhallen, für das Tönen und das Verklingen*). La clairière est l'Ouvert pour tout ce qui vient à la présence et tout ce qui s'absente.[5]

De la clairière du temps, dimension préalable dans l'ouverture de laquelle la clarté de la présence, comme l'obscurité de l'absence peuvent survenir à l'étant, les phénoménologies de Hegel et de Husserl ne savent rien. Si elles n'en savent rien, c'est, en fin de compte, parce que leur recherche et leur détermination des phénomènes ont été de prime abord orientées, comme l'ont été toutes les investigations philosophiques en Occident, par l'intention ou la visée fondative de Platon. Pour Platon, seule a importé la *tâche* de fonder la possibilité de la présence et de la visi-

---

[3] «Zeit und Sein»; S. 72.

[4] Bien que le mot *Lichtung*, d'après l'«etymologisches Wörterbuch» de Friedrich Kluge, ait été formé au XIXe siècle pour traduire le français «clairière» (au XVIIe siècle, ont disait «clarière»), nous ne trouvons pas dans l'étymologie de ce dernier de quoi le *différencier* aussi de la clarté, de la lumière. «Clarté» et «clairière» ont tous deux pour racine i-e *kel-*, d'où provient également la «Helle» (clarté) allemande. Ce fait est à méditer.

[5] «Zeit und Sein»; S. 72.

bilité de l'étant. De là a résulté une métaphysique de la pure présence apriorique, celle de l'ἰδέα, dont la lumière transcendante est toujours déjà survenue à l'étant pour le mettre-en-vue. L'ἰδέα est elle-même cette mise-en-vue: par la vertu de son essence solaire, elle luit, elle brille d'avance à partir de soi, rendant ainsi toutes les choses aptes à briller dans la clarté de son rayonnement constant. Si luisante, si brillante est apparue l'ἰδέα aux yeux de Platon, que le fondateur de la Métaphysique n'a pas pu s'en détourner pour prendre en considération une dimension encore plus proche, qu'il n'a pas pu s'interroger sur la possibilité intrinsèque de la fondation métaphysique elle-même et donc reconnaître que «briller n'est possible que si une ouverture (Offenheit) est déjà accordée».⁶ Par suite, loin de s'atténuer, cette sorte d'aveuglement dont est frappé Platon au coeur de sa clairvoyance se retrouve jusque dans sa conception du rapport de parenté entre l'ἀγαθόν et le νοῦς: en montrant que le soleil a toujours déjà déposé un capital de lumière dans l'oeil, Platon a seulement rendu compte de la possibilité qu'a l'homme d'avoir accès à l'étant présent et visible. Ce faisant, il n'a pas reconnu le domaine d'ouverture préalable en lequel seul peut jouer cette co-appartenance de l'être et de l'homme; il n'a pas reconnu la clairière qui accorde non seulement la possibilité de la survenue de la lumière, de la présence à l'étant, mais aussi la possibilité de la pensée de cette présence même. «La clairière accorde (gewährt) avant tout (allem zuvor) la possibilité du chemin vers l'état de présence (Anwesenheit), présence qu'elle rend possible comme telle. L'ἀλήθεια, le non-voilement, il nous faut la penser comme la clairière qui fait se déployer de prime abord, en les rassemblant (die ... gewährt), l'être et la pensée dans leur présence l'un à l'autre et l'un pour l'autre.»⁷

A considérer la manière dont Heidegger entreprend ici l'approche de la vérité de l'être et, indissolublement, la terminologie dont il fait usage, il n'est pas douteux qu'il faille s'interroger sur l'ambiguïté dont nous parlions. Tout au long de ce texte, en effet, nous voyons que Heidegger a parlé de la clairière de l'ἀλήθεια, dans son rapport à l'être comme présence, en termes de condition de possibilité a priori. Soucieux de mettre à jour l'impensé de la

⁶ *Ibid.*; S. 73.
⁷ *Ibid.*; S. 75.

pensée métaphysique, Heidegger est *parti* de la considération du phénomène métaphysique en général (tel qu'il perce, notamment, à l'époque de la Subjectivité absolue), à savoir la présence apriorico-possibilisante, pour déterminer, à la faveur d'un *saut*, la dimension préalable *à partir de* laquelle peut et doit être maintenant explicitée la possibilité tant de la présence que de la pensée de la présence. Le saut n'a donc délaissé la présence (οὐσία) que pour entrer dans la dimension qui l'a toujours déjà rendue secrètement possible en tant que telle. Ainsi orienté, ce saut est un saut ambigu : dans une optique tout à fait métaphysique, semble-t-il, il prétend dépasser la tradition en visant un phénomène que toute l'Histoire de la Métaphysique n'a pas *pu* voir ; il prétend à la vue-non-métaphysique d'un phénomène jusqu'à lors invisible, jusqu'à lors voilé aux yeux de la Métaphysique (πρὸς ἡμᾶς) – quoique, pourtant, toujours déjà manifeste τῇ φύσει au fondement des phénomènes traditionnels – en suivant la *ligne de visée* de la pensée métaphysique, cette ligne grâce à laquelle Platon avait transcendé l'étant, immédiatement dévoilé aux yeux de la δόξα, vers son fondement possibilisant toujours déjà manifeste en soi-même. Dès lors, s'interroger sur l'essence de cette ambiguïté, c'est bel et bien s'interroger sur la véritable *originalité* et sur la véritable *portée* du pro-jet heideggerien lui-même : *qu'en est-il de l'abandon des déterminations métaphysiques de l'être, notamment des deux traits essentiels de l'*ἰδέα*, si le rapport* (Be-zug) *entre la clairière et la lumière se trouve aussi appréhendé sous les traits* (Züge) *de la possibilisation apriorique ?* Au cours de son approche de l'être, Heidegger n'a-t-il pas *décalqué* le rapport métaphysique entre la présence et l'étant présent sur le rapport qu'il établit entre l'ἀλήθεια et la présence elle-même ? Sous quelle forme les deux traits de l'ἰδέα se retrouvent-ils ici ? N'ont-ils pas plutôt subi, lors du saut, une transformation telle que plus rien ne demeure de leur teneur métaphysique, en sorte que le phénomène qui élucide leur provenance ne puisse pas, et donc ne doive pas être rétrospectivement amené, *tiré* dans leur *clarté* ? Mais si le phénomène visé se dérobe vraiment aux prises des déterminations platoniciennes, quelle signification accorder alors au fait que Heidegger *l'énonce* encore en termes traditionnels ? Le destin de cette approche de l'ἀλήθεια ne serait-il pas d'emporter nécessairement avec elle la langue de la Métaphysique pour tenter de dire un état de fait que la Métaphysique n'a jamais pu dire? Dans cette perspective, nous devrions sans doute prendre au sérieux les dernières lignes de «Zeit und Sein», lignes dans lesquelles Heidegger, non content d'affirmer la nécessité de surmonter les obstacles (die Hindernisse zu überwinden) qui rendent inapproprié son dire, déclare encore que sa conférence «n'a parlé qu'en propositions énonciatives» (Er hat nur in Aussagesätzen gesprochen).[8] Nul doute qu'il s'agisse là d'un problème analogue à celui qu'avait déjà rencontré Husserl dès le début de ses recherches phénoménologiques: comment ne pas altérer la pureté de la vue réflexive par des énoncés provenant de la naïveté thétisante de l'attitude naturelle au moment où, remontant à contre-courant de cette attitude, on envisage les actes en eux-mêmes et leur sens implicite? Mise à part cette analogie pourtant, le statut que Heidegger a accordé au langage dans son rapport à l'être semble rendre hypothétique la possibilité même d'une vue *par-delà* le langage lui-même. L'homme ne voit-il pas toujours à l'intérieur de cette maison de l'être qu'est le langage? Que devient cette maison, dont la *Lettre sur l'humanisme* disait qu'elle est l'habitat poiétique des hommes, lorsque Heidegger, dans ses dernières approches, jette le regard dans une dimension qui s'est dérobée à la parole de la Métaphysique, qui se dérobe encore à sa parole, qui se dérobe peut-être à toute parole? Mais alors, quelle est l'essence de la vue phénoménologique de cet état de fait qui rend la vue des phénomènes possible tout en n'apparaissant pas soi-même? Peut-on encore appeler phénoménologique la vue d'un état de fait jusqu'à ce jour voilé, dont la description appropriée s'avère problématique, et dont le «contenu», bien qu'il soit le «même» (dasselbe) n'égale pas (gleicht nicht) celui des phénomènes métaphysiques auxquels la pensée, y compris la phénoménologie moderne, a eu traditionnellement affaire? Ce *Même*, comment ne pas le penser sous les espèces d'une essence constante, d'une essence constamment en retrait en chacune de ses manifestations historiales?

Questions qui surgissent nécessairement, dès que l'on en vient à s'interroger sur l'ambiguïté de l'expérience heideggerienne de l'être. S'agissant des dernières, il n'est pas possible d'en entre-

---

[8] *Ibid.*; S. 25 – trad., p. 68.

prendre l'élucidation sans les avoir préalablement développées. Nous ne le ferons pas ici. Si nous pouvons, pourtant, jeter quelques lumières sur elles, ce sera dans la perspective de la problématique que nous avons rencontrée de prime abord: dans l'expérience qui s'efforce de combler la lacune théorétique de Platon en procédant à la localisation de son *point aveugle*, dans la vue de l'essence la plus propre de l'être, qu'advient-il des deux traits fondamentaux de l'ἰδέα? Qu'est-ce que Heidegger retient et abandonne à la fois de ces deux traits en régressant à ce qui, dans leur percée époquale, est demeuré en retrait?

5. Référons-nous tout d'abord une nouvelle fois à ces pages du *Nihilisme européen* dans lesquelles Heidegger examine les deux traits fondamentaux de l'ἰδέα. Ordonnées à la mise à jour de l'origine *métaphysique* de la notion de valeur, cet examen est loin de constituer une véritable ex-plication (Auseinandersetzung) critique avec Platon, au sens heideggerien de ce mot: au titre de la phase capitale de la destruction de la métaphysique nietzschéenne de la valeur, il se contente de dégager la teneur proprement métaphysique de la destination de l'être en termes de fondement possibilisant apriorique, sans se mettre en quête de son horizon ou de sa dimension cachée. Toutefois, si nous y regardons d'un peu plus près, nous voyons que le texte heideggerien donne quelques courtes indications qui sont d'une portée capitale pour la problématique qui nous intéresse ici. Tout d'abord, il y a celle, anodine, qui se trouve à la fin du cours sur «La différence ontologique»: l'apriorité étant la forme sous laquelle Platon a appréhendé la différence entre l'étance et l'étant, elle déclare que, dans cette pensée, «rien de marginal, d'isolé (Abseitiges) n'a été inventé, mais que quelque chose de *très proche* (ein Allzunahes) a été compris pour la première fois, même s'il n'a été saisi que dans des limites déterminées, qui sont les limites de la philosophie, c'est-à-dire de la Métaphysique.»[9] Dans le cours qui suit, intitulé «L'être comme a priori», où Heidegger donne-t-il à voir ce «très proche»? Nul doute que c'est au moment où il entreprend de déterminer le «sens authentique» de l'a priori comme *antécédent* (Vorherig). A cette occasion, il signale brièvement, sans autre commentaire, la

---

[9] *Nietzsche II*; S. 213. C'est nous qui soulignons.

temporalité qui se trouve impliquée dans l'essence apriorique de l'être. Rappelons ce passage: «La traduction allemande la plus appropriée (die sachlich gemässte deutsche Uebersetzung) pour a priori, nous la trouvons dans le mot *Vor-herige*. Das Vor-herige, au sens rigoureux de ce mot qui comprend deux éléments: le *Vor*, qui signifie «en avance» (im vorhinein), et le *Her*, qui signifie: ce qui «à partir de soi vient sur nous, nous ad-vient» (das «von sich¦aus auf uns zu») – l'anté-cédent. Si nous pensons ainsi le πρότερον τῇ φύσει, l'a priori au sens authentique de l'anté-cédent, de ce qui, à partir de soi, nous advient d'avance, le mot perd alors sa signification «temporelle» d'«antérieur» (Früher), signification qui prête à malentendu et qui fait que nous entendons ordinairement le «temporel» et le «temps» sous les espèces du calcul et de l'énumération chronologiques (der gewöhnlichen Zeitrechnung und Zeitfolge), de la succession de l'étant (des Nacheinander des Seienden). Mais conçu conformément à l'anté-cédent, l'a priori dévoile avant tout maintenant la *temporalité* de son essence (sein *Zeit*haftes Wesen) en un sens plus profond du «temps», sens que nos contemporains, manifestement, ne *veulent* pas voir, parce qu'ils ne voient pas la communauté d'essence (Wesenszusammenhang) voilée de l'être et du temps.

«Qu'est-ce qui les en empêche? La structure de pensée qui leur est propre et l'intrication inapparente dans des habitudes de pensée désordonnées. On refuse de voir, sinon il faudrait admettre que les fondements (die Fundamente) sur lesquels on continue de bâtir l'une après l'autre des dérivations de la Métaphysique *ne sont point des fondements* (keine Fundamente sind).»[10]

Dans le court espace de ces lignes, Heidegger, en 1940, fait signe vers le difficile état de fait qu'il tentera ultérieurement d'élucider de la manière la plus appropriée, notamment à partir de 1957, date à laquelle ont été prononcées les deux conférences sur «l'Identité» et «la Différence». «La fin de la philosophie et la tâche de la pensée» donc (1964), mais surtout «Temps et être» (1962) constituent les deux dernières approches les plus importantes de cet état de fait. Puisque nous avons problématisé le rapport entre la pensée platonicienne de l'être et la pensée de la vérité de l'être dans sa phase ultime, il importe donc de *lire* l'indi-

---

[10] *Nietzsche II*; S. 219.

cation de Heidegger à la lumière rétrospective de ces textes. Ce faisant, nous laissons totalement de côté l'*histoire* de l'expérience heideggerienne entre 1940 et cette dernière période. Seul nous requiert ici le traitement de notre problématique en regard de quelques points cruciaux de la destruction heideggerienne de Platon.

6. Afin d'expliciter de manière appropriée l'indication de Heidegger, disons d'abord ceci: pour autant qu'elle se réfère à une vue «concrète» de la clairière, celle qui la donne comme un espace libre au sein de la forêt, la conférence sur «la fin de la philosophie et la tâche de la pensée» est d'une certaine manière *dangereuse.* Dangereuse, parce que la manière dont l'état de fait intentionné se trouve alors abordé risque d'entraîner l'esprit sur la pente fatale de la représentation. Malgré la mise en garde, d'ailleurs significative, de Heidegger, on risque en effet de méconnaître le véritable rapport entre l'ἀλήθεια et la présence en s'attachant au «modèle» forestier de la relation entre la clairière et la lumière. Car cette représentation amène à penser que si la survenue de la lumière aux choses dépend bien de l'ouverture préalable de la clairière, la lumière, quant à elle, prise en elle-même, ne ressortit en rien à son lieu d'accueil. Elle invite à considérer la clairière de l'ἀλήθεια comme un espace déjà subsistant, comme une dimension déjà *présente,* laquelle, de surcroît, se laisserait remplir par une lumière survenant du dehors, par une lumière provenant d'une source extérieure. Si on l'appréhende de la sorte, la différence entre l'ἀλήθεια et la source solaire de la présence (ἀγαθόν) tombe immédiatement au niveau de la distinction naïve entre deux conditions ontologiques, distinction qu'invoquait Spinoza par exemple, lorsqu'il faisait dépendre la possibilité de la production de l'étant à la fois de sa cause immédiate (Dieu) et de ses conditions d'existence médiates: «Car, parmi les conditions requises pour qu'une chose soit, quelques-unes le sont pour produire la chose, et d'autres pour qu'elle puisse être produite. Par exemple, je veux avoir de la lumière dans une pièce, j'allume un flambeau qui éclaire la chambre par lui-même, ou j'ouvre la fenêtre; mais cette ouverture par elle-même ne produit pas la lumière, elle permet à la lumière de pénétrer dans la chambre.»[11] Sur la pente

[11] *Court Traité*; «Chap. II, Second dialogue entre Erasme et Théophile», 12.

d'une telle représentation, on serait de plus porté à croire que la régression heideggerienne vers la dimension originaire où se déploie la présence, loin de la transformer, laisse parfaitement intacte la détermination métaphysique de cette présence. Car pourquoi la vue de la lumière serait-elle changée du fait de la vision thématique de son espace de jeu, si la relation entre les deux phénomènes est une relation entre deux conditions distinctes? Le représente-t-on ainsi, il va sans dire que l'on passe complètement à côté de l'état de fait envisagé par Heidegger. Référer la différence entre l'ἀλήθεια et la présence à un modèle de cette espèce, c'est ignorer purement et simplement que Heidegger, examinant la structure de cette différence, vise toujours le *même* phénomène. C'est oublier non seulement que la présence apriorico-possibilisante est l'être même, tel qu'il se destine époqualement, mais encore et surtout que l'élucidation de la vérité de l'être comme ἀλήθεια a précisément pour tâche de déterminer l'essence *propre* de la présence à partir de *ce* qui la donne, et non plus, dans une optique fondative, à partir de l'étant qu'elle fonde. Pour lors, il importe avant tout d'abandonner de telles représentations, et la pensée représentative en général, si l'on veut saisir toute la portée originale des lignes du *Nietzsche*. Car ce qu'indiquent ces lignes, c'est justement l'essence propre de la présence qui est restée en retrait dans les époques de l'être, c'est-à-dire, aussi bien, l'essence propre de l'apriorité, telle que Heidegger l'entend résonner dans l'adjectif allemand *vorherig*. En traduisant de la sorte le πρότερον grec, Heidegger n'explicite nullement le sens métaphysique que Platon lui a conféré. Il indique bien plutôt l'essence et l'espace de jeu originaires de la présence apriorique en tournant la vue sur le mystère de l'ἀλήθεια. Cette traduction herméneutique, il faut donc montrer qu'elle résulte d'un véritable saut du regard hors du cercle de visée thématique de Platon.

7. La présence en son propre, Platon n'a pas pu la voir. Il n'a pas pu la voir parce qu'il l'a vue dans son rapport (Be-zug) fondatif à l'étant. Apriorique est pour lui la présence, dans la mesure seulement où il faut qu'elle soit toujours déjà venue au jour et régner sur l'étant pour que celui-ci puisse se déployer comme tel. Sans prendre garde au statut impropre qu'elle reçoit si on la

désigne aussi comme quelque chose qui *est*, qui est présent, Platon a conféré à l'auto-position prioritaire de la présence la fonction métaphysique de la mise en position recueillante de l'étant en totalité. Ainsi captivée par tout ce qui vient à la présence, sur un mode ontique ou sur un autre, son attention n'a jamais pu se détourner pour envisager, autant en lui-même qu'en sa dimension temporelle cachée, le phénomène de *l'advenue préalable de l'être au* νοῦς. Sans la vue non-thématique de ce phénomène pourtant, jamais Platon n'aurait pu *voir*: jamais il n'aurait pu appréhender métaphysiquement la présence sous les traits de la mise-en-vue apriorique de l'étant présent. Car cette advenue, car cette présentation préalable de l'être auprès (bei) de l'homme, c'est ce qui constitue, selon Heidegger, le propre de la présence (Anwesen). En son propre, la présence n'est rien de présent (Anwesende). La présence, c'est originairement le déploiement d'être (Wesen), la venue de l'être à (an) l'homme. Si l'être, dans une présentation inapparente, ne s'était pas de prime *abord* présenté à sa vue, il n'aurait pas été donné à Platon de *le* voir à partir de l'étant, de le saisir sous le rapport (Bezug) de son trait (Zug) à l'étant. En l'apriorité voilée de l'advenue de l'être à la pensée repose donc la possibilité de la pensée métaphysique de la présence. Plus originaire que le trait apriorique qui le porte (Be-zug) à l'étant est le trait qui porte de prime abord l'être à l'homme. *L'être est ce trait même*. Dès lors, de ce que le propre de l'être est de se présenter à l'homme, de se *donner* à lui, il s'ensuit que le propre de l'homme est de s'*adonner*, est de s'ouvrir à l'être de manière à accueillir sa venue préalable. Laissant advenir auprès de lui l'être comme présence, l'homme a pour essence de *demeurer* (währen) dans la proximité de l'être. Par là se fait jour le rapport d'appropriation (Ereignis) mutuelle entre l'être et l'homme dans la clarté de l'essence originaire de la présence:

> l'être se présente (west) à (an) l'homme d'une façon qui n'est ni accessoire, ni exceptionnelle. L'être ne se déploie (west) et ne demeure (währt) qu'en tant qu'il va à l'homme et le requiert en s'adressant à lui (indem es durch seinen Anspruch den Menschen an-geht). Car l'homme, ouvert à l'être, laisse d'abord (erst) celui-ci venir à lui comme présence (als Anwesen ankommen)[12] ... car c'est seulement auprès (bei) de nous qu'il (l'être) peut se déployer comme être, c'est-à-dire comme présence.[13]

[12] «Identität und Differenz»; S. 19 – *Questions I*; p. 265.
[13] *Ibid.*; S. 20 – p. 266.

Il y a, dit Heidegger, une *Zusammengehörigkeit* de l'homme et de l'être: l'être *gehört* à l'homme comme l'homme *gehört* à l'être. Appartient à? Cette traduction s'avère finalement impropre puisqu'elle connote l'idée d'une relation d'ordre, d'une relation d'inclusion réciproque entre deux «parties». Disons simplement : l'être *est à* l'homme comme l'homme *est à* l'être, en gardant à l'esprit le sens multiple de cette locution française qui dit à la fois le fait de se tenir à proximité de, le fait d'être la propriété de, et le fait de s'adonner à (comme lorsqu'on dit qu'un tel *est à* ce qu'il fait ou *à* ce qu'il entend). La *Zusammengehörigkeit*, l'*Ereignis* nomme ce par quoi l'être (en tant que présence) et l'homme sont l'un à l'autre : sont l'un près de l'autre, sont appropriés (geeignet) l'un à l'autre, s'adonnent l'un à l'autre. Par l'éclosion du propre, par l'émergence du propre (Er-eignis), l'être et l'homme ont le pouvoir de se déployer comme tels et d'être proprement l'un à l'autre.

Mais alors, qu'advient-il au juste de l'essence apriorique de la présence? Elucidée en son propre, la présence annonce-t-elle le trait de l'apriorité comme un trait particulier parmi d'autres? En aucun cas. Car il appert maintenant que la présence est, en elle-même, *l'*apriorité. Elle n'a pas le trait de l'apriorité, elle est le trait apriorique même. Comme le mot «a priori», toutefois, ne convient plus pour désigner un état de fait visiblement irréductible ici aux déterminations métaphysiques, il faut l'abandonner. A sa place – et beaucoup plus approprié – s'impose le mot «vorherige». La présence, avons-nous traduit, est *antécédente*. Elle est l'anté-cédence. Pourquoi? Parce qu'elle est ce qui accède (accedere = arriver, approcher) d'avance (im vorhinein) à l'homme, ce qui a accès auprès de lui à partir de soi (von sich her), c'est-à-dire en pro-cédant d'elle-même. Pareil accès ouvre à l'homme l'accès à ce qui *est*. Sans cet accès, sans ce prime *abord*, accès ou abord dont la possibilité repose dans l'appropriation (Ereignis), il ne serait pas donné à l'homme de trouver accès auprès de l'étant comme tel. Tout ce qui se présente, d'une manière ou d'une autre, ne peut être accessible, ouvert, manifeste, que dans l'ouverture ménagée par l'antécédence de l'être, que dans ce domaine phénoménal toujours déjà accessible à la vue de l'homme. Par suite, une telle antécédence ne peut plus se déterminer en fonction de l'ordre des venues respectives de l'étance et de l'étant à la présence. Il ne s'agit plus du tout ici de la venue prioritaire d'un ὄντως ὄν relativement à la venue aposteriorique d'un μὴ ὄν, mais de l'essence propre de la présence elle-même, mais de cette dimension non-étante, déployée à partir de soi, en laquelle ces advenues, ainsi que leur vue métaphysique s'avèrent secrètement possibles. Ici est accompli, sans conteste, un saut hors du cercle des déterminations traditionnelles de l'apriorité. Un saut du regard, qui fait rétrocéder le regard vers une antécédence d'autant plus énigmatique qu'elle n'*est* pas. Nul doute que c'est en cette direction aussi que pointait une troisième indication que l'on peut repérer dans la méditation historiale du *Nietzsche*. Brève, mais combien capitale, cette indication écartait bien des malentendus au sujet d'une possible réflexion du trait métaphysique de l'apriorité sur la détermination du propre de la présence :

> Mais pensé plus essentiellement, l'être comme φύσις n'a absolument pas besoin d'ordre à partir duquel et dans lequel il soit décidé de son antériorité ou de sa posteriorité (sein Früher oder Später), de son avant ou de son après (Vorher und Nachher) ; car il est en soi-même l'émergence, l'éclosion qui avance (das Her-vor-gehen) dans son éclaircie, et, en tant que l'éclosion préalable (als das Her-vorige) l'anté-cédent (das Vor-herige) qui se déploie à partir de lui-même dans l'éclaircie et qui, à travers elle, accède d'abord à l'homme (von ihm selbst her Wesende in die Lichtung, und durch diese erst auf den Menschen zu).[14]

8. Quelle est donc cette éclaircie, quelle est donc cette clairière à partir de laquelle, dans laquelle et à travers (durch) laquelle l'être se présente à l'homme ? C'est le *temps*. De la clairière du temps jaillit la lumière *propre* de la présence. Le mode secret de ce jaillissement se laissera-t-il proprement déterminer à son tour, alors percera tout de suite la «temporalité de l'essence» de l'antécédence (sein Zeithaftes Wesen) que Heidegger, en un geste bref, avait signalée plus haut. En même temps aussi se fera jour le mode de possibilisation propre à l'ἀλήθεια que nous avons problématisé avec le trait de l'apriorité.

Comme telle en effet, du fait que, se déployant (Wesende) à partir de soi, elle s'en vient demeurer (währen = wesen) à (an) proximité de l'homme, la présence annonce une temporalité intrinsèque, une dimension temporelle qui repose dans l'espace libre du temps. Quelle est cette dimension temporelle ? De prime *abord*,

---

[14] *Nietzsche II*, «Das Sein als ἰδέα, als ἀγαθόν, als Bedingung»; S. 227 f.

surtout pour l'oreille française, c'est celle du *présent* (die Gegen-wart). Qu'est-ce que le présent? S'il constitue la temporalité de l'essence propre de l'anté-cédence, il ne peut se concevoir méta-physiquement sous les espèces de l'instant ponctuel sur la «ligne» du temps, sous les espèces du maintenant (Jetzt). Dans «Temps et être», Heidegger, se rendant attentif à la structure sémantique du mot allemand Gegen-wart (notons que warten a même racine que währen), définit le présent comme le *Entgegenweile*: «Présent, cela veut dire: venir reposer, venir séjourner à notre rencontre (uns entgegenweilen), à la rencontre de nous – les hommes.»[15] Envisagée dans la dimension temporelle qu'elle offre immédiate-ment au regard, la présence (An-wesen) se rend présente (gegen-wärtigt) à l'homme en venant demeurer, reposer ou séjourner à sa rencontre. C'est dire, avant tout, qu'elle ne se main-tient pas constamment dans un éternel main-tenant, qu'elle ne se tient pas à la disposition constante de l'homme, à la manière d'un objet que la subjectivité de l'homme aurait mis en position ou en sta-tion (Stand) à l'encontre (gegen) de soi. La rencontre au présent de la présence et de l'homme ne saurait avoir *originairement* lieu sous la forme métaphysique du *contraste* qui établit l'objet dans son rapport au sujet. Bien plutôt est-ce à partir de lui-même (von sich her) que l'être vient présentement à la rencontre de l'homme et que pareille rencontre a lieu au sein de *sa* propre dimension temporelle, laquelle est la contrée (Gegend) du présent (Gegen-wart). Dans cette contrée, l'être séjourne immédiatement auprès de l'homme. Un tel séjour, irreprésentable et irréductible aux mensurations scientifiques du temps, n'a absolument rien de commun avec un quelconque état d'immobilité ou de *repos* au sens banal du terme. Il n'est pas le résultat du mouvement d'ap-proche de l'être! Il constitue proprement le déploiement temporel de l'être lui-même, le temps *de* la présence, soit ce pro-cessus incessant par lequel l'être accède de prime abord à l'homme, s'offre à l'homme, c'est-à-dire – au sens plénier du mot – *se présente à lui*. Dans «Temps et être», Heidegger accorde le primat au verbe *reichen* pour caractériser de la façon la plus appropriée la dona-tion temporelle de présence. De reichen vient erreichen: atteindre, accéder à. Impossible à traduire dans toute sa richesse sémanti-

---

15 «Zeit und Sein»; S. 12 – trad., p. 38.

que, le verbe reichen signifie présenter, au sens du mouvement *régnant* (das Reich = le règne) de l'*offre* qui *se tend* et *s'étend à* ... *Das Reichen*, la substantification du verbe veut donc dire l'étendue du règne qui présente, la présentation régissante. Par le pouvoir de cette présentation régissante, par le règne de cette *porrection*,[16] l'être s'éclaircit dans le temps. Il accède d'avance à l'homme en se laissant projeter dans la lumière d'une présence. Cette lumière est la temporalisation de son anté-cédence.

> Présence (Anwesenheit) veut dire: le séjour incessant, permanent qui vient à l'homme et qui le requiert, qui l'atteint, qui accède à lui et qui lui est tendu, offert, présenté (das stete, den Menschen angehende, ihn erreichende, ihm gereichte Verweilen). Mais alors, d'où provient (Woher) cet accès, cette atteinte porrigeante (dieses reichende Erreichen), à laquelle s'adonne le présent comme présence (in das Gegenwart als Anwesen gehört), pour autant qu'il y a, pour autant qu'il est donné de la présence (sofern es Anwesenheit gibt)?[17]

De la clairière du temps donc. Du temps, en tant que l'espace libre de jeu qui accorde en les rassemblant (ge-währt) les trois modes sur lesquels l'être s'en vient demeurer à proximité (an-währen) de l'homme. Les trois modes? Oui, pour autant que le séjour immédiat de l'être à l'encontre de l'homme (die Gegenwart) procède d'un jeu de tension, d'un rapport de présentation déterminé entre ce qui n'est pas encore présent (das noch-nicht-Gegenwärtiges) et ce qui n'est plus présent (das nicht-mehr-Gegenwärtiges). La porrection, la présentation régissante du temps proprement dite n'est rien d'autre que ce qui possibilise ce jeu de *tension*. Elle constitue l'unité des porrections qui jouent d'une manière déterminée dans les trois modes temporels. Chaque porrection étant porrection de présence (Anwesen), il appert donc que les deux modes autres que le présent sont eux aussi des modes sur lesquels l'être se présente (sich anwest). Ce n'est pas à l'extérieur de la clairière, mais au sein même de son espace rassemblant, d'où procède toute présence, que l'obscurité du non-présent *advient* et qu'elle peut jouer avec la clarté de l'immédiat présent. Fait évidemment insolite, d'autant plus insolite que la présence

---

[16] C'est par ce néologisme que F. Fédier traduit das Reichen dans *L'endurance de la pensée*, à partir de l'ancien-français «porriger» qui enveloppe à la fois l'idée de *présentation* et l'idée de *règne*. Si l'on veut un seul mot sémantiquement complet, il n'y a pas de doute que c'est la meilleure traduction.

[17] *Zur Sache des Denkens*; S. 13 – trad., p. 40.

avait annoncé de prime abord, et exclusivement, semblait-il, la dimension du présent en s'opposant aux deux formes de l'absence. De prime abord πρὸς ἡμᾶς, mais surtout et essentiellement sous le rapport intrinsèque de l'advenue de l'être, de l'être tel qu'il *aborde* immédiatement l'homme sur le mode du présent en demeurant en retrait dans les deux autres. Mais selon Heidegger, compte tenu justement du fait qu'en eux l'être *demeure* (währt) en retrait, le *Gewesen* et le *Zukunft*, non moins que le présent, se déploient à proximité de l'homme. Le déploiement en mode rassemblé (Ge-wesen) – non pas le «passé» (Vergangenheit), notion impropre qui relève d'une vue métaphysique du temps dans l'optique de l'étant subsistant – et l'avenir sont tous deux des modes de la présence (Anwesen). Certes le déploiement rassemblé refuse, réserve (verweigert) son advenue sur le mode de l'immédiat présent. Certes l'avenir contient, retient (vorenthält) son advenue sur le même mode. Mais tous deux, s'ils ne viennent pas ainsi séjourner à l'encontre de l'homme, en une présence pour ainsi dire *contraignante*, n'en sont pas moins anté-cédents, n'en viennent pas moins demeurer à proximité de l'homme. C'est dire que *l'absence* (Abwesen), loin d'être le terme antithétique de la présence (Anwesen), désigne seulement chez Heidegger ce qui ne se présente pas sur le mode du présent. Est absent ce qui ne trouve plus accès ou ne trouve pas encore accès, ce qui ne séjourne plus ou ne séjourne pas encore à l'encontre dans la contrée du présent, dans la contrée et non pas dans la clairière qui, sous ce rapport, ex-cède et abrite en elle la contrée. Notons à ce propos que Heidegger, alors qu'il avait parlé de la contrée dans «La Parole d'Anaximandre», comme de ce en quoi, justement, viennent séjourner les παρεόντα,[18] n'a pas repris ce mot dans «Temps et être» pour désigner la dimension du présent. La raison d'un tel abandon, on peut la voir dans le fait que la clairière, l'éclosion, l'ἀλήθεια se trouve déjà *réduite* chez Anaximandre à la dimension du présent, dimension qui sera par la suite privilégiée, sous une forme impropre, par toute la pensée métaphysique de l'Occident. Aussi Heidegger, examinant l'expérience la plus matinale de l'être, parlait-il seulement de la contrée du non-voilement (die Gegend der Unverborgenheit) et non pas de la contrée du présent au sein

---

[18] In *Holzwege*; S. 319 ff. Trad. in *Chemins*, p. 282 et ss.

du non-voilement. Si donc elle avait repris à son compte le mot contrée, après en avoir ainsi déterminé le sens, l'élucidation heideggerienne de la clairière comme l'unité porrigeante des trois dimensions temporelles aurait prêté à malentendu.[19] Quoiqu'il en soit, il appert maintenant que dans son déploiement rassemblé et dans son avenir l'être se présente aussi à l'homme, mais en se réservant et en se retenant, alors qu'il le rencontre véritablement, «de front» pour ainsi dire dans la seule dimension du présent. Au présent, l'être aborde, atteint, *attaque* immédiatement (le sens médical de *l'accès* est la crise, l'attaque), sans réserve ni retenue. Dans «Temps et être», l'office de Heidegger consiste à montrer que la porrection du présent est co-déterminée par les porrections, elles-mêmes inter-dépendantes, des deux dimensions temporelles où l'être se présente en retrait. L'avenir, en effet, c'est ce en quoi et ce par quoi jaillit, *ad-vient* précisément comme tel le déploiement de l'être en mode rassemblé. Il porrige la venue de ce qui *est «été»* (Gewesen). Lui-même, corrélativement, ne jaillit comme tel, n'est porrigé que dans la mesure où le déploiement rassemblé y ad-vient. Il ne peut y avoir d'a-venir que *du* déploiement rassemblé, au double sens du génitif. De cette porrection mutuelle procède alors, quoique simultanément, la porrection du présent : «L'advenir (Ankommen), au titre de ce qui n'est pas encore présent, porrige et apporte en même temps ce qui n'est plus présent, le déploiement rassemblé, et, inversement, celui-ci, le déploiement rassemblé se porrige, s'étend en avenir (reicht ..., sich Zukunft zu). Le rapport réciproque des deux porrige et apporte en même temps le présent.»[20] Autrement dit, l'être vient séjourner à l'encontre de l'homme du fait même qu'advient son déploiement en mode rassemblé. Cette co-porrection simultanée des trois dimensions du temps ne peut absolument pas être appréhendée dans l'horizon de la conception *vulgaire* du temps. Parler même de co-porrection simultanée s'avère impropre, si par cette expression on sous-entend que les trois dimensions seraient produites au même *moment* (Jetzt), ou encore qu'elles reposeraient toujours déjà dans une sorte de dimension éternellement englobante, dans

---

[19] Dans un petit texte sur *L'art et l'espace* pourtant, datant de 1969, Heidegger envisage à nouveau la contrée dans son rapport à l'ouverture, à l'espacement libéra-toire. Quel sens revêt alors le mot, et en quoi on peut référer son élucidation à *temps et être*, nous ne pouvons le déterminer ici.
[20] *Zur Sache des Denkens*; S. 14 – trad., p. 42.

le sens ici d'un perpétuel présent, et non plus alors d'un présent
«dans» le temps. Que les trois dimensions temporelles soient certes
rassemblées au sein d'une quatrième dimension originairement
unifiante, Heidegger l'affirme expressément dans «Temps et être».
Mais cette quatrième dimension n'est rien d'autre que le temps
proprement dit, que la clairière du temps comme telle, laquelle ne
se déploie pas, laquelle ne se *présente* pas sur quelque mode que
ce soit. A vrai dire, cette quatrième dimension que constitue le
temps lui-même n'est sans doute pas sans rapport avec *l'éternité*,
à condition évidemment de penser cette dernière en son essence
propre. Ce qui amènerait à le penser, ce n'est pas «Temps et être»,
muet là-dessus, mais une page capitale du livre de Heidegger au
sujet du traité schellingien sur «l'essence de la liberté humaine».
Traduisons-en quelques lignes:

> Nous avons l'habitude non seulement de «mesurer», mais aussi et sur-
> tout d'observer chaque évènement et tout devenir au fil conducteur du
> temps. Mais le devenir de Dieu, au titre du fondement de Dieu même
> comme existant, ne se laisse pas représenter comme «temporel» au sens
> banal du mot. C'est pourquoi, on a soin d'attribuer l'éternité à l'être de
> Dieu. Mais qu'appelle-t-on «éternité» et comment faut-il la saisir concep-
> tuellement? Le devenir de Dieu ne se laisse pas ordonner en périodes suc-
> cessives dans le cours du «temps» habituel, mais dans ce devenir, tout
> «est» «con-temporain» (gleich-zeitig); contemporain, cependant, ne signifie
> pas ici que le passé (die Vergangenheit) et l'avenir se déssaisissent de leur
> essence et tombent, passent (übergehen) purement et simplement dans le
> présent. Tout au contraire: la con-temporanéité originaire consiste en ce
> que l'être-été, l'être-rassemblé (Gewesensein) et l'être-à-venir s'obstinent,
> s'entêtent (sich behaupten) et entrent en collision co-originairement (und
> gleichursprünglich ... ineinander schlagen) avec l'être-présent, formant
> ainsi (als) la plénitude d'essence du temps même. Et cette collision, ce
> choc, cette frappe (dieser Schlag) de la *temporalité propre*, ce coup (dieser
> Augenblick), «est» l'essence de l'éternité, et non pas le simple présent re-sté
> et re-stant (nicht aber die bloss stehengebliebene und stehenbleibende
> Gegenwart), le *nunc stans*. L'éternité se laisse seulement penser d'une
> manière vraie, c'est-à-dire poétiquement, si nous la saisissons comme la
> temporalité la plus originaire, mais jamais si on l'a saisie à la manière du
> bon sens humain qui se dit: l'éternité, c'est le contraire de la tempora-
> lité.[21]

N'est-il pas clair que sous le nom de «collision co-originaire»
des trois modes temporels, Heidegger visait ici ce qu'il appelera
de manière plus appropriée, dans «temps et être», *das Einander-*

---

[21] *Schellings Abhandlung über das Wesen der menschlichen Freiheit,* das Werden
Gottes und des Geschaffenen (Zeitlichkeit, Bewegtheit und Seyn); S. 136.

sichReichen, la co-porrection, le jeu de tension régissant où les dimensions du temps se présentent et *s'étendent* originairement les unes aux autres? Et la con-temporanéité, le *du même coup* de cette collision ne désigne-t-elle pas précisément la quatrième dimension, soit la porrection proprement dite du temps qui n'est *rien* d'autre, en *fait*, que la triple porrection de ses trois dimensions? Néanmoins, si Heidegger affirme bien ici que le déploiement rassemblé et l'avenir entrent en collision avec le présent tout en s'obstinant (behaupten), c'est-à-dire tout en se *contenant*, ces appellations s'avèrent finalement insuffisantes pour nommer proprement la quatrième dimension qui, apportant les unes aux autres les trois dimensions, les portent l'une à l'écart de l'autre. Le danger est ici de se représenter la clairière comme une sorte de champ de tension subsistant qui rendrait attenants les modes temporels en les maintenant à distance. C'est pourquoi, dans «Temps et être», Heidegger parle de la quatrième dimension en termes de *proximité approchante* (die nähernde Nähe). La proximité approchante approche les unes des autres les trois dimensions pour autant qu'elle distancie, qu'elle *éloigne* en se réservant et en se retenant. La réserve du déploiement rassemblé et la retenue de l'avenir sont le retrait dans la proximité, le retrait de la proximité. Cet éloignement qui approche et cette approche qui éloigne, c'est bien l'essence propre de l'Ouvert de l'ἀ-λήθεια:

> Elle (la proximité approchante) approche les uns des autres l'avenir, le déploiement rassemblé et le présent en tant qu'elle déploie un lointain, qu'elle éloigne (indem sie entfernt). Car elle tient ouvert le déploiement rassemblé en tant qu'elle réserve son advenue comme présent. Cet approchement de la proximité tient ouvert l'advenir (das Ankommen) à partir de l'avenir, en tant que, dans le venir, elle retient le présent. La proximité approchante a le caractère de la réserve et de la retenue. A l'avance (im voraus), elle tient les uns pour (zu) les autres dans leur unité les modes de la porrection du déploiement rassemblé, de l'avenir et du présent.[22]

Que signifie ici le «à l'avance»? Entre la proximité approchante et ce qu'elle approche en éloignant, s'agit-il encore d'une relation d'anté-cédence? Evidemment non, puisque l'antécédence, en tout état de cause, désigne proprement l'être comme présence, et non pas la clairière qui l'accorde. On ne peut pas dire de la porrection originairement unifiante du temps qu'elle se déploie (west) avant

---

[22] «Zeit und Sein»; S. 16 – trad., p. 47–48.

que ne soit porrigée la triple temporalisation de la présence. Car
que connoterait l'attribution d'un *Wesen* à la quatrième dimension, sinon l'idée impropre qu'elle devancerait ses trois dimensions dans la venue à la présence, ou encore qu'elle s'absenterait,
qu'elle demeurerait initialement en retrait – en un retrait autre
que celui inhérent à son déploiement rassemblé et à son avenir –
dans l'éclaircie tri-dimensionnelle d'elle-même? Davantage, il
n'est pas permis de dire du temps qu'il *est* ce qui *avance* de soi-
même vers soi, en revenant incessamment à soi dans sa propre
ouverture. Cela reviendrait à faire de l'avancée l'essence constante du temps. Tout de même, c'est seulement dans le sens de
l'avancée que le «im voraus» pourrait être saisi de la manière la
plus convenable, pour autant que la quatrième dimension a le
caractère de l'approchement éloignant, à condition, il est vrai,
de ne pas altérer ce rapprochement en le réduisant à celui d'une
présence qui se rendrait à partir de soi présente tout en s'absen-
tant. En fait, on est en droit de se demander si ici, comme à
d'autres endroits, la vue phénoménologique de Heidegger est
parvenue à surmonter les obstacles qui barraient le chemin d'une
description appropriée d'elle-même. Lorsqu'on considère le langage qu'emploie «temps et être» pour expliciter la porrection éclaircissante de l'ἀλήθεια, on ne peut éluder la question de savoir si
certains termes directeurs n'ont pas été trop chargés d'intentions
métaphysiques par la tradition pour que Heidegger ait réussi
véritablement à leur faire signifier de toutes autres vues. Outre
le «à l'avance», n'est-ce pas en effet le cas pour le mot «dimension»
dont Heidegger reconnaît lui-même qu'il prête facilement à malentendu?[23] Et l'expression de «quatrième dimension» convient-
elle vraiment à la désignation du rapport entre le temps proprement dit et ses trois dimensions? Bien sûr, Heidegger prévient
nettement que cette dimension, nommée en quatrième lieu, «est,
en fait (der Sache nach), la première, c'est-à-dire la porrection qui
détermine tout».[24] Certes, l'étendue porrigeante du temps ne se
trouve pas en contrepoint des dimensions qu'elle porrige, ni ne
les inclut au titre d'un espace rassemblant. Mais il reste qu'en
elle-même, la description du temps comme la clairière quadri-
dimensionnelle, comme le rapport entre *la* dimension originaire-

[23] *Ibid.*; S. 15 – trad., p. 44.
[24] *Ibid.*; S. 16 – trad., p. 46.

ment porrigeante et *les* trois dimensions co-porrigées risque d'égarer le regard. En outre, peut-on se satisfaire de l'explicitation très
brève de la proximité approchante relativement à l'essence de la
«fonction» d'*unification* qui lui est conférée? «A l'avance, lit-on,
la proximité approchante tient les uns pour les autres dans leur
unité les modes de la porrection ...».[25] Mais que veut dire ici
unité et en quoi l'ἕν ressortit-il à l'essence de l'ἀλήθεια comme
proximité approchante? N'est-ce pas un geste ambigu que de
faire appel au concept de l'unité originairement unifiante, si lourd
de significations métaphysiques, pour désigner le mystérieux, l'irreprésentable recueil du temps au sein de ses propres ekstases? A
vrai dire, il va de soi que ce n'est pas l'insuffisance de certains développements de «Temps et être» qui est en cause ici, mais, au
fond, la question plus générale de savoir si la pensée peut et pourra
encore puiser dans les langues de l'Occident des possibilités de
nomination essentielles dont l'Histoire de la Métaphysique ne se
soit pas déjà emparées. Pour Heidegger, cette question a été et
reste la pierre de touche la plus dure. Elle constitue ce que la fin de
la conférence sur «La constitution onto-théo-logique de la Métaphysique» appelle «das Schwierige». Il n'est pas contestable que si
«Temps et être», en l'occurence, a pu tardivement voir le jour,
c'est grâce à une patiente épuration du langage qui fut menée de
concert avec l'approfondissement de l'expérience de la pensée.
Entre «l'horizon transcendantal» de *Sein und Zeit* et la proximité
approchante de «Zeit und Sein» il y a un saut prodigieux, un saut
de la vue et de la langue. Mais il n'en reste pas moins que Heidegger reconnait encore lui-même dans ses derniers écrits l'insuffisance de son dire,[26] tant il ressortit à l'essence des états de fait
visés de se dérober aux formes linguistiques traditionnelles. Loin
d'être déconcertante, pareille reconnaissance s'accorde parfaitement avec la tonalité générale de l'expérience heideggerienne de
la vérité de l'être. Car lorsqu'on jette un regard rétrospectif sur
le chemin parcouru depuis *l'être et le temps*, il apparaît bien que le
destin d'une telle pensée est de congédier inlassablement ses termes directeurs de façon à ne pas supprimer dans leur enclos
pétrifiant la liberté de ce qu'elle voit.

[25] *Ibid.*
[26] «Zeit und Sein»; S. 25 – trad., p. 69.

9. A quel point «le noeud de la difficulté réside dans le langage»,[27] nous le mesurons encore davantage lorsque Heidegger,
après avoir élucidé le propre de la présence comme destination
époquale et le propre du temps comme porrection éclaircissante,
entreprend de déterminer l'état de fait qui rend possible les deux
comme tels ainsi que leur relation mutuelle. Cet état de fait
(Sach-verhalt) qui donne à l'être et au temps leur propre et les
approprie l'un à l'autre s'appelle l'*appropriation* (Ereignis). Tout
le mouvement de la conférence se rassemble dans son élucidation
pour autant que le titre «temps *et* être» désigne avant tout –
quoique de la façon la plus inapparente πρὸς ἡμᾶς – la relation
(Ver-hältnis) que soutiennent entre elles ces deux affaires
(Sachen) de la pensée que sont le temps/l'être. Loin donc d'en
rester à l'élucidation de la clairière du temps, source «ultime»,
semblait-il, de la donation antécédente de présence, l'expérience
heideggerienne se hausse, en un effort inouï, jusqu'à la vue phénoménologique de *ce* qui donne (gibt) le temps lui-même dans
son rapport propre à l'être comme présence. «Mais d'où (Woher)
et comment y a-t-il, est-il donné la clairière (gibt es die Lichtung)? Qu'est-ce qui parle dans le il donne (es gibt)?» demandait
étrangement Heidegger au terme de «La fin de la philosophie et
la tâche de la pensée».[28] «Temps et être» répond en comprenant le
es, le *il* qui donne comme l'appropriation. Dans le cadre d'une approche beaucoup plus difficile que celle entreprise par la conférence sur l'«Identité», la vue phénoménologique de l'appropriation
se trouve ici gagnée en regard du simple fait qu'*il donne* temps,
comme *il donne* être (présence), et non pas que le temps et
l'être *sont* au titre de réalités *présentes*. «Le temps, dit Heidegger,
reste lui-même la donation d'un il donne, dont le donner sauvegarde le domaine en lequel la présence est porrigée».[29] Le temps
et l'être ne sont pas. Il donne le temps, il donne l'être. Ou plutôt:
il donne temps, il donne être. Il: l'appropriation. L'abordant
ainsi à la lumière du «es gibt», Heidegger s'efforce avant tout de
montrer que le phénomène de l'*Ereignis*, pour être éprouvé
comme tel, réclame au plus haut point l'abandon des habitudes
métaphysiques de la pensée, c'est-à-dire un véritable combat de

[27] «Identität und Differenz»; S. 66.
[28] S. 80.
[29] «Zeit und Sein»; S. 18 – trad., p. 52.

la pensée contre elle-même. La plus grande erreur, notamment, consisterait à s'appuyer sur l'interprétation logico-grammaticale du langage qui classe le «es gibt» dans la rubrique des propositions impersonnelles où le *il*, parce qu'il ne représente *rien, c'est-à-dire* ni une personne ni une chose, reçoit le statut flou d'un sujet indéterminé, dit «non-réel» ou «apparent». Les grammairiens français, pour leur part, si le cas leur était soumis, ne manqueraient pas de tenir le «il donne» pour un verbe accidentellement impersonnel, tirant argument de ce que «donner» est ici employé sous une forme impersonnelle distincte de sa forme *normale*. Classe-t-on ainsi l'affaire, il va sans dire que la possibilité même d'une vue phénoménologique de l'appropriation se trouve exclue. L'appropriation ne peut apparaître alors que comme une hypostase fictive, une abstraction vide, une simple distinction de raison ne recouvrant aucune «réalité». Mais plus encore, l'erreur serait d'interpréter ce phénomène dans une optique foncièrement métaphysique en le concevant sous les espèces d'un principe supérieur d'ordre ou d'accord, d'un fondement apriorique obscur qui serait d'autant plus en retrait qu'il donnerait mieux le temps et l'être en les accordant (be-stimmend) l'un à l'autre. N'est-ce pas effectivement une interprétation inévitable si l'on en vient à considérer que le sujet grammatical «il», bien qu'absent, reste après tout un sujet, c'est-à-dire un ὑποκείμενον qui s'est déjà posé ou présenté à la base de ce qu'il donne? Dans cette optique impropre, on serait alors facilement amené à rapprocher le geste heideggerien, posant «après» l'être et le temps la figure à peine distincte de leur donateur, du geste platonicien, posant par-delà l'οὐσία le fondement abyssal de l'ἀγαθόν. De là à soutenir que l'expérience de la vérité de l'être rechute finalement, à sa pointe ultime, dans le cercle des déterminations platoniciennes, il n'y aurait qu'un pas. Mais en fait de rechute, elle serait bien alors celle d'une mauvaise interprétation du phénomène intentionné par Heidegger, interprétation qui perdrait totalement de vue la non-étantité, c'est-à-dire la non-présence comme la non-absence de cet état de fait qui tient et soutient pourtant, dans le mystère de son inapparence, la relation mutuelle de l'être et du temps non moins que celle de l'être et de l'homme. Car l'appropriation n'*est* pas un fondement possibilisant ultime, pas plus qu'il n'*est* un abîme, s'il est vrai que le mot abîme connote l'idée métaphysique d'une

absence constante. L'appropriation n'est pas. Il ne donne pas
même l'appropriation puisque il: l'appropriation. Dès lors, il est
clair que la vue phénoménologique ne pourra se libérer pour faire
retour dans (einkehren) l'appropriation tant qu'elle continuera
de regarder le «il donne» comme un énoncé prédicatif. Elle doit
au contraire voir, «contre toute apparence»,[30] le «il» en regard de
la porrection éclaircissante du temps et de la destination de présence par lui données, sans chercher à tirer leur rapport, le rapport
entre le «il» et ses donations, au jour d'une détermination métaphysique. A cette seule condition, la pensée peut saisir proprement du regard (erblicken) le phénomène de l'*Ereignis*:

> Dans la destination du rassemblement destinal d'être (im Schicken des
> Geschickes von Sein), dans la porrection du temps se manifeste une do-
> nation en/du propre (ein Zueignen), un transfert de/en propriété (ein
> Uebereignen), à savoir de l'être comme présence et du temps comme do-
> maine de l'Ouvert en leur propre. Ce qui détermine les deux (bestimmt)
> en leur propre, c'est-à-dire le fait qu'ils s'accordent, qu'ils soient l'un à
> l'autre, nous le nommons: *l'appropriation*.[31]

Sous ce nom, Heidegger vise-t-il un phénomène encore plus
fondamental que l'être et le temps et adventice ou transcendant
aux deux? L'appropriation constitue-t-elle un principe dernier
propre à mettre en relation deux phénomènes originairement
distincts? Absolument pas, pas plus que la source ne jaillit par-
delà l'eau qu'elle donne:

> L'état de fait ne survient pas après coup (nachträglich) comme une re-
> lation qui serait donnée en supplément à l'être et au temps. L'état de fait
> approprie d'abord (erst), porte d'abord l'être et le temps à leur propre à
> partir de leur relation (der Sach-verhalt ereignet erst Sein und Zeit aus
> ihrem Verhältnis in ihr Eigenes), cela, en vérité, à travers l'appropriation
> qui se voile dans le rassemblement de la destination et dans la porrection
> éclaircissante.[32]

Par suite, il s'agit de montrer que l'appropriation, loin de
constituer l'essence purement formelle de l'être et du temps, le
«en tant que tel» des deux, les détermine concrètement, dans la
plénitude de leur dimension propre. Cela veut dire, notamment,
que dans «l'essence» de l'appropriation doit se faire jour le phénomène du *retrait* (Entzug), tel qu'il a été rendu manifeste lors de
l'élucidation de la destination de présence et de l'élucidation de

---

[30] *Ibid.*; S. 19 – trad., p. 54.
[31] *Ibid.*; S. 20 – trad., p. 56.
[32] *Ibid.*; S. 20.

la porrection du temps. Car si la présence se contient à chaque fois dans une ἐποχὴ, et si le présent (Gegenwart) se réserve et se retient dans la porrection du déploiement rassemblé et de l'avenir, il doit bien appartenir au plus propre de l'appropriation de se soustraire lui-même *en tant qu*'il donne le propre. C'est pourquoi Heidegger, à la fin de «Temps et être», et «en toute brièveté»,[33] prend soin de signaler le phénomène de la *désappropriation* (Enteignung): l'appropriation se désapproprie d'elle-même, elle «soustrait ce qu'elle abrite de plus propre au dévoilement sans limites (... sein Eigenstes der schrankenlosen Entbergung entzieht)».[34] Ceci ne constitue évidemment qu'une simple indication qui ne saurait tenir lieu d'élucidation. L'élucidation du phénomène le plus inapparent de la désappropriation est-elle possible? Si oui, il faudrait avant tout le penser dans son rapport à l'éloignement de la proximité approchante. Car un tel rapport, source de l'ἐποχὴ de la destination de présence, n'est pas autre chose que la λήθη de la vérité de l'être, cette λήθη que «La fin de la philosophie et la tâche de la pensée» concevait comme le coeur de l'ἀλήθεια.[35]

10. Est-il besoin de dire qu'à cette pointe de la pensée heideggerienne les deux traits métaphysiques de l'être découverts par Platon ont complètement disparu en faveur de la vue plus originaire de ce qui les donnait en secret, de ce qui les jetait en propre du fond, infondé, infondable de sa désappropriation? S'agissant du trait fondamental de l'apriorité, on ne peut plus soupçonner qu'il ait fourni l'éclairage dans lequel ait été naïvement élucidée sa provenance: la question *Woher* de Heidegger ne saurait être alignée sur la question métaphysique de l'antériorité en général, l'expérience de l'essence la plus propre de la φύσις rétrospectivement assimilée à la recherche d'une transcendance voilée encore plus πρότερον τῇ φύσει. Quel trait demeure alors? *Le* trait qui jette les phénomènes, irréductible aux phénomènes, le trait de l'éclair qui foudroie le dire et qu'invite à dire pourtant Heidegger, envers et contre le dire. «L'état de fait, lisions-nous,

---

[33] *Ibid.*; S. 23 – trad., p. 62.
[34] *Ibid.*; S. 23 – trad., p. 64.
[35] S. 78. Lors d'un récent séminaire à Freiburg, auquel nous avons pris part, en septembre 1973, Heidegger est expressément revenu sur cette conception en disant qu'elle ne s'accordait pas avec le véritable sens du vers 29 du Fragment I de Parménide. Il s'est agi alors de rendre manifeste l'ἀτρεμὲς ἦτορ comme l'ἐόν lui-même.

approprie d'abord (erst), porte d'abord l'être et le temps à leur propre...».[36] Que signifie ce «d'abord»? Petit mot anodin, mais capital, il n'a donc pas le sens métaphysique d'une venue apriorique de l'appropriation à la présence, et pas même le sens, élucidé plus haut, d'un abord préalable, ou d'une antécédence. Dès lors, à l'instar du «im voraus» dont on relevait tout à l'heure le sens vague, ou, tout au moins, l'insuffisante portée, on peut dire de ce «d'abord» qu'il constitue une nomination en quelque sorte résiduelle dont la vue phénoménologique de Heidegger doit se contenter pour ne pas être muette. Quant au trait de la possibilisation, on n'a pas besoin de montrer davantage à quel point la pensée du né-ant de l'appropriation en délaisse la teneur métaphysique, teneur qu'avait découverte et analysée Platon afin de rendre compte de la position de l'étant dans la présence. Malgré tout, le cas de ce trait s'avère finalement plus complexe, si l'on considère qu'avec l'appropriation Heidegger parvient à la détermination la plus originaire de l'*Ermöglichen*. Pensée dans le sens de la donation, du surgissement (Er) du propre (Eigen), l'appropriation ne peut-elle pas en effet être interprétée comme la donation, le surgissement (Er) du possible (Mögliche)? La question doit du moins être posée pour peu que l'on prête attention à ces quelques lignes de «Temps et être» dans lesquelles Heidegger déclare que, pour les Grecs au fond, l'ἔστι enveloppait l'idée de pouvoir, du rendre possible:

Traduit littéralement certes, le ἔστι accentué veut dire: «il est». Seulement l'accentuation fait ressortir du ἔστι ce que les Grecs pensaient déjà alors en lui, et que nous pouvons circonscrire par: «il a pouvoir» (es vermag). Pourtant, le sens de ce pouvoir demeura alors et par la suite aussi impensé que le «il», qui peut (l') être (wie das «Es», das Sein vermag). Pouvoir être signifie: adonner et donner être (Sein ergeben und geben). Dans le ἔστι se voile le *il donne*. Au début de la pensée occidentale l'être est bien pensé, mais non le «il donne» comme tel.[37]

S'il en est ainsi, pourquoi alors Heidegger, à la fin de sa conférence, n'assimile-t-il pas explicitement le phénomène de l'*Ereignis* au phénomène de l'*Er-möglichung*? Pourquoi la description de l'appropriation ne recourt-elle pas aux notions de «désir» (Mögen), de «pouvoir» (Vermögen) et de «possible» (Mögliche), notions dont le début de la «Lettre sur l'Humanisme» fai-

---

[36] *Ibid.*
[37] «Zeit und Sein»; S. 8 – trad., p. 30.

sait largement état – non sans quelques accents schellingiens du reste – pour rendre manifeste l'essence désirante et possibilisante de l'être dans son rapport à la pensée? La réponse est simple: même dépouillé de toute résonnance métaphysique, ce jeu d'appellations n'est pas le plus approprié. Il risque d'entraîner insensiblement la pensée sur une ligne de visée égarante. Ce n'est pas véritablement *le propre* qui s'offre dans le concept de pouvoir-être, mais au fond, et de manière inéluctable, l'aptitude à demeurer ou la possibilité de se déployer (wesen) comme tel. Or, vue à partir des deux affaires dont elle soutient la relation, l'appropriation n'est pas un pouvoir ontologique qui rendrait possible l'être et le temps en permettant leur venue à la présence. Car en tant que telle, la présence ne se déploie pas. Car bien qu'elle éloigne, bien qu'elle s'éloigne en elle-même, la proximité approchante ne se déploie pas. Si l'on dit qu'elles se déploient, l'on accorde trop. Heidegger dit simplement: elles s'approprient. Quelle différence? La seule réponse est ici la vue.

11. On se souvient qu'au cours de l'examen de l'interprétation heideggerienne de Platon nous avions signalé brièvement le rapprochement qu'avait opéré Heidegger en 1929 entre la figure transcendante de l'ἀγαθόν et la transcendance du *Dasein*. Nous avions alors laissé dans l'ombre le sens et la valeur d'un tel rapprochement. Maintenant, nous sommes à même de mesurer quel abîme s'est creusé entre cette «élucidation transcendantale» de *l'essence du fondement* et les dernières approches heideggeriennes de l'énigme de la vérité de l'être. Dans le sillage de *Sein und zeit*, ce rapprochement était d'une certaine manière inévitable: Heidegger l'avait justifié en mettant l'accent sur «l'indétermination matérielle»[38] propre à la puissance transcendante de l'ἀγαθόν, puissance d'où procède la triple possibilité du non-voilement, de la compréhension et de la présence. Sur le modèle de l'ἐπέκεινα τῆς οὐσίας, la transcendance du *Dasein* pouvait alors être conçue comme le fondement possibilisant apriorique de la différence ontologique, comme «le fondement du fondement».[39] A la lumière rétrospective des derniers écrits de Heidegger, il apparaît maintenant à quel point une telle détermination était égarante: en ré-

[38] In *Questions I*; p. 137.
[39] *Ibid.*; p. 156.

gressant ainsi à un fondement pré-ontologique *constant,* en mettant ainsi à jour l'ultime abîme de la liberté humaine, la pensée de Heidegger se déplaçait encore sur la ligne de visée de la métaphysique platonicienne et se dissimulait la néantité, c'est-à-dire la non-présence comme la non-absence de l'ἀλήθεια. Dès lors, il y a lieu d'affirmer que seules les herméneutiques de «La doctrine de Platon sur la vérité» et du *Nietzsche* doivent être finalement retenues. Si on leur reste fidèle, toute tentative pour renvoyer dos à dos Platon et Heidegger tourne court. Figure transcendante qui fonde la totalité de l'étant sur le mode théologique, «Idée» suprême qui porte l'οὐσία en lui dispensant l'essence, l'ἀγαθόν témoigne indiscutablement de l'oubli métaphysique de la vérité de l'être. Qu'il suffise donc de garder en mémoire la fermeté avec laquelle le *Nihilisme européen* rappelait aux théologiens ce qu'ils avaient complètement perdu de vue, à savoir que l'ἀγαθόν porte aussi le nom de l'ἰδέα. Combien significative était cette fermeté! Car il s'agissait alors pour Heidegger non pas tant de répudier l'interprétation théologique en lui opposant la vérité élémentaire de la lettre que de dénoncer implicitement le rapprochement de 1929 en rendant évident le statut métaphysique de l'ἀγαθόν sur le seul motif de sa nature *idéelle.*

12. En somme, qu'en est-il de l'expérience de la vérité de l'être à ce point où elle est parvenue à délaisser la visée et les appuis conceptuels de la Métaphysique? Pour Heidegger, il s'agit toujours, et véritablement alors, de l'expérience de la *pensée.* De cette manière, il est vrai, la pensée ne devient pas autre chose que ce qu'elle a toujours été, à savoir la pensée *de* l'être. Mais puisqu'elle prend thématiquement en vue son élément d'origine, il se produit un décalage, un écart, ce que Heidegger appelle brièvement un *saut.* Que vise le saut? Le retour de la pensée dans l'éclair qui la donne.

Pour se retrouver où? Pour aller où? A l'heure où les individus et les peuples emploient toute leur puissance à révolutionner leurs conditions d'existence, à promouvoir de nouvelles valeurs, à se rendre maître des conjonctures pour disposer des moyens d'action les plus efficaces, combien paraît inutile et impuissante cette pensée qui désigne l'origine méconnue de toutes les pensées utiles et de toutes les pensées puissantes! Combien insoutenable cette démarche dont nul pouvoir n'est à espérer, dont nul profit n'est à escompter! Combien scandaleuse cette expérience qui tient pour impropre la question de savoir si l'homme est ou n'est pas une exclamation vaine dans un désert vain! Car elle écoute cette exclamation à sa naissance même.

Où conduit le saut? Ce que l'*Ereignis* abrite de plus propre n'est pas survenu à partir de soi à la rencontre de la noétique respectueuse des Grecs. Il n'a pas non plus sa place dans ce domaine disponible des objets que la subjectivité de l'homme se pro-pose (sich vor-stellt). Source de toute présence advenant à l'homme, il n'advient pas lui-même. Il n'est pas. Il n'est pas *le Rien*. Il ne règne pas par-delà la multiplicité de ses percées époquales, tel une infinité obscure en laquelle la pensée puiserait à chaque fois ses déterminations sans jamais pouvoir l'épuiser. Il n'est pas une constante provenance, une source perpétuelle, fut-elle la plus abyssale.

Dans le projet d'une vue et d'un dire phénoménologiques de cette λήθη, il y a quelque chose comme l'essai d'une phénoménologie de la mort. Car ce qu'abrite la mort, jamais rencontré, jamais maîtrisé, la pensée ne saurait d'aucune manière se l'approprier. Le saut le plus décisif de la pensée serait-il donc le saut dans la mort? Mais l'énigme veut aussi qu'à la pensée des mortels il ne soit pas donné de faire ce saut, qui exigerait l'abandon de la pensée elle-même.

Autour de la clairière pourtant, et la cernant: le noir de la forêt. Le noir qui n'appelle pas la pensée. Le noir qui n'*est* le noir qu'aux yeux de l'homme dans la clairière. Insaisissable comme l'éclair, la pensée ne saurait y accéder qu'en s'expulsant d'elle-même.

Voir l'éclair s'étendre et déchirer le noir. Voir, au coeur de cette détente, les yeux de l'homme s'ouvrir à l'étant – telle est la tâche que Heidegger assigne à la pensée. Mais ne sera-t-il pas nécessaire aussi d'oublier l'être, dans un nouvel et autre oubli, à mesure même de la mémoire qui nous en revient? D'où provient (Woher) cette nécessité? Pareille question, le plus difficile sera de la perdre.

APPENDICE

Fin de «La détermination du Nihilisme en regard de l'Histoire de l'être», in *Nietzsche II*, S. 397 f.

La pensée de l'être est tellement embarassée dans la pensée métaphysique de l'étant comme tel qu'elle ne peut tracer et parcourir son chemin qu'à l'aide de bâtons et de béquilles empruntés à la Métaphysique. La Métaphysique l'aide et l'entrave à la fois. Mais si elle rend difficile la marche, ce n'est pas parce qu'elle est la Métaphysique, mais parce qu'elle retient son essence dans l'impensable. Cette essence de la Métaphysique toutefois, du fait qu'elle abrite, tout en le voilant, le non-voilement de l'être et qu'elle constitue, ainsi, le *mystère* de son Histoire, cette essence garantit avant tout à l'expérience de la pensée de l'être et de son Histoire l'entrée dans la liberté de l'Ouvert où se déploie la vérité de l'être comme telle.

Si l'absence de détresse est l'extrême détresse et passe, précisément, pour n'être pas, alors, afin que la détresse ait pouvoir d'obligation dans le domaine propre à l'essence de l'homme (damit die Not im Wesensbereich des Menschen zu nötigen vermag), il faut que le pouvoir (das Vermögen) de ce dernier soit d'abord référé à l'absence de détresse (die Notlosigkeit). Eprouver celle-ci comme telle, cela est nécessaire pour que vire la détresse, pour que change la détresse (ist die Notwendigkeit). Mais si l'on admet que cette détresse est celle de l'être comme tel, si l'on admet que l'être demeure d'abord confié à la pensée, et uniquement à elle, alors l'affaire (die Sache) relative à l'être, relative au fait qu'il est en son non-voilement l'être de l'étant, passe par la pensée. Pour cette dernière, il importe avant tout que l'être dans son non-voilement, ainsi que ce dévoilement lui-même, deviennent dignes de question (fragwürdig werden). Cela, à cette époque de la Métaphysique qui a dépouillé l'être de sa dignité (entwürdigt) en l'abaissant au rang d'une valeur. Pourtant, la dignité de l'être en tant qu'être ne consiste pas à valoir, fût-ce au titre de la plus haute valeur. Etant la liberté de l'Ouvert même, l'être se déploie (west) en libérant pour lui-même tout étant et en demeurant pour la pensée ce qui doit être pensé. Mais que l'étant puisse paraître comme si l'être n'«était» *pas*, comme s'il n'était pas ce qui se déploie sans relâche (das Unablässige), ayant besoin d'un abri (und Unterkunft-Brauchende), comme s'il n'«était» pas la détresse nécessitante (die nötigende Not) de la vérité elle-même, voilà bien ce qui constitue, dans la Métaphysique parvenue à son plein achèvement, le règne consolidé de l'absence de détresse.

BIBLIOGRAPHIE

I. SOURCES

M. HEIDEGGER

Traité des catégories et de la signification chez Duns Scot, trad. F. Gaboriau, Gallimard 1970.

Sein und Zeit, Niemeyer, 1953.

Kant et le problème de la Métaphysique, trad. A. de Waelhens et W. Biemel, Gallimard 1953.

Introduction à la Métaphysique, trad. G. Kahn, Gallimard 1967.

Chemins qui ne mènent nulle part, trad. W. Brokmeier, Gallimard 1962.

Qu'appelle-t-on penser?, trad. A. Becker et G. Granel, P.U.F. 1967.

Essais & Conférences, trad. A. Préau, Gallimard 1958.

Approche de Hölderlin, trad. H. Corbin, M. Deguy, F. Fédier et J. Launay, Gallimard 1962.

Le Principe de Raison, trad. A. Préau, Gallimard 1962.

Qu'est-ce qu'une chose?, trad. J. Taminiaux et J. Reboul, Gallimard 1971.

Questions I, Gallimard 1968. Comprend:
  «Qu'est-ce que la Métaphysique?», trad. H. Corbin, suivi de: «Le retour au fondement de la Métaphysique et postface», trad. R. Munier.
  «Ce qui fait l'être-essentiel d'un fondement ou, «raison», trad. H. Corbin.
  «De l'essence de la vérité», trad. A. de Waelhens et W. Biemel.
  «Contribution à la question de l'être», trad. G. Granel.
  «Identité et Différence», trad. A. Préau.

Questions II, Gallimard 1968. Comprend:
  «Qu'est-ce que la philosophie?», trad. K. Axelos et J. Beaufret.
  «Hegel et les Grecs», trad. J. Beaufret et D. Janicaud.
  «La thèse de Kant sur l'être», trad. L. Braun et M. Haar.
  «La doctrine de Platon sur la vérité», trad. A. Préau.
  «Ce qu'est et comment se détermine la physis», trad. F. Fédier.

Questions III, Gallimard 1966. Comprend:
  «Le chemin de campagne», trad. A. Préau.
  «L'expérience de la pensée», trad. A. Préau.
  «Hebel, l'ami de la maison», trad. J. Hervier.
  «Lettre sur l'humanisme», trad. R. Munier.
  «Sérénité et Pour servir de commentaire à Sérénité», trad. A. Préau.—

Nietzsche (Zwei Bände), Neske 1961.

Unterwegs zur Sprache, Neske 1959.

Wegmarken, Klostermann 1967.

Heraklit, Klostermann 1970.

Die Kunst und der Raum, Erker 1969.
Phänomenologie und Theologie, Klostermann 1970.
Zur Sache des Denkens, Niemeyer 1969. Comprend:
«Zeit und Sein» (trad. «Temps et être» in *L'endurance de la pensée*, Plon 1969).
«Das Ende der Philosophie und die Aufgabe des Denkens» («La fin de la philosophie et la tâche de la pensée»).
«Mein Weg in die Phänomenologie».
Die Technik und die Kehre, Neske 1962.
Zum 60. Geburtstag, Klostermann 1950.
Zum 80. Geburtstag, Klostermann 1969.
Frühe Schriften, Klostermann 1972.
Schellings Abhandlung über das Wesen der menschlichen Freiheit, Niemeyer 1971.
Séminaire du Thor 1968, 1969, éd. par R. Munier.
Nachlese zu Heidegger (Dokumente zu seinem Leben und Denken), textes rassemblés par G. Schneeberger, Bern 1962.

II. OUVRAGES CITES

ARISTOTE: *Organon*, trad. Tricot, Vrin 1970.
La Métaphysique, trad. Tricot, Vrin 1966.
La Physique, trad. H. Carteron, Les Belles Lettres 1966.
BATTAGLIA, F.: *La valeur dans l'histoire*, trad. M. L. Roure, Aubier 1955.
BEAUFRET, J.: «Heidegger et Nietzsche, le concept de valeur», in *Cahiers de Royaumont* n° 6, ed. de Minuit 1967.
DESCARTES: *Oeuvres complètes*, Gallimard 1963.
HEGEL: *La phénoménologie de l'Esprit*, trad. J. Hyppolite, Aubier.
Science de la Logique, trad. S. Jankélévitch, Aubier 1971.
HÖLDERLIN: *Remarques sur Oedipe et Antigone*, F. Fédier, 10/18 1965.
KANT: *Critique de la Raison pure*, trad. A. Tremesaygues et B. Pacaud, P.U.F. 1968
Fondements de la métaphysique des moeurs, trad. V. Delbos, Delagrave 1965.
Critique de la Raison Pratique, trad. Gibelin, Vrin 1965.
Critique de la Faculté de Juger, trad. Philonenko, Vrin 1968.
LEIBNIZ: *La Monadologie*, Aubier 1962.
NIETZSCHE: *Le Gai Savoir*, trad. P. Klossowski, Gallimard 1967.
Ainsi parlait Zarathoustra, trad. G. Bianquis, Aubier 1968.
Par delà le bien et le mal, La généalogie de la morale, trad. C. Heim, I. Hildenbrand et J. Gratien, Gallimard 1971.
L'Antéchrist, trad. D. Tassel, 10/18 1967.
Der Wille zur Macht, Kröner 1964.
PINDARE: *Olympiques*, trad. A. Puech, Les Belles Lettres.
PLATON: *Oeuvres complètes*, trad. Robin, Gallimard 1963. Textes grecs in Les Belles Lettres.
PLOTIN: *Ennéades*, trad. E. Bréhier, Les Belles Lettres, 1963.
SCHELER: *Le formalisme en éthique et l'éthique matérielle des valeurs*, trad. M. de Gandillac, Gallimard 1955.
SPINOZA: *Oeuvres complètes*, trad. R. Caillois, M. Francès et R. Misrahi, Gallimard 1967.
Fragmente der Vorsokratiker, Griechisch und Deutsch von Hermann Diels, Weidmann 1972.
WAHL, J.: *Vers la fin de l'ontologie*, S.E.D.E.S., 1954.

LEXIQUE ALLEMAND-FRANCAIS

Nous regroupons par radicaux les termes heideggeriens essentiels de notre recherche. Ce sont les contextes problématiques précis dans lesquels ils sont apparus qui ont déterminé nos traductions. Nous renvoyons à nos éclaircissements pour les termes les plus difficiles.

BERGEN: abriter (en voilant)
verbergen: voiler
Verborgenheit: voilement
Unverborgenheit: non-voilement
das Unverborgene: le non-voilé
entbergen: dévoiler
Entbergung: dévoilement

BLICK: regard
erblicken: saisir du regard
Anblick: aspect
Ausblick: échappée du regard (140)
Durchblick: percée du regard
Durchblicksbahn: ligne ou voie de percée; optique (140)
durchblickend: perspicace
Vorblick, vorblickend: prospection, prospectant
Augenblick: instant, coup (201)

DAUERN: durer
Dauer: durée

DENKEN: penser
Andenken: souvenir
Gedächtnis: pensée commémorante (recueillie)
bedenken: méditer

DING: chose
bedingen, bedingung: conditionner, condition
unbedingt: inconditionné

EIGEN: propre
eigens: en propre, proprement
eigentlich: propre, authentique
à proprement parler (adv.)
das Eigene: le propre
das Eigentümliche, das Eigenste: le plus propre
ereignen: advenir en propre; approprier
Ereignis: appropriation (205)
Enteignung: désappropriation(208)
Zueignen: donation du/en propre (207)
Übereignen, übereignen: transfert de/en propriété, survenir en propre (207)

FRAGEN, FRAGE: questionner, question
Leitfrage: question directrice
Grundfrage: question fondamentale
Fragestellung: problématique
fragwürdig: digne de question

GEBEN, GABE: donner, don
Preisgabe: abandon
aufgeben: donner à; adonner (185)
Aufgabe: tâche (ce à quoi il faut s'adonner)

GEGEN: contre

Gegend: contrée
gegenüber: vis-à-vis
gegenwärtigen: rendre présent
Gegenwart: présent
entgegenweilen: séjourner à la rencontre
entgegenstehen: se tenir à l'encontre
Gegenstand: objet (contra-stant)
Gegenbewegung: contre-mouvement

GEHEN: aller
aufgehen: avancer; éclore (32)
angehen: requérir; concerner
hinausgehen: aller par-delà; outrepasser
zugänglich: accessible
Vergangenheit: passé
Vorgang: évènement

GELTEN: valoir
das Geltende: le valable
Geltung, Gültigkeit: validité

GLEICH: identique; égal
Angleichung: ajustement
Eingleichung: assimilation
gleichzeitig: contemporain

GRUND: fondement
Urgrund: fondement originaire
Abgrund: abîme
gründen: fonder
ergründen: approfondir
begründen: fonder en raison
Grundsatz: principe; proposition fondamentale

HALTEN: tenir
aufenhalten, Aufenhalt: séjourner, séjour
erhalten: conserver; maintenir
enthalten, vorenthalten: retenir; contenir (199)
Verhalten: comportement; tenue
Verhältnis- relation
Sachverhalt: état de fait
Gehalt: contenu

HAND: main
vorhanden: subsistant
zuhanden: disponible

HÖREN: écouter
Zugehörigkeit: appartenance
gehören: appartenir; être à (195)
Zusammengehörigkeit: co-appartenance; co-responsabilité

KEHREN: tourner
Kehre: tournant
einkehren: retourner en
Wiederkehr: retour
Umkehrung: inversion; retournement

KOMMEN: venir
ankommen, aufkommen: accéder, advenir
überkommen: survenir
vorauskommen: pré-venir; venir au préalable
herkommen: provenir
Zukunft: avenir

LASSEN: laisser
zulassen: admettre
entlassen: démettre
sich überlassen: se remettre
sein-lassen: laisser être
anwesen-lassen: laisser présenter
das Unablässige: l'inlassable; ce qui se déploie sans relâche (cf. Appendice)
Gelassenheit: délaissement; abandon; rémission

LEGEN: poser
vorlegen: proposer
hinausverlegen: transposer; déposer au dehors (146)
sich selbst überlegen: se poser au-dessus de soi-même
Lege: pose
liegen: être posé (étendu)
vorliegen: être proposé
das Vor-liegende: le pro-posé (84)
vorliegenlassen: laisser proposé
zugrundeliegen: être sup-posé, posé au fondement; reposer à la base (86)

LICHT: 1. lumineux
2. clairsemé; espacé (186)
lichten: éclaircir; espacer
Lichtung: clairière

MACHT: puissance
Wille zur Macht: volonté de puissance
Vormacht: prépotence
Ohnmacht: impuissance
Machtstufe: degré ou niveau de puissance
Macht-Wachstum: accroissement de puissance
bemächtigen: prendre le pouvoir
übermächtigen: surpasser sa puissance
ermächtigen: avoir le pouvoir de...

MESSEN: mesurer
Mass: mesure
Vermessenheit: démesure
mässigen, Mässigung: modérer, modération
Anmessung: conformation
Angemessenheit: conformité; commensurabilité

MÖGEN: pouvoir; désirer; aimer
vermögen: pouvoir
Mögliche: possible
ermöglichen: rendre possible
das Ermöglichende: le possibilisant
Ermöglichung: possibilisation
Bedingung der Möglichkeit: condition de possibilité
Wesensmöglichkeit: possibilité d'essence
Gegenmöglichkeit: contre-possibilité (128)

NÄHE: proximité
die Nächste: le plus proche
Allzunahes: tout proche; très proche (31)
die nähernde Nähe: la proximité approchante (202)

NOT: détresse
ernötigen: nécessiter
Notlosigkeit: absence de détresse
Notwendigkeit: nécessité

OFFEN: ouvert
das Offene: l'Ouvert
Offenheit: ouverture

offenbaren: ouvrir; rendre manifeste
das Offenbare: la manifeste

ORT: lieu
Ortschaft: localité
Erörterung: localisation; élucidation du lieu (4)

RAUM: espace
räumen: espacer
einräumen: aménager
Zeit-Spiel-Raum: espace de jeu temporel

RECHNEN (auf, mit): compter (sur, avec)
verrechnen: faire le compte
einrechnen: faire entrer en ligne de compte
nachrechnen: recompter
berechnen: escompter
Rechnung: le compte

REICHEN: porrection (198)
reichen: porriger (198)
erreichen: atteindre

RICHTEN: juger; régler
richtig: juste
Gerichtshof: juridiction; tribunal
Gerechtigkeit: Justice
Rechtfertigung: justification
Richtigkeit: justesse, rectitude
Einrichtung: ajustement

SACHE: affaire
sachlich: quant au fait; qui a trait à l'affaire (186)
Sachverhalt: état de fait (205)

SAMMELN, VERSAMMELN: recueillir, rassembler
die versammelnde Lege: la pose recueillante
Sammlung, Versammlung: recueillement, rassemblement

SCHÄTZEN: apprécier
Werschätzung: évaluation; appréciation de valeurs
unterschätzen: sous-évaluer

SCHEIDEN: scinder
Scheidung: scission
Unterscheidung: distinction; différence
Dif-ferenz: dif-férence; trans-port conciliant (Aus-trag) (16)
Unterschied: Dimension (16)
Dimension: dimension (201)
entscheiden, Entscheidung: décider, décision
entscheidend: décisif
ausscheiden: discriminer; éliminer

SCHEINEN: 1. briller
2. paraître
Schein: parution; apparence (171)
Erscheinung: apparition
Aufschein: apparition (originaire) (171)
Anschein: semblance
Scheinbarkeit: apparence (pure) (172); semblance
zum Vorschein kommen: venir à paraître
das Scheinsamste: le paraissable maximum (70)

SCHICKEN: destiner
Geschick: destin
schicklich: opportun
Seinsgeschichte: Histoire de l'être
geschichtlich: historial (4)
Geschichtlichkeit: historialité
historisch: historique

SCHLAGEN: frapper
Schlag: frappe; collision
ineinanderschlagen: entrer en collision (201)
Umschlag: conversion; virage

SEIN: être
Seiende: étant
Seiendheit: étance (13)
Da-sein: être-là
Seinsverständnis: compréhension de l'être

DAS SELBE: le Même

SETZEN: poser
Setzung: position

Ansetzung: apposition
Absetzung: déposition
Entgegensetzung: opposition
Herabsetzung: abaissement (déposition)
Voraussetzung: présupposition; position préalable
Auseinandersetzung: exposition; explication
Gesetz: loi
Gesetzgebung: législation

SEHEN: voir
Sicht: vue
Einsicht: inspection
Vorsicht: prévoyance
Absicht: visée (intention)
Durchsichtigkeit: transparence
Gesichtspunkt: point de vue
Gesichtsfeld: champ visuel
Hinsicht: égard
absehen: viser; avoir en vue; escompter
Sehbahn: ligne de visée
aussehen: mettre-en-vue
Aus-sehen: é-vidence; visage; mise-en-vue
Ansehung: considération (151)
angesehen: être considéré; être-en-vue

SPRECHEN: parler
Sprache: langage
zur Sprache bringen: porter au langage
Zwiesprache: dialogue (30)
Gespräch: dialogue
entsprechen, Entsprechung: correspondre, correspondance
Spruch: parole (sentence)
ansprechen: revendiquer; réclamer
Anspruch: revendication; réclamation

SPRUNG: saut
Ursprung: origine
ursprünglich: originaire; originel

STEHEN: se tenir debout
Stand: station; stance; statut
bestehen: consister

Bestand: fonds (163)
zum Stand kommen: venir à stance
sich hinausstehen: s'ek-stasier
das Innestehen: l'instance
ständig, beständig: constant, consistant
Beständigkeit, Beständigung: constance, consistance
Gegenstand: objet; contra-stant (94–5)
gegenständigen: objectiver; mettre en contrastre
Gegenständlichkeit: objectivité
entgegenstehen: se tenir à l'encontre
Entgegenstehend: obstant (89)
Selbstständigkeit: autonomie
Verstand: entendement
Abstand: distance
Umstand: circonstance

STELLEN: poser
Stelle: place
Stellung: position
Grundstellung: position fondamentale
bestellen: commander
darstellen: présenter
herausstellen: exposer
sich unterstellen: se soumettre
herstellen: produire; instituer
vor-stellen: pro-poser (représenter)
Vor-gestellheit: pro-positionalité (représentativité) (88) (97)
zu-stellen: dis-poser
Zu-gestellheit: dis-ponibilité (89)
vorstellbar: proposable
zustellbar: disponible

STREIT: litige (65)

TAUGEN: être apte (à)
tauglich: apte (à)
das Taugliche: l'apte
tauglich machen: rendre apte (à)
Tauglichkeit: aptitude

TEILEN: partager
Teilung: partage
Teil: part; partie
Vorteil: part préalable; avantage
Urteil: jugement

zuteilen: impartir; attribuer
Zuteilung: attribution; adjudication (155)

VOR-HERIG: anté-cédent
das Vor-herige: l'anté-cédence (37)
im voraus, im vorhinein: au préalable, à l'avance
von sich aus, von sich her: à partir de soi

WAHR: vrai
wahren: garder; sauvegarder
die Wahrung, Wahrnis: la garde, sauvegarde
Wahrheit: vérité
Gewähr: garantie
wahrnehmen: appréhender; prendre garde à
für-Wahr-halten: tenir pour vrai

WÄHREN, ANWÄHREN: demeurer
Währung: demeure (déploiement)
Gewähren: accorder

WALTEN: régner
das aufgehende Walten: le règne en éclosion
Gewalt: violence
überwältigen: étendre son règne

WEILEN, VERWEILEN: séjourner
Weile: séjour
entgegenweilen: (venir) séjourner à la rencontre
jeweilig: en séjour; chaque fois en cause (156)
jeweils: à chaque fois

WERK: oeuvre
ins Werk setzen: mettre en oeuvre
wirken: effectuer
erwirken: faire effet; obtenir des effets
verwirklichen: rendre effectif
wirklich: effectif (réel)
Wirklichkeit: effectivité (réalité effective)
wirksam: efficace
Wirksamkeit: efficacité
Wirkung: effet; pouvoir efficace
Wirkungskraft: pouvoir efficace; efficience

WERTEN: valoir
Wert: valeur
Wertsetzung: position (institution) de valeurs
Wertschätzung: évaluation
Bewertung: estimation
Umwertung: transvaluation (28)
aufwerten: valoriser
verwerten: mettre en valeur
entwerten: dévaluer
Wertcharakter
wertlos: sans valeur
Wertlosigkeit: absence de valeur

VERWEIGERN: refuser; réserver (199)

WESEN: déployer
Wesen: 1. essence
　　　2. déploiement (sens verbal)
Anwesen: présence
anwesen: présenter (se)
Anwesung: présentation; présentification
Anwesenheit: présence; propriété (παρουσία)
Abwesen: absence
abwesen: absenter (s')
Gewesen: déploiement rassemblé (199)

WÜRDIGEN: estimer (150)
entwürdigen: dépouiller de sa dignité

ZEIT: temps
zeitigen: temporaliser
Zeitigung: temporalisation
Zeitlichkeit: temporalité
zeitgemäss: à la mesure du temps
gleichzeitig: contemporain

ZIEHEN: tirer
Zug: trait
Grundzug: trait fondamental
Entzug: retrait
Bezug: rapport
Wechselbezug: rapport réciproque
beziehen: avoir rapport, trait à
Beziehung: rapport
anziehen, Anziehung: attirer, attraction
vollziehen, Vollziehung: accomplir, accomplissement

ZWISCHEN: entre-deux (16)
Zwiesprache: dialogue
zwiespältig: désuni; discordant
zweideutig: ambigu